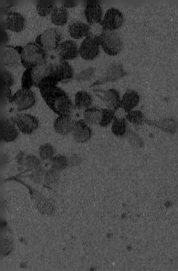

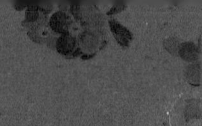

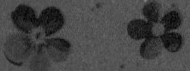

吕洞山苗族文化溯源

石海平　吴心源 ◎ 主编

九州出版社

图书在版编目（CIP）数据

吕洞山苗族文化溯源 / 石海平, 吴心源主编. -- 北京：九州出版社, 2023.1

ISBN 978-7-5225-1551-9

Ⅰ.①吕… Ⅱ.①石… ②吴… Ⅲ.①苗族–民族文化–湖南 Ⅳ.①K281.6

中国版本图书馆 CIP 数据核字(2022)第 227124 号

吕洞山苗族文化溯源

作　　者	石海平　吴心源　主编
责任编辑	陈春玲
出版发行	九州出版社
地　　址	北京市西城区阜外大街甲 35 号(100037)
发行电话	(010)68992190/3/5/6
网　　址	www.jiuzhoupress.com
印　　刷	长沙市精宏印务有限公司
开　　本	710 毫米 × 1000 毫米　16 开
印　　张	16
字　　数	180 千字
版　　次	2023 年 1 月第 1 版
印　　次	2023 年 1 月第 1 次印刷
书　　号	ISBN 978-7-5225-1551-9
定　　价	98.00 元

●○ 2020 年 9 月 23 日，湖南省人大常委会副主任、州委书记叶红专(中)为吉首市马颈坳钢火烧龙点睛　　　　张孝铭 / 提供

●○ 自左至右：叶立东、吴心源、刘路平、石海平、龙清彰、黄峻松

●○ 湘西州政协主席刘昌刚(中)、著名考古学专家龙京沙(左一)、钢火烧龙非遗传承人张孝铭(右一)考察湘西世界地质公园十八洞景区盘古火龙岩的合影

吴心源/摄

●○ 伏羲女娲像　　　　吴文炼 / 摄

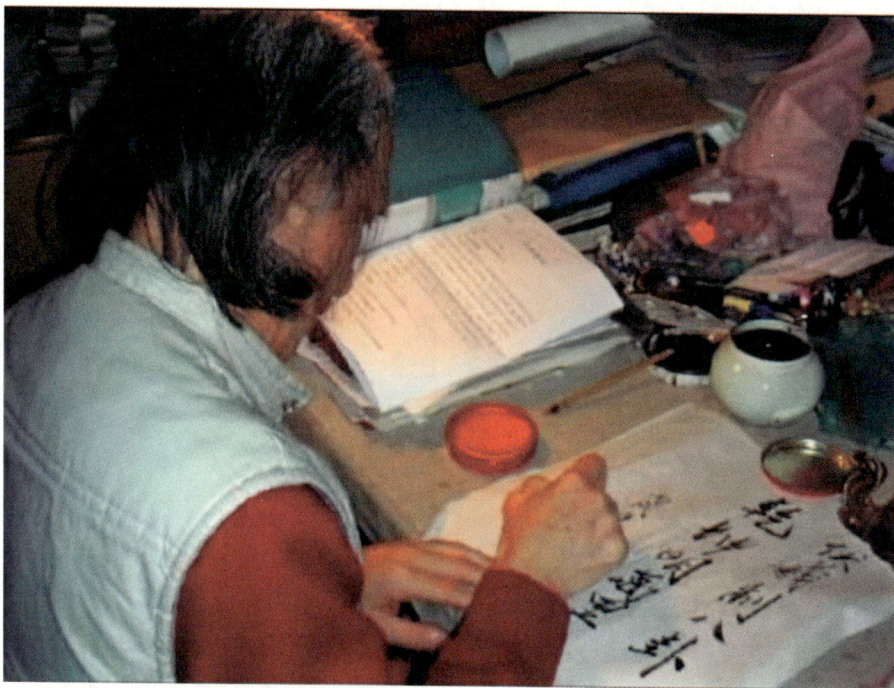

●○ 著名文化学者王大有先生题词中　　　吴心源 / 摄

●○ 著名稻作文化学者李国栋教授(中)、复旦大学生命科学学院李辉教授(右一)、英国《自然》杂志记者(左一)在湖南城头山学术考察时的合影,背景为祭坛和稻田展室。李辉称苗族是伏羲女娲的直接后代　　　　　李国栋 / 提供

●○ 盘古王塑像　　　　吴心源 / 摄

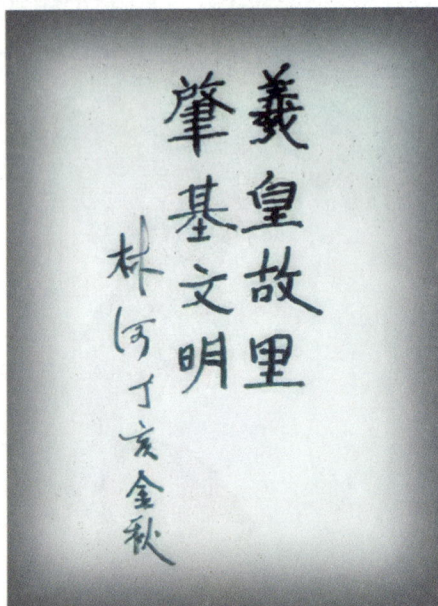

●○ 著名文化学者林河先生题词

吴心源 / 提供

序

为苗族源头文化点赞

◆ 文 / 刘明武

　　2012 年 8 月，我有幸参加了湘西苗族太阳历学术研讨会与赶秋节，第一次近距离接触苗族同胞和苗疆秘境吕洞山。最深刻的体会有以下几点：苗族同胞热爱自己的文化；苗族同胞热爱自己的历史；苗族同胞热爱自己的山山水水；苗族同胞热爱盘古、伏羲、女娲、蚩尤等；苗族同胞热爱敬重太阳历……

　　苗族是一个古老而青春的民族，苗族有一个很好的传统，那就是把历史、文化编成歌谣在重大节日和喜庆之日传唱，年年如此，代代如此，所以苗族保留了很多源头文化的奥秘。

　　"冬至阳旦，夏至阴旦。"这是《苗族古历》第一页上出现的八个字。《苗族古历》指出，阴阳第一发源地在太阳，在太阳回归的起始点与转折点。

　　《周髀算经·天体测量》记载了"立竿测影"的历史事实。立竿测影，测的是中午的日影。根据日影长短两极的变化，区分出了二十四节气。二十四节气最基本的两个是冬至、夏至。冬至，中午日影最长点，太阳回归的起始点；夏至，中午日影最短点，太阳回归的转折点。冬至、夏至源于测量，"冬至阳旦，夏至阴旦"这八个字指出，阴阳抽象于冬至、夏至，等量代换，一阴一阳原本就出于测量。

从地球与太阳形成之初，就有了太阳与地球的对应关系；有了太阳与地球的对应关系，就有了日影最长点与日影最短点。地球的年龄，世界公认的是46亿年。46亿年，揭示的是永恒；年年有冬至、夏至，揭示的是常青。日影长短两极，无限循环；冬至、夏至，无限循环；一阴一阳，无限循环。冬至、夏至的确定，揭示的是规律和永恒，一阴一阳的抽象，奠定的是人文基础的稳固性与永恒性。

阴旦、阳旦之旦，其意义相同于元旦之旦。旦，第一时间第一天。阳旦，是阳气发生的第一天；阴旦，是阴气发生的第一天。阴旦、阳旦之说，可以合理地解释"冬至—阳升，夏至—阴降"这一规律。

日影长短两极的无限循环，冬至、夏至的无限循环，一阴一阳的无限循环，形成了丰富的成语与格言："寒极生热，热极生寒""阴极生阳，阳极生阴""物极必反""否极泰来""原始反终""终则有始""满招损，谦受益"等。

可见，咱们苗族祖先对阴、阳的认识是从科学角度出发的。

苗族敬盘古，苗族文化保留了"盘古开天地"的神话。

三国时期的吴国学者徐整著《三五历纪》，原文如下：

天地混沌如鸡子，盘古生其中，万八千岁。天地开辟，阳清为天，阴浊为地，盘古在其中，一日九变，神于天，圣于地。天日高一丈，地日厚一丈，盘古日长一丈。如此万八千岁，天数极高，地数极深，盘古极长，后乃有三皇。数起于一，立于三，成于五，盛于七，处于九，故天去地九万里。

盘古开天地，描述的是宇宙发生论。"天日高一丈，地日厚一丈，盘古日长一丈。如此万八千岁，天数极高，地数极深，盘古极长。"这里描述的是宇宙膨胀论。膨胀，是定性。"一丈一丈又一丈"，是定量。

广东珠江三角洲保留了古汉语，本地人称"白话"，外地人称"粤语"。普通话分四声，粤语分九声。粤语九声根源何在？苗族文化的一阴一阳加不阴不阳理论可以做出解释。

为表达一阴一阳加不阴不阳，苗族先贤创造出了三个符号○●⊙。●表阴，○表阳，⊙表不阴不阳。○●⊙可以有九种组合方式，分出了九音：○○○本音(中)、○○●浊音、○○○清音、○●●弱音、○○⊙强音、○●⊙短音、○○●长音、○●●低音、○○⊙高音。

对一些数学问题，用苗族文化的一阴一阳加不阴不阳理论也能做出很好的解释。

美国、英国没有乘法表，俄罗斯没有乘法表。"一三得三，三三见九，九九八十一"的乘法表为中国所独有。乘法表从何而来? 从一阴一阳加不阴不阳来! ●表阴，○表阳，⊙表不阴不阳，如此为三。三三见九，九九八十一。乘法表的基础在一阴一阳加不阴不阳。

古希腊的几何学起于毕达哥拉斯。欧洲几何学集大成于欧几里得的《几何原本》。中国的几何学起于太阳历的制定，具体起于立竿测影。

立竿测影，太阳一出来，就形成了多种几何图形:竿下日影是一条直线;日影与测影之竿，构成的是直角;日影之端与测影之竿顶端相连，即直角三角形;日影的轨迹，一日之内构成的是半个椭圆;立竿测影分出东西南北四个方位，两维坐标在此成立;两维坐标加上测影之竿，三维坐标在此成立。

苗族女同胞的服饰和刺绣之中的直线、曲线、射线、S线;直角、锐角、钝角;正方形、三角形、长方形、圆等保存了中国几何学的基础。

苗族同胞热爱自己的文化，助力苗族文化的保存。我们很多文化源头的要素，在苗族文化中得以很好的保留，这是一件很幸运的事情。

是为序。

(刘明武系著名中国传统文化研究学者、地质工程师，著有《打扫孔家殿》《寻找元文化》《中华元典智慧发微》《呐喊之后的文化沉思》《清源浊流:黄帝文化与皇帝文化》《太阳与中医》《换个方法读内经》《换个方法读易经》等。)

目录 MULU

第五章 吕洞山浪漫故事

第六章 吕洞山五行苗寨

第七章 吕洞山传统饮食

第八章 吕洞山民居建筑

第九章 吕洞山文化苦旅

天 问

日：遂古之初，谁传道之？

上下未形，何由考之？

冥昭瞢暗，谁能极之？

冯翼惟象，何以识之？

明明暗暗，惟时何为？

阴阳三合，何本何化？

圜则九重，孰营度之？

惟兹何功，孰初作之？

斡维焉系，天极焉加？

八柱何当，东南何亏？

九天之际，安放安属？

隅隈多有，谁知其数？

天何所沓？十二焉分？

日月安属？列星安陈？

出自汤谷，次于蒙汜，

自明及晦，所行几里？

夜光何德，死则又育？

厥利维何，而顾菟在腹？

…… ……

——屈原《离骚》

吕洞山人文地理溯源

吕洞山，素有苗祖圣山之称，这里遍布山崖断谷，有很多地名称为"冲""峒"，在苗语里，都是断崖峡谷、峒坝峒坪、苗寨苗壤的意思。

01

第一章

第一节　湘西世界地质公园中的吕洞山

一、湘西世界地质公园最大特色是寒武系"金钉子"

在地质上，常常将确定和识别全球两个时代地层之间的界线的唯一标志，称之为"金钉子"。它的概念源于美国铁路修建史上的"金钉子"。"金钉子"相当于给全球年代地层"打样"，它的成功获取往往标志着一个国家在这一领域的地学研究成果达到世界领先水平，其意义绝不亚于奥运金牌和"大力神杯"。截至目前，全球已经正式确立的"金钉子"有72颗，我国共有11颗，其中湘西世界地质公园就有两颗。

它们分别为寒武系芙蓉统排碧阶"金钉子"剖面（网纹雕球接子的首现地）和寒武系苗岭统古丈阶"金钉子"剖面（光滑光尾球接子的首现地）。湘西世界地质公园所在的区域，在遥远的寒武纪为一片浅海，曾经生栖着大量浅海向深海过渡的古生物，如今沉积成为一套碳酸盐地层。这一特殊地质环境下孕育的剖面具有岩相单一、地层完整、露头连续、界线明显及化石丰富的特点。灰岩地层中的开腔骨类化石与三叶虫、牙形石、腕足动物、软舌螺类等共生，它们在地层中的首现层位被称为"国际纽带点"，上述的两种"球接子"，就是不同类型的三叶虫。湘西世界地质公园中的花垣排碧至古丈罗依溪一线的寒武系沉积地层，是迄今我国中寒武系晚期开腔骨类化石最高产出的层位，在全世界都很少见，由此奠定了排碧阶和古丈阶这一目前世界上唯一完整的寒武系第七阶和第八阶地层标准剖面的地位。

寒武系芙蓉统排碧阶"金钉子"剖面所在地海拔约773米，剖面全长1.7千米，总厚388.5米，划分为39层，岩性为深灰色薄层泥晶灰岩、灰色薄层细

●○ 排碧"金钉子"　　湘西州地质公园管理处／提供

●○ 古丈"金钉子"　　湘西州地质公园管理处／提供

晶灰岩夹细砾屑灰岩扁豆体,点位处于甲胄雕球接子(Glyptagnostus stolidotus)向网纹雕球接子(Glyptagnostus reticulates)演化的连续演化序列中。该剖面是国际地质科学联合会于2003年2月批准的寒武系的首个全球统级单位——芙蓉统与首个阶级单位——排碧阶及其底界的全球层型剖面。

二、地质公园中的十八洞

十八洞位于湘西世界地质公园内的花垣县，以十八洞村传统苗寨为主体，以排碧"金钉子"为亮点，大小龙洞、金龙苗寨等景点为辅助，构成一个融自然与人文、科学于一体的景区。十八洞区域的苗族文化非常深厚，花垣苗族服饰、节庆、婚嫁、娱乐、礼节及风俗习惯等特色鲜明，大型喜庆节日"赶秋节"更是独具魅力，驰名中外。

在地质特色上，十八洞处于云贵高原最东缘，该区域内垂直节理发育，水系众

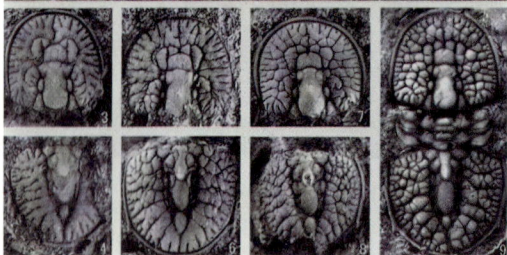

●○ 排碧阶及其底界的全球层型剖面

湘西州地质公园管理处 / 提供

多，形成较多的岩溶塌陷洼地和小型岩溶漏斗，以及若干小型岩溶峡谷地貌，并分布小型叠水、瀑布景观，风景秀丽迷人。

在这里，人们通过对自然环境合理有效的改造治理，寻找有利资源，从产业扶贫、教育扶贫到旅游扶贫，精准推进，创造了一系列尊重自然、改善民生的奇迹。

十八洞片区由于其地质构造特色，曾经在农耕时代交通闭塞，土地贫瘠，居民们守着绿水青山却生活艰辛。

2013 年 11 月 3 日，习近平总书记到湖南省花垣县十八洞苗寨调研，做出了"因地制宜、实事求是、分类指导、精准扶贫"的指示。从此以后，通过因地制宜的精准扶贫，十八洞村开始依托生态、文化等资源优势，全力打造全域旅游经济圈，迈开了脱贫攻坚的坚实步伐。现在的十八洞村已今非昔比：盘山村道变成了柏油马路，家家门口铺上了青石板，户户通了自来水，网络也接进了村……曾经与世隔绝的村寨，如今蜚声全国，游客络绎不绝。村民开展旅游业、种植猕猴桃、开发山泉水……走上致富之路。

●○ 人间仙境十八洞　　　　石林荣／摄

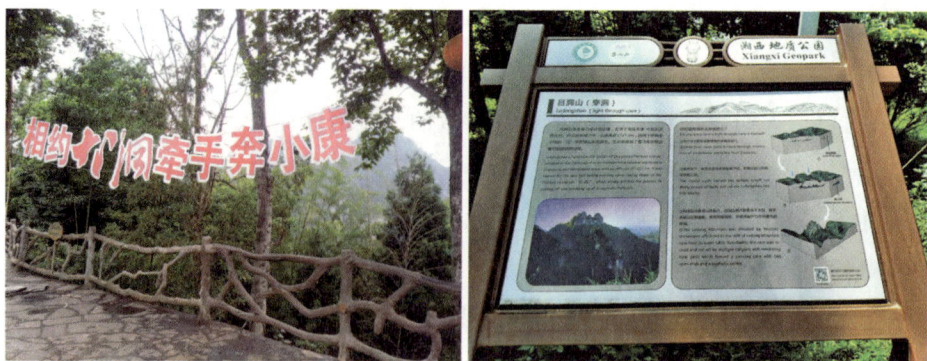

●○ 相约十八洞 　　　　　　　吴心源／摄

三、湘西世界地质公园中的吕洞山

吕洞山位于湘西世界地质公园内的保靖县,处在芙蓉统排碧阶金钉子与苗岭统古丈阶金钉子之间的带状地段。吕洞山包括大九冲峡谷、大烽冲峡谷、夯吉村(金寨)、梯子寨(木寨)、吕洞村(水寨)、大烽村(火寨)、十字坪(土寨)、望天坡等。这里是体验优良自然生态的一方宝地,景区内奇山连绵、瀑水相叠,地质爱好者还可以在此找到"雪球地球"事件的剖面。

景区以吕洞山岩墙型穿洞景观为主,可以尽情探索"五行苗寨"的人文魅力。景区内奇山连绵、瀑水相叠,苗寨错落有致、保存完好,文化原生古朴、底蕴丰厚。以苗祖圣山、苗寨群落、瀑布奇观、峡谷云雾、奇峰怪石等为旅游景点,景区内主要地质遗迹有吕洞山、大烽冲峡谷、指环瀑布、驼峰瀑布等。

吕洞山素有苗祖圣山之称,这里遍布山崖断谷,有很多地名称为"冲""峒",在苗语里,都是断崖峡谷、峒坝峒坪、苗寨苗壤的意思。峡谷中有许多因河流冲击形成的阶地,是苗族先民们定居于此的物质生活基础,他们在阶地上盖屋建寨,开垦梯田,耕种劳作,世世代代栖居于此。

吕洞山是土著苗民寄托自然崇拜、祖先崇拜的精神家园。如今,人们面向吕洞山修建祭拜台,每年重阳节之际,当地苗族同胞都举行隆重的祭山祭祖和苗族原生态文化艺术节,向世人展示丰富多彩的苗族民间文化瑰宝,吕洞山区俨然是21世纪的武陵桃花源。

第二节　吕洞山人文地理概况

作为湖南湘西苗族祖山（人文始祖山）和地势险峻之山，吕洞山（此"吕洞山"乃苗族人文地理概念，特指以吕洞山为中心，涵盖保靖、古丈、吉首、泸溪、花垣、凤凰、永顺、龙山等县市苗族区域，与行政地理区划概念无关联，辐射人口 50 万人以上）历来受到外界关注，尤以清朝居多，《清史稿》《清稗类钞》《清一统志》《苗防备览》等都有记述，其中以清严如熤《苗疆险要考》描述最为翔实生动：（吕洞山在）"（乾州）城西北五十里。绵亘数十里，复山叠嶂，其北麓为保靖之夯沙、夯略各寨，南联永绥之谷坡，东接永顺之青山，南接天门，诸山争胜，山阿中生苗寨落甚多。高数千仞。晻暧蓊郁，四时云瑞。每岁旱，土人捕蛇祈祷，风雨立至，苗民称为神山云"。但这些描述都是直呼文化性质的"吕洞山"，而不是土著民族苗族情感里的"高剖高

●○ 成礼兮会鼓——屈原《九歌》

吴心源 / 摄

●○ 吕洞山景区挂牌仪式

吴文炼 / 摄

娘"。作为地名，"吕洞山"历经演变，先是"高濮高娘"，后是"里冬山"，最后成为"吕洞山"，"阿公山阿婆山"是意译。

吕洞山镇位于保靖县东南部，距县城 120 千米，距吉首市 21 千米，镇政府驻地夯沙村。全镇总面积 127.54 平方千米，其中耕地面积 14 096 亩，林地面积 189 166 亩，下辖 15 个行政村 61 个村民小组，3 446 户 15 500 人，境内居民以苗族为主；其中辖有 7 个贫困村，建档立卡户 1 249 户 5 159 人。近年来，全镇上下紧紧围绕"精准扶贫"，盯住"收入倍增、率先脱贫"的工作目标，坚持以抓点带面做示范，撬动片区同发展的扶贫工作思路，对接政策谋求发展，整合资源规划发展，打造品牌创新发展，立足镇域实际，创造性地推出"一山、一带、一谷、一圈、一线"的"五个一"产业

●○ 守望精神家园
吴心源、湘西州电视台/摄

发展格局,推进以保靖黄金茶和乡村旅游为支柱的主导产业,辐射特色种植、特色养殖产业同步发展;深挖苗祖圣山、茶叶历史、苗族文化内涵,着力推进茶旅、文旅融合发展,逐步形成以"产业+旅游+特色民俗"为主的脱贫方式,实现保靖黄金茶种植面积3.8万亩,人均2.45亩,力争2017年基本脱贫,2018年全面脱贫,2019年、2020年巩固脱贫奔小康的工作目标,坚决打赢精准脱贫攻坚战,着力建设秀美吕洞山。

一山 苗祖圣山吕洞山

据相关历史记载和最新考古发掘证明,苗族先人们为了生活,勇于开疆拓土,先后经历七次大的迁徙。他们从吕洞山走出,南下北上,辗转东西,最后又迁回吕洞山,重归故土,守土重旧,安家立业,发满九十九坡,住满九十九坪,族兴人旺。

为了谋求更大发展,生活在这里的吴龙廖石麻及其十二支姓的苗族人按姓氏分家,商议在合鼓祭祖大会上,将一直藏在鼓中跟随他们迁徙漂泊的蚩尤等先祖们的灵魂永远安放在吕洞山,约定以后无论族人在哪里,每年都要回到吕洞山拜谒祖先。

随着近年来宣传力度加大和大批专家学者的研究解密,吕洞山的神秘面纱正逐步揭开,为外界所认识和了解,吕洞山已成为苗族人民心中的祖山圣地,每年都有成批来自世界各地的苗族同胞到吕洞山寻根问祖。

一带 农耕文化体验带

吕洞山农耕文化体验带位于夯沙峡谷之间,联结排拔、夯沙、大烽、梯子、吕洞等9个苗寨。通过挖掘、保护、传承、展示吕洞山区苗族悠久的农耕文化,给游客创造体验农耕生活和感受农耕文化的机会,为子孙后代保留一处农耕文化遗产,让深厚久远的农耕文明世代相传。

传统农业体验区:目前有三种体验菜单,一是种植体验区,已建成万亩黄金茶园、千亩峡谷油菜花海及水稻种植示范片和百亩蔬菜种植体验园。二是养殖体验区,已建成特种养殖基地4个,养殖特种蛇3万余条,养殖孔雀400余只,养蜂150余桶,养殖稻花鱼500余亩。三是苗族工艺传承基地,建立苗绣、苗画基地2个,茶叶加工技艺体验社6个,茶艺表演室2个。通过传统农业体验区的开发,实现建档立卡户人均增收1 500元。

农耕文化展示区:一是农具展示,系统展示吕洞山地区的农耕用具、手工业用具、民俗生活用品等农耕文化物品。通过各式的农耕和手工劳作体验,让游客在游玩中感受苗族群众的智慧和农耕文化魅力。目前吕洞村设立了苗族民俗文化陈列室,收集陈列实物200多件,夯沙村建成榨油坊、水碾坊各1座。二是农耕文化表演,吕洞村、夯沙村原生态文化艺术团着力打造了农具走秀等农耕文化表演节目,每年接待游客数万人次。

一谷 黄金大茶谷

保靖黄金大茶谷位于夯吉苗寨至黄金苗寨之间,长达11千米,13个原始苗寨群散落在这飘满茶香的峡谷间,3.8万亩高山生态茶园风光迷人,茶叶飘香,很是醉人。近年来,吕洞山镇依托资源优势,以"生态谷、产业谷、文化谷"为目标,大力推动茶旅深度融合,着力将"黄金大茶谷"打造成茶旅文旅主题旅游目的地,形成"茶旅结合,产业互融"的大产业格局。

重走黄金古茶道。据考证,黄金古茶道有近40千米,茶道均为青石板铺砌,沿途筑有茶亭,这种设有茶亭的古茶道,在湘西苗疆地区的考古经历中尚属首次发现,被世人称为湘西特有的"茶马古道"。沿着黄金—排吉—黔蜀等地茶马古道遗址,恢复古茶道设施,探秘古道文化,欣赏古道风光,开展古道体验游。

保护黄金古茶园。黄金古茶园是省级重点文物保护单位,是极具价值的农业文化遗产,共有龙颈坳、格者麦、德让拱、库鲁、夯纳乌、团田、冷寨河七大古茶园。我们坚持保护开发并重原则,制定古茶园保护规划,落实古茶园保护措施,激活古茶园旅游经济价值,带动茶农增收。

建设万亩示范园。为加大精准脱贫力度,推进茶旅结合深度,吕洞山镇已启动以黄金村为核心的万亩黄金茶示范片,带动夯吉、茶岭等6村的万亩黄金茶示范园建设,万亩黄金茶示范园建成可实现茶农人均增收3 570元,带动黄金、夯吉、茶岭等6村建档立卡户831户3 343人脱贫。

一圈　苗族原生态文化保护圈

　　吕洞山区苗族在长期的生产和生活实践中，形成了本民族独有的宗教信仰、生活习俗、民族节庆、饮食文化、民族服饰、民居民宿等多姿多彩的苗族文化。

　　目前,吕洞山区有非物质文化遗产35项,其中《苗族鼓舞》和《苗画》已列入国

●○ 茶马古道　　　廖卫清／摄

家级非物质文化遗产名录，有省、州、县非物质文化传承人25人。另外，"黄金古茶制作技艺""苗族赶秋节""苗族挑葱会""苗年""吕洞山传说"等非物质文化遗产都是吕洞山区人文资源的重要代表，特别是挑葱会、樱桃节、赶秋节、重阳祭祀、过苗年等苗族传统节庆和打苗拳、爬花杆、上刀梯、荡八人秋千、踩铧口、捞油锅、吃火、椎牛等苗族绝技，是苗族人文精神文化内涵的具体表现。为保护、传承和开发好苗族原生态文化，一是组建原生态文化艺术团5个，团员450余人，进行苗族鼓舞、苗族舞蹈、苗画、刺绣培训和传承，吕洞山镇已成为艺术家写生等艺术基地。二是大力开展苗族文化进机关、进学校、进村寨活动，并将夯沙学校作为苗族原生态文化传承基地，将苗族文化传承融入学生大课堂和课间操。三是深入开展"挑葱会""重阳祭祀""过苗年"等大型节庆活动，打造节庆品牌，增强普及力度，浓郁的苗族风情和丰厚的文化遗产为神秘苗乡精品旅游线增添了神秘感和吸引力。

一线　神秘苗乡精品旅游线

神秘苗乡精品旅游线是湖南省针对大湘西山区特点、时代特征、民族特色定制的12条精品旅游线路之一，涵盖了6个县市23个乡镇45个苗族聚居村寨，串并联入边城茶峒、十八洞景区、矮寨奇观景区、吕洞山景区、默戎苗寨、凤凰古城、

●○ 击鼓传音　魂兮归来　　　　　吴心源／摄

●○ 户外徒步的好地方　　　　吴心源 / 摄

浦市古镇等核心景点,形成了北接重庆、张家界,南连怀化,西通贵州的精品旅游线路。

　　吕洞山以其优越的区位条件和浓郁的民俗文化,已成为神秘苗乡精品旅游线路上的重要节点。吕洞山作为湘西州扶贫攻坚主战场之一,坚持以点带面做示范,撬动片区同发展的扶贫工作思路,借助湖南卫视"新春走基层,直播吕洞村"和保靖黄金茶品牌效应,全力打造"吕洞秘境·苗祖圣山"旅游品牌,"旅游+扶贫""减灾减贫""文化+扶贫"等"扶贫+N"模式日趋成熟,助推了吕洞山区域经济发展,为当地苗族群众率先脱贫、率先发展奠定了坚实基础。

　　围绕"神秘苗乡"旅游精品线路,吕洞山现已开发夯沙游客集散中心、排拔饮食民宿、大烽峡谷观瀑、吕洞古树湾探秘、圣山祭拜、夯吉民俗表演及摄影绘画写生、梯子苗寨闲情漫步、金落河深涧观猴等旅游项目,开放了茶谷文化、峡谷苗寨风光和苗族风情体验线路,打造了万亩黄金茶谷体验园、农耕文化体验带和苗医休闲康养等乡村旅游基地。

第三节　吕洞山苗语地名文化解读

著名人类学家、苗族学者石启贵先生早年在《湘西土著民族调查报告》中写道："保靖县之雷洞山，又名吕洞山，苗谓之苟剖苟娘（gheulpoub gheul niax），即祖公祖婆山，是苗区内之胜山也。……相传洞中有雷神，此是雷神使蛇虫出现，以示灵威。所谓雷洞山者，即是而得名也。"①

雷洞山，苗语叫 Gheulsob 高索或 Gheulsongb 高耸，也可意译为雷公山。关于雷公的传说可以追溯到"洪水神话"，可见其年代久远。汉文化系统的伏羲是雷神②（仡索，太昊），因他送南瓜种给仡本的儿女，于是记其功劳，却忘记了家父仡本；苗文化系统的太昊是仡本，伏羲是巴傩（少昊）。民间有"汉怕官，苗怕雷"的说法，可见雷在苗民心中地位之崇高。打雷，苗语叫 Dab sob beux nhol（大索博略），苗人喜爱鼓舞也缘于此。

雷，苗语叫仡索、大索、大夋或大宋（石启贵先生记为耸），苗人有 xib sob（戏索、祀夋）的习俗。然王国维于《殷墟卜辞中所见先公先王考》尝证甲骨文中的高祖夋与帝俊、帝喾为一；郭沫若继考，帝俊、帝喾又即帝舜。苗族学者麻荣远先生指出：夋读若"梭"，即苗语之雷神。故帝俊、帝喾、帝舜实即雷神。湖南省汉寿县曾名索县，河南省有浚县。浚以夋为音而读若巽若舜。可见夋、舜只是古今字，是相通的。《墨子·尚贤中》云："古者舜耕历山，陶河濒，渔雷泽。"《山海经·海内东经》则云："雷泽中有雷神，龙身人头。"是则在雷泽中钓鱼的舜就是雷神甚明。苗族传说中"匠讼历岘，匠莎历洲"是雷神居住的圣地。而历岘、历洲、雷峒、历翠实即历山、

---

① 石启贵.湘西苗族实地调查报告(增订本)[M].长沙:湖南人民出版社,2002:26.

② 马书田.中国道神[M].北京:团结出版社,2006:99.

●○ 2013 年 12 月 22 日，湖南省苗学学会会长陈志强（右一）给夯沙乡党委书记王胜（左一）授牌
吴文炼 / 摄

●○ 纪念石启贵先生苗学研究 80 年研讨会盛况　　吴文炼 / 摄

●○ 出席纪念石启贵先生苗学研究 80 年研讨会的专家学者合影　　吴文炼 / 摄

雷泽之谐音,故雷洞或云吕洞也即大舜钓鱼之圣地也!

吕洞山的苗语全名为 Gheul poub Gheul niax(高濮高娘),高为山的汉语记音,山高为苗语,高山为汉语;poub(濮)是 ab poub(阿濮)的省写,意为公公,与盘古有关(poub rongx poub ghaot 濮戎濮伄);苗语的 niax"娘"是 ab niax(阿嬢)的省写,意为祖母,应是"始祖母"或"高祖母"。高濮高娘汉语意译就是"阿公山阿婆山"或"祖公山祖母山",而不是汉语中的母亲之意。苗族对婆婆的称呼,到太婆这辈一律以"太太"或"太婆"称之。濮僚就是龙家公公,吕洞山脚下的夯僚嘎("嘎",在很多地方都是"居住""在"的意思,还有"前往"的意思;在此是"里冬"居住的山冲之本义)是龙姓苗人杀鸡敬山的地方,也是龙姓的祖籍地,龙姓地望为武陵堂、武陵郡,亦即武陵山腹地。濮人最早在此建立濮国,国花是百合花,追求百事和合(和为贵由此而来),崇尚人人平等、万物有灵。官僚一词原本无贬义,是苗语僚官僚怪的倒写,本义是龙姓大官。濮僚是亲族,濮公即公仆的本义。苗巫教芭黛雄祭祀"十六个祖先"中就有俚洞苗王(里冬苗王)。[1]

查《康熙字典》戍集中·六划可知:雷字,可以得到有两个吕字相加的异体字,雷即吕,雷洞山即吕洞山。雷洞山也可写为雷峒山(峒,乃周高中低的盆地、谷地)。从吕洞山之形来看,两洞口并非天然形成的吕字,是经过苗人想象(易理)转换成吕,苗语称之为 red,为叠加之意;同理,实读为日。古代苗民崇拜日、月,称日为阿濮崽奶,称月为阿娘崽那。苗民最早创造了日出、日落的象形文字:一个日出是从海里出来的形象,一个日出是从山头出来的

●○ 吕洞山"吕""日"字

吴心源 / 摄

●○ 太极图

吴心源 / 摄

---

[1] 湖南少数民族古籍办公室.古老话[M].长沙:岳麓书社,1990:11.

形象;一个日落是海岸日落的形象,一个日落是山里日落的形象。读音是"奶旦""奶暮",与古代苗语读音相符,而且这四个形象字是从苗族花带文中找到的。苗语称母亲为奶,与日同音,太阳之名也源于苗语,意为阳光普照、盖尽天下。苗语称月为那,兔子为大拉,说明其行动迟缓叫拉,故有拖拉、拖拖拉拉之说;还有嫦娥奔月、玉兔守月、吴刚伐桂等传说。苗人把女人生小孩称为坐月,看望产妇叫望月,小孩子满三十天了叫满月。把月亮叫太阴也是源于苗语,说明月光柔柔,盖匀夜空。吕洞山一大一小的两洞口,恰是天然的太极图。盘古开天地是制定太阳历法(山头历),混沌(无极)初开(太极),太阳太阴分明(两仪),后生旦早、旦午、旦夕、旦夜(四象),再生八风(八卦),此处的旦有"出来""到达"之意。吕洞山坐北朝南,洞口朝东,前后左右(东南西北)四极坐标浑然天成。吕洞山之西北还有里梅山(李梅)、里耶山(八面山、高戎 Gheul rong),与里冬山、里翠山、里舍山一道,成为湘西吕洞山苗区的五大名山。再往东北有桑植的八大公山、慈利县的五雷山,往西南有凤凰八公山、湘黔腊尔山、贵州的雷公山,再往南有广西、海南的雷州半岛,所有这些都是苗人四处迁徙生活带去的苗语地名。

帝俊与历法的制定也有相当之关系。据湖南长沙子弹库出土的帛书记载:"共工步十日四时,神则润四。毋思百神,风雨晨韦,乱作,乃日月以转相息,有宵,有朝,有昼,有夕。"陈久金先生认为:"中国远古历法明显地可以区分为两个阶段和两个系统,这就是所谓的四子和共工的'绝地天通'五木历,和帝俊的'让日月转相作息'以记载时节的十二月历。让日月转相作息,即同时考虑太阳、月亮运动周期性的历法。"①陈先生同时说:"苗族既然使用过十月历,至今是否仍能找到某种痕迹呢?遗憾的是明显直接证据至今尚未发现。"于是,作为酷爱中华文明源头文化研究的道友,刘明武先生嘱咐我以时空为经纬将苗文化中的太阳、太阴、五行,以及十月太阳历、十二生肖太阳历串起来,以厘清中华文明的源头活水。

我们知道,蚩尤为氏族长时叫共工,制定十月十日天干五行太阳历,与《管子·五行》《管子·幼宫》记载相符。一年 10 个月,一个月 36 日,还有 5 日(闰年 6 日)用来过年,至今湖南湘西有十月年、六月年(六月六)之说。文献记载黄帝得蚩尤而明天下,"九黎乱德"就是指蚩尤使用自己的历法。黄帝"绝地天通"之前是蚩尤的"接

---

① 陈久金,杜升云,徐用武.贵州少数民族天文学史研究[M].贵阳:贵州出版社,1999:116.

●○ 排拔苗寨(太极图创意吴心源)　　王胜 / 提供

地天通"，因为蚩尤是苗巫教的发明者。蚩尤败北，三十六计走为上，开始了中国历史上的第一次大迁徙，十月太阳历被废止，苗人更加忌讳 36 这个不吉利的数字，只是仍然在湘西保留过十月年和六月年的远古习俗，不忘祖训；并使用十二生肖太阳历，"暗与历书合"，详见《苗族古历》一书。苗族十月历的具体应用表现为十月五行太阳历，彝族为十月阴阳五行太阳历。

麻荣远先生在《苗汉语的历史比较》一书中对"天干"进行了详细释义：

一、ad。谐阿。"阿"与"压"通，苗语、吴语均称"压"为 a。压与鸭谐，鸭即甲，故 ad 对应于甲。

二、oub。oub 者耦也，耦同坳，坳者洼也，洼通挖，挖即乙，故二对应于乙。

三、bub[pu]。[pu]和[pa]双声转，如父与爸、包之 blad"棒"、孤之与瓜。[pa]即"把"，把者柄也，故三对应于丙。

四、bleib。bleib 者骈也。骈通辈，辈者等也，等与丁同音，故四对应于丁。又四与寺通，寺与等谐，亦可通。

五、blab。blab 者末也。末与茂谐，戊者茂之省，故五对应于戊。

六、zhaot。zhaot 与着同音，执着是同义反复。执与技通。技与己谐，故六对应于己。

七、jongs。jongs 与 jongx 同音。jongx 者根也。根与庚同音，故七对应于庚。

八、yil。yil 与异同音，异者新也，故曰"日新月异"。新与辛同音，故八对应于辛。

九、jox。jox 者扔也。扔与壬同音，故九对应于壬。

十、gul。gul 与估同音。估者揆也。癸即揆之省，故十与之对应。①

日为太阳，月为太阴。五星化五历，五历变五行。天干五行：甲乙东方木，丙丁南方火，戊己中央土，庚辛西方金，壬癸北方水。地支五行：子亥北方水，寅卯东方木，巳午南方火，申酉西方金，辰戌丑未四隅土。六十甲子纳音五行从略。苗族接龙就是祭祀先祖蚩尤，名曰染戎，意为邀请五方五位之龙神（即东方青龙、南方赤龙、西方白龙、中方黄龙、北方黑龙，东方木龙、南方火龙、西方金龙、中方土龙、北方水龙），把散居于各地的龙神接请回家，为北上拓疆的蚩尤招魂。相传蚩尤帅旗为彗星状，蚩尤令旗为五色旗，用于指挥义兵、家丁保家护寨，守卫家园。直至民国年间，湘西王陈渠珍的黑旗大队竿军嘉善抗日，威震一方。至此，阴阳五行不再是玄学，而是天文寓于地理、人文的时空经络，是中华文明的源头，中医也是中华之国粹，《易经》不愧为六经之首。

2012 年 8 月 4 至 8 日，李国章先生在参加吕洞山苗族太阳历学术研讨会暨赶秋节活动后，大为感言："大山历、立秋祭、赶秋节，使湖南吕洞山苗寨成为中国远古太阳历的传承圣地！"

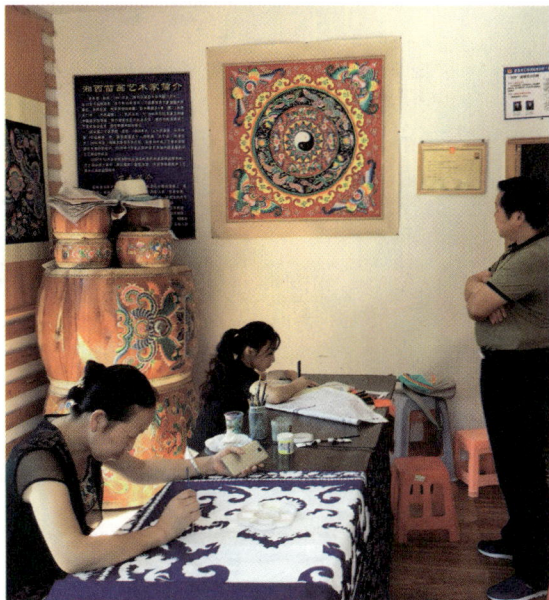

●○ 盘古元太极图　　　　吴心源 / 摄

---

① 麻荣远，龙晓飞，周纯禄，等.苗汉语的历史比较[M].长沙：湖南师范大学出版社，2001：129.

●○ 醉美湘西　　　向民航／摄

吕洞山远古传说

在我国，一直流传着盘古开天辟地的神话传说，开天辟地的故事形成了一种独特的创世文化，深深地镌刻在人们的心中。

第二章

02

第一节　苗语三大方言中的盘古开天辟地传说

一、东部方言

苗族开天辟地的传说,东部方言体现在民间故事、古话古歌和礼辞中,贵州黔东南、铜仁,湖南湘西,渝东南,鄂西都有篇幅不同的版本,但是大同小异。现将2016年12月贵州出版集团、贵州民族出版社出版的由胡廷夺、宝耶果主编,麻荣富、石元元等采录整理译注的《苗族古歌卷一》的相关章节录于后,供大家参考。

Poub Doub Niax Roub	土公岩婆①
Xib ngangx dab blab pud blangs blangs,	从前天上灰蒙蒙,
Xib nius dab doub blud mlangd mlangd;	古时地下黑沉沉;
Xib ngangx dab blab dab doub jid giant,	从前天地相近,
Xib nius dab blab dab doub jid gab;	古时天地相连;
Nhangs ub jex mex goud ngangx goud nqab,	水里没有船路筏路,
Dab doub jex mex goud lix goud mel;	地下没有驴路马路;
Dab blab jex mex nus yit,	天上没有飞鸟,
Nhangs ub jex mex mloul nhaob。	水里没有游鱼。

---

① 土公岩婆:苗语濮斗娘柔音译,原指爷土婆岩的意思,系人类第一对男女祖先名。苗语直译成汉语叫"苗族古歌",按汉语结构应叫"古歌",唱天地的产生、山川的形成、历法的发明、武器的创制、人类的繁衍等内容,是神话传说中的生命之源。此篇是苗族古歌开天立地的第一部分。

Nbanl Gut chad lol kiead dad blab， 盘古① 才来开天，

Lanl Hut chad lol lix doub nex； 兰虎② 才来立地；

Dab doub chad kit mex doub mex roub， 地下才开始有土有岩，

Dab blab chad kit mex hneb mex hlat， 天上才开始有日有月，

Xib ngangx mex ad gul oub leb hneb， 从前有十二个太阳，

Xib nius mex ad gul oub leb hlat； 古时有十二个月亮；

Jib hneb jib hmangt nis ad sheit， 白天黑夜是一样，

Jib hmangt jib hneb sat jid nianl。 黑夜白天分不清。

Ad gul oub leb hlat blongl lol， 十二个月亮出来，

Zeix zeix bians bians， 整整齐齐，

Tob ghueub tob mlens； 光亮晶晶；

Ad gul oub leb hneb blongl lol， 十二个太阳出来，

Ghoud gheb ghoud mes， 鼓眼鼓面，

Aob ndut aob hlod。 燃木烧竹。

Deul zead nis gieb， 见柴就燃，

Tet zead nis deas； 见炭就烧；

Bid gheul roub aob janx khud janx dangs； 高山岩烧成洞成洼地；

Bangt bleat roub aob janx teb janx dal； 悬崖石烧成磴子成阶；

Ghaob roub yix janx nex nangd 石头溶成人的

shanb mleut ad sheit， 肝肺一样，

Bangt bleat yix janx nex nangd 岩壁溶成人的

zhongx mloux bad mleus reas reas； 耳朵鼻子一般；

Dab doub nex jongt jid daot， 地下的人坐不得，

Jib las nex nib jid janx。 世间的人住不成。

Lanl hut chad hnant ad gul oub leb hneb 兰虎才喊十二个太阳

ab hneb blongl ad leb， 一天出一个，

Lanl hut chad ceid ad gul oub leb hlat 兰虎才叫十二个月亮

---

① 盘古：苗族传说，是开天的人类祖先。

② 兰虎：苗族传说，是立地的人类祖先。

ad hmangt blongl ad leb；

Lol bans bub gul hneb hnant ad hlat，

Zoux jul ad gul oub hlat hnant ad jut。

Nhangb nend nex chad jongt janx，

Nhangb yangs nex chad nib daot；

Ghaob ndut blox jul goul，

Ghaob reib dand jul jongx；

Cend jid daot nius neb nius nongt，

Nkhed jid blongl bleib leb zex kib。

Lanl hut lol cend bleib leb zex kib，

Lanl hut lol cend jib hneb jib hmangt。

Jid nis jid hneb ndoud，

Doub nis jib hmangt led；

Jib hneb jib hmangt jex mex yenx，

Jib hmangt jib hneb jex tenb ndoul；

Ghaob bid jex liox，

Ghaob gout jex zhangl。

Chot sheb chad lol bangd hneb，

Ghot janb chad lol qangd hlat，

Bangd hneb hneb zhad，

Bangd hlat hlat dul。

Blab hneb zhad laot lol，

Box hneb zhad laot doub。

Nbanl gut lol nbad box doub box roub，

Lanl hut lol nbad box hneb box hlat。

Jib hneb jib hmangt，

Chaob ndeat naob rel。

一夜出一个；

来满三十天叫一月，

满了十二月称一年。

这样人才坐得住，

如此人才住得成；

树发了枝丫，

草生了根须；

分不得热天冷天，

看不出四个季节。

兰虎来分四个季节，

兰虎来分白天黑夜。

不是白天长，

就是黑夜短；

白天黑夜不均匀，

黑夜白天不相当；

果子不长，

果实不壮。

果射^①才来射日，

果箭^②才来射月，

射日日落，

射月月坠。

天上塌下来，

天板垮下地。

盘古来补底土底岩，

兰虎来补日板月板。

白天黑夜，

非凡热闹。

---

① 果射:苗族传说,发明弓箭的祖先名。

② 果箭:苗族传说,发明弓箭的祖先名。

Moux lol wel mongl,

Dab xib jid heut。

Dab nenl lol dand hnant xib nenl,

Dab niex lol dand hnant xib niex,

Dab jod lol dand hnant xib jod,

Dab lad lol dand hnant xib lad,

Dab rongx lol dand hnant xib rongx,

Dab nenb lol dand hnant xib nenb,

Dab mel lol dand hnant xib mel,

Dab yongx lol dand hnant xib yongx,

Dab job lol dand hnant xib job,

Dab gheab lol dand hnant xib gheab,

Dab ghuoud lol dand hnant xib ghuoud,

Dab nbeat lol dand hnant xib nbeat,

Dab nbeat lol dand dab blab nbad janx,

Dab nbeat lol dand dab doub nbad rut。

Nhangb nend,

Chad geud ad gul oub ngongl ghaob dongb

dand ngangx hnant chud ad gul oub leb xib xib。

Ad gul oub leb xib xib nangd nius,

Sanb chud ad hneb nangd ngangx。

Dab blab chad lol soud wul jil,

Wul jul chad soud teb jil。

Teb jil geud hlat lieas chud

bub gul leb ghaob mox,

Teb jil hnant hneb jib hneb

blongl lol jib hmangt xot。

Nhangb nend dab blab dab doub chad yenx,

Jib hneb jib hmangt jid dangt,

Dand jul bub gul hneb hnant ad hlat,

Bub beat zhaot gul hneb hnant ad jut。

你来我往，

大家帮忙。

老鼠来到叫鼠时，

水牛来到叫牛时，

老虎来到叫虎时，

兔子来到叫兔时，

龙来到叫龙时，

蛇来到叫蛇时，

马来到叫马时，

羊来到叫羊时，

猴子来到叫猴时，

鸡来到叫鸡时，

狗来到叫狗时，

猪来到叫猪时，

猪来到天补成，

猪来到地补好。

这样，

才把十二只东西

到时叫作十二个时辰。

十二个时辰的时间，

算作一天的时间。

天才来生无极，

无极才生太极。

太极把月亮换作

三十个模样，

太极叫太阳白天

出来晚上歇。

这样天地才均匀，

白天黑夜才相通，

到了三十天叫一月，

三百六十天叫一年。

Teb jil soud liangt nil,	太极生两仪,
Liangt nil soud sib xangb,	两仪生四象,
Sib xangb soud bal guab,	四象生八卦,
Bal guab soud lul xod,	八卦生六爻,
Chad janx bub beat yil gul bleib xod,	才成三百八十四爻,
Chad janx bal bal lul shil sib guab。	才变八八六十四卦。
Zhaos nend chad janx dab doub dab blab,	从此才形成天和地,
Zhaos nend send janx bleib leb zex kib,	从此生成四个季节;
Mex jib hmangt,mex jib hneb。	有黑夜,有白天。
Mex ad dongx hneb lot gheul,	有一段日上浮,
Mex ad dongx hneb goud hangd;	有一段日下沉;
Wul jil lix gheul lix renx,	无极立山立岭,
Wel jil lix nbix lix dongs,	无极立坪立坝,
Lix jul gheul roub,	立了岩山,
Chad lix gheul hlaot;	才立铁山;
Lix jul gheul nggieb,	立了金山,
Chad lix gheul ngongx。	才立银山。
Lix nbix lix dongs ghaox doux,	立坪立坝打先,
Lix gheul lix renx ghaox zheit;	立山立岭打后;
lix gheul bleib nqad,	立山四面,
Lix renx bleib ghaot。	立岭四方。
Lix bleib ngongl mloul,	立四只鳖,
ngol ndeat box doub box roub;	承土承岩;
Lix bleib ngongl mloul,	立四只鳖,
ngol ndeat box hneb box hlat;	承日承月;
Soud dad ginb dab mangl nib dab doub,	生蚊虫在大地,
Soud dad nus dab mlel nib dab blab;	育雀鸟在天空;
Dab doub chud ad zhenb nqieat	地下做一把秤
nqet doub nqet roub,	称土称岩,
Jib hneb jib hmangt geud lol qeb hneb qeb hlat;	白天黑夜用来称日称月;
Qeb dand box doub ghot sheb ghot janb,	称到地心果射果箭,

Qeb dand dab blab ghot sob ghot ndeat,　　　称到天上果索果德①，

Renx shanb geud chud ghunb nib ghunb　　　高山高岭拿做鬼神居住

jongt nangd dex，　　　的地方，

Ghaob nbix ghaob dongs geud chud　　　坪子坝子拿做

wus nenx wus mod ghaob deas；　　　舞镰舞刀地点；

Nhangs ub chad mex goud ngangx goud nqab，　　　水里才有船路筏路，

Dex khead chad mex goud lix goud mel。　　　陆上才有驴路马路。

Ghot sob chad lol soud poub doub，　　　果索才来生濮斗，

Poub doub chad lol soud niax roub，　　　濮斗才来养娘柔，

Niax roub chad soud　　　娘柔才养

lox bod cob soub menb deut nenl，　　　罗饱操搜妹倒能②，

Lox bod cob chad lol soud　　　罗饱操才来生

ab poub toud tanb ab niax toud tet。　　　阿濮透炭阿娘透滩 ③。

Toud tanb soud lanl guel wangl，　　　透滩生男国王④，

Toud tet soud nit guel wangl；　　　透炭生女国王⑤；

Lanl guel wngl soud doub nex，　　　男国王生豆莱⑥，

Nit guel wangl soud wangx jit；　　　女国王养王姬⑦；

Doub nex soud ned ghuenb，　　　豆莱生奶夔⑧，

Wangx jit soud mat ghuoud；　　　王姬养玛媾⑨；

Ranl dend reul deul，　　　燃灯⑩失火，

---

① 果索果德：苗族先民在古代时对雷和天的称呼。

② 罗饱操、搜妹倒能：一对兄妹名，传说是苗族的祖先。

③ 阿濮透炭、阿娘透滩：一对夫妻名，传说是苗族的祖先。

④ 男国王：男人的第一个头领。

⑤ 女国王：女人的第一个头领。

⑥ 豆莱：苗族先民的人名。

⑦ 王姬：苗族先民的人名。

⑧ 奶夔：苗族先民的人名。

⑨ 玛媾：苗族先民的人名。

⑩ 燃灯：苗族先民的人名，掌管头。

Gib jul doub nex,　　　　　　　　　　　烧了人间，

Lieas ju ad joux，　　　　　　　　　　　换了一朝，

Yol kiead ad reux。　　　　　　　　　　重开一代。

　　土公岩婆即东部方言"濮斗娘柔"的意译,内容涉及唱天地的产生、山川的形成、历法的发明、武器的创造、人类的繁衍等,整篇牵连的人物较多,总的是由盘古开天、兰虎(有的译为南火)造地开始说起,叙述的线索清晰,层次分明,和吕洞山地区的开天辟地古歌内容基本一致。

二、中部方言

　　我们摘录燕宝整理译注的《苗族古歌》片段,此书系 1993 年 9 月贵州人民出版社出版,贵州省少数民族古籍整理出版规划小组办公室编的《中国少数民族古籍》。全文 75 页,约 870 行,可谓长歌,长诗。

TID WAIX XIT DAB　　　　　　**开天辟地**

Hfud dongd dliet lot ot,

首季那太初　　　　　　　　　　　　悠悠太初头年份,

Mux hxib dol bongt waty。

古时远极了　　　　　　　　　　　　最初最初古时期。

Nangx ghaib bil dot dangto,

草茅还不生　　　　　　　　　　　　草草芭茅还不长,

Bangx vob bil dot caitp,

花菜还不分　　　　　　　　　　　　花花野菜还没生,

Fangb waiz 8x bil xitg,

天上还不造　　　　　　　　　　　　天上还没有造就。

Faqgb dab 云区 blil dangts;

天下还不造　　　　　　　　　　　　地上还没有造成:

Bi1 diu nix dangt dongt,

没打银造柱　　　　　　　　没打银柱来撑天,

BII liub bnaib dangt hlatg.

没造日造月　　　　　　　　没造日月来照明。

Diel deis niangb bil dangt,

什么都不造　　　　　　　　什么都还没有造,

Bub diangl diel geis wutg,

知生什么好　　　　　　　　不知生些什么好,

Naix ait gheb bil dangt,

人做活儿没生　　　　　　　干活的人还没生。

三、西部方言

　　西部方言主要是指川黔滇方言。这个区域的开天辟地传说,我们借助杨照飞主编的《西部苗族古歌》上、下册(2010 年 2 月云南出版集团公司云南人民出版社出版发行)作为依据进行阐述。

开天辟地

悠悠太古头年份,太初头个卯时辰。

野草芭茅还没长,花花野菜还不生。

天也还没有造就,地也还没有造成。

还没打造撑天柱,也没铸日月照明。

一切什么都没有,摩肩接踵先来临。

哪一个是最聪明,哪个最先来现身?

他来造天又造地,他来造鬼和造人;

造山地来生草草,造水塘来长浮萍;

造狗打猎撵山坡……

　　传说蝴蝶妈妈是由枫树心变的,所以蝴蝶妈妈居于枫树之上,蝴蝶妈妈生养了苗族的祖公姜央。因而也成为苗族的图腾崇拜,一直流传下来。

吴德华 / 摄

"开天辟地" 芦笙辞

Ghenx "Ndox zhif deb zhaos"

Lusheng tune "creating the world"

第一排

陶永贵　吹奏

吴德华　整理

1=B 2/4

```
5   3 2 | 1    6 |  3    5  |  2   1 6 | 5  6 5 | 5 6   6 | 3     3   5 | 5 0 |
```

Ib lob ndox nangx ndros zhit muax lox, ib lob deb nangx ndros ndros zhik dout.
Ib lub ntuj naj nraug tsis muaj luj, ib lub teb naj nraug nraug tsis tau.
i⁵ lo⁵ nto⁵¹ naŋ¹¹ tɑu¹¹ tsi¹¹ muɑ¹¹ lo⁵ i⁵ lo⁵ tɛ¹¹ naŋ¹¹ ɲɑu¹¹ ɲɑu¹ tsi⁵¹ tɑu¹¹
一 个 天 （哪）也 没 有 （罗），一 个 地 （哪）也 （也）没 得。
There is not (na) a single sky (luo), There is not (na) a single earth.

```
5   6 | 3 2 1 | 5  1 | 3    6 | 5   3 2 | 1    6 | 6   2 5 | 1 0 | 5   2 5 |
```

Beb yuad haik lox: Ib lonx dus nangx jat rongt zox nangx sheud zhif ndox. ib ngcuf
Peb yuav hais luj: Ib leej twg naj cia zoo txuj naj sawv tsim ntuj? ib nkawm
pe¹¹ zuɑ⁵¹ hai¹¹ lo⁵ i⁵ len¹¹ tu⁵¹ naŋ¹¹ tɕia'zoŋ¹¹ tso⁵ naŋ¹¹ seu⁵¹ tsi⁵¹ nto⁵¹ i⁵ ŋkeu⁵
我们 要 说 （罗）：哪 一 个 （哪）有 本 事 （哪）来 造 天？ 哪 一
We will say (luo): Who (na) has the ability to make the sky? Who

```
3   2 | 2    3 | 5 2 1 | 6    2 5 | 5 0 | 5    6 | 3 2 1 | 5   3 2 | 1    6 |
```

dus tax muax rongt jit lox sheud zhif deb. Beb yuad haik lox: Ib lob ndox nangx
twg thiaj muaj zoo ci luj sawv tsim teb? Peb yuav hais luj: Ib lub ntuj naj
tu⁵¹ tʰia¹ muɑ¹¹ zoŋ¹¹ tɕi¹¹ lo⁵ seu⁵¹ tsi⁵¹ tɛ¹¹ pe¹¹ zuɑ⁵¹ hai¹¹ lo⁵ i⁵ lo⁵ nto⁵¹ naŋ¹¹
对 才 有 能 力（罗）来 造 地，我们 要 说 （罗）：一 个 天 （哪）
has the ability to (luo) make the earth? We will say (luo): There is not (na)

3　5｜2　1｜6　5｜5　3｜5　65｜56　6｜3　5｜53　6｜5　26｜
ndros zhit muax lox god zhit boub. Ib lob deb nangx ndros zhit dout, god zhik bof.
nraug tsis muaj luj kuv tsis paub. Ib lub teb naj nraug tsis tau, kuv tsis pom.
n̥tauⁿ tɕiⁿ muaⁿ loⁿ koⁿ tɕiⁿ pouⁿ iⁿ loⁿ teⁿ naŋ n̥tauⁿ tɕiⁿ tauⁿ koⁿ tɕiⁿ paⁿ
也　没　有（罗），我　不　知。　一　个　地（哪）也　没　有，我　不　见。
a single sky (luo), l don't know. There is not (na) a single earth. l can't see.

5　6｜32 1｜5　1　3｜6　5｜3　2｜1　6｜3　｜5　6｜5　32｜
Beb yuad haik lox: Ib lenx dus nangx jat rongt zox lox yuad mol bof ib lob
Peb yuav hais luj: Ib leej twg naj cia zoo txuj luj yuav mus pom ib lub
peⁿ zuaⁿ haiⁿ loⁿ iⁿ lenⁿ tuⁿ naŋ tɕiaⁿ zoŋⁿ tsoⁿ loⁿ zuaⁿ moⁿ paⁿ iⁿ loⁿ
我们　要　说（罗）:哪　一　个（哪）有　能　力（罗）要　去　见　一　个
We will say (luo): Who (na) has the ability (luo) to see a

1　　6｜3　23｜6 -｜3　6｜32　｜1　6　5｜5　65｜5　25｜3　2｜
ndox nangx yenk bek yuad suk ghuad ghaib lox, god zhit boub; ib ngeuf dus tax
ntuj naj yees pes yuav xws quav qaib lox, kuv tsis paub; ib nkawm twg thiaj
n̥toⁿ naŋ zenⁿ peⁿ zuaⁿ suⁿ quaⁿ qaiⁿ loⁿ koⁿ tɕiⁿ pouⁿ iⁿ n̥keuⁿ tuⁿ tʰiaⁿ
天（哪）稀　得　像　鸡　屎（罗），我　不　知。哪　一　对　才
sky (na) it's sticky like chicken droppings (luo), l don't know. Who has

2　3｜53　6｜3　565｜65　53｜3　23｜56　6｜3　6｜32　1｜
muax rongt jit, yuad mol bof ib lub deb yenk bek yit nangx suk ghuad ok lox,
muaj zoo ci, yuav mus bom ib lub teb yees pes yi naj xws quav os luj,
muaⁿ zoŋⁿ tɕiⁿ zuaⁿ moⁿ paⁿ iⁿ loⁿ teⁿ zenⁿ peⁿ ziⁿ naŋⁿ suⁿ quaⁿ aⁿ loⁿ
有　本　事，　要　去　见　一　个　地　稀　得（哪）像　鸭　粪（罗）
the ability to see the earth sticky (na) like duck excrement (luo)

6　5｜2　65｜6　32｜1｜5　1　3｜6　5｜32　1｜6　2｜5　｜
god zhit bof. Beb yuad haik lox: Ib lenx dus nangx jat rongt zox nangx ndes ghet
Kuv tsis pom. Peb yuav hais luj: Ib leej twg naj cia zoo txuj naj nteg qe
koⁿ tɕiⁿ paⁿ peⁿ zuaⁿ haiⁿ loⁿ iⁿ lenⁿ tuⁿ naŋ tɕiaⁿ zoŋⁿ tsoⁿ naŋ n̥teⁿ qeⁿ
我　不　见，我们　要　说（罗）:哪　一　个（哪）有　能　力（哪）下　天
I can't see. We will say (luo): Who has the (na) ability to lay eggs in the

1　0｜5　25｜3　2　2　｜3　56｜6　3｜5　5｜3｜5　65｜3　0｜
ndox? Ib ngeuf dus tax muax rongt jit nangx ndes ghet deb? beb yuad hak:
ntuj? Ib nkawm twg thiaj muaj zoo ci naj nteg qe teb? Peb yuav hais:
n̥toⁿ iⁿ n̥keuⁿ tuⁿ tʰiaⁿ muaⁿ zoŋⁿ tɕiⁿ naŋⁿ n̥teⁿ qeⁿ teⁿ peⁿ zuaⁿ haiⁿ
蛋？哪　一　对　才　有　本　事（哪）下　地　蛋？我们　要　说:
sky? Who has the ability to lay the egg of the earth? We will say:

5　1｜3　5｜1｜2｜2　3｜5｜2　3｜6　3｜
lb Yangx yik ib yangx ghak yuaf yangx dloud ndangb tax muax rongt zox nangx ndes
lb yaj yig ib yaj qas yuam yaj dauv ntab thiaj muaj zoo txuj naj nteg
iⁿ zaŋⁿ ziⁿ iⁿ zaŋⁿ qanⁿ zuaⁿ zaŋⁿ tlauⁿ n̥tanⁿ tʰiaⁿ muaⁿ zoŋⁿ tsoⁿ naŋ n̥teⁿ
阳　矣　阳　亚　勾　犟　鸭　才　有　能　力（哪）生
Only a bearded duck called "Yang Yi Yang Ya" can have the ability to lay egg

| 5 | 1 | 5 | 1 | 3 5 | 1 | 2 | 2 5 | 6 | 3 | 2 | 6 | - | 2 | 2 |

ghet ndox. Ib Yangx yik ib yangx ghak yuaf it nangx yangx dik nded tax muaj
qe ntuj. Ib yaj yig ib yaj qas yuam i naj yaj tis ntev thiaj muaj
天　蛋。　　阳　矣　阳　　亚　（哪）长　翅　鸭　　才　有
in the sky. A duck with long wings is called "Yang Yi Yang Ya." has the ability

| 3 | 5 6 | 6 | 3 | 5 | 5 0 | 5 | 6 | 3 2 1 | 5 | 1 | 3 | 6 | 5 | 3 | 2 | 1 |

rongt jit nangx ndes ghet deb. beb yuad haik lox: Ib lenx dus nangx jat rongt zox lox
Zoo ci naj nteg qe teb. Peb yuav hais luj: Ib leej twg naj cia zoo txuj luj
本　事　（哪）下　地　蛋。我们要　说　（罗）哪　一　个　（哪）有　能　力　（罗）
to lay the egg of the earth. We will say (luo): Who (na) has the ability (luo)

| 6 5 | 2 | 3 | 6 | 3 | 6 | 2 | 1 | 6 | 5 | 3 | 2 | 5 | 2 5 | 3 | 2 | 2 | 3 |

yuad duax muab lob ghet ndox dus mol buas dlous? Ib ngeuf dus tax muax rongt
yuav tuaj muab lub qe ntuj twg mus puag daug? Ib nkawm twg thiaj muaj zoo
要　来　把　哪　个　天　蛋　去　孵　化？　哪　一　对　才　有　本
to hatch the egg in the sky? Who has the ability

| 5 3 | 6 5 | 2 | 3 6 | 3 | 6 | 2 | 1 | 6 | 3 | 6 | 6 | - | 5 | 6 | 3 | 0 | 5 | 1 |

jit, yuad duax muab lob ghet deb dus mol buas senb. Beb yuad haik: Ib yangx
ci. yuav tuaj muab lub qe teb twg mus puag xeeb. Peb yuav hais: Ib yaj
事，　要　去　把　哪　个　地　蛋　去　孵　生？　我们要　说：　阳
to hatch the egg of the earth? We will say : Only a

| 3 5 | 1 | 2 | 2 5 | 6 | 3 | 6 | 3 | 2 | 2 | 3 | 1 0 | 6 | 2 |

yis ib yangx ghak yuaf it nangx yangx dloud ndangb tax muax rongt zox, yuad duax
yig ib yaj qas yuam i naj yaj dauv ntab thiaj muaj zoo txuj, yuav tuaj
矣　阳　亚　（哪）肉　声　鸭　才　有　能　力，要　去
bearded duck called "Yang Yi Yang Ya" can have this ability to

| 3 6 3 | 6 | 2 | 1 | 6 | 5 | 3 2 1 | 1 | 2 | 2 | 6 | 3 | 6 5 | 3 0 |

muab lob ghet ndox dus mol buas dlous. Ndlaos ghak langf nangx suk lob dous.
muab lub qe ntuj twg mus puag daug. Ntog qas lam naj xws lub taug.
把　哪　个　天　蛋　去　孵　化？　滚　动　着　（哪）像　豆　粒。
hatch the egg of the sky. rolling it (na) like a bean.

| 5 | 1 | 3 | 5 | 1 | 2 | 2 | 6 | 3 | 2 | 6 | - | 2 | 2 | 3 | 5 3 |

Ib yangx yis ib yangx ghak yuaf nangx yangx dik nded tax muax rongt jit,
Ib yaj yig ib yaj qas yuam naj yaj tis ntev thiaj muaj zoo ci.
阳　矣　阳　　亚　（哪）长　翅　鸭　　才　有　本事，
A duck with long wings is called (na) 'Yang Yi Yang Ya' has the ability

$\overset{\frown}{6\,5}$ 2 | $\overset{\frown}{3\,6}$ 3 | 6   2 | 1   6 | 3   6 | 1   2 | $\overset{\frown}{2}$ 5 6 | 3 $\overset{\frown}{6\,5}$

yuad duax muab lob ghet deb dus mol buas senb. Ndlos ghak langf it nangx suk lob
yuav tuaj muab lub qe teb twg mus puag xeeb. ntog qas lam i naj xws lub
zua" tua" mua" lo" qe" te" tu" mo" pua' sen" nta" qaŋ" laŋ" i" naŋ" su" lo"
要 去 把 哪 个 地 蛋 去 孵 生, 滚 动 着 （哪）像 荞
to hatch the egg of the earth. rolling it like (na) a buckwheat

3 0 | 5 $\overset{\frown}{6\,5}$ | 3 0 | 5 $\overset{\frown}{3\,2}$ | $\overset{\frown}{1}$ 5   1 | 2   3 | 6   0 | 3 6 | 2   1

jes. Beb yuad hak: Ib lob ndox yaox ghak yenl nangx jaos zhik druax lox
ceg. Peb yuav hais: Ib lub ntuj yoj qas yees naj cog tsis ruaj luj
ice" pe" zua" hai" i" lo" nto" za" qaŋ" zen" naŋ" tca" tṣi" tua" lo"
颗, 我们 要 说: 一 个 天 晃 荡 着 （哪）栽 不 稳 罗
seeds. We all said: the sky is wobbly (na) and unstable (luo)

6   5 | 5 0 | 5 $\overset{\frown}{6\,5}$ | $\overset{\frown}{5\,3}$ 1 | 2 $\overset{\frown}{3\,5}$ | 3   5 | $\overset{\frown}{5\,3}$ 6 | 5   2 | 5 $\overset{\frown}{6\,5}$

god zhik baob, Ib lob deb yaox ghangk yend jous zhit dol god zhit bof. Beb yuad
kuv tsis paub, Ib lob deb yoj qas yeev cog tsis tau kuv tsis pom. Peb yuav
ko" tṣi" pou" i" lo" te" za" qaŋ" zen" tca" tṣi" tou" ko" tṣi" pa" pe" zua"
我 不 知, 一 个 地 晃 荡 着 栽 不 住 我 不 见. 我们 要
I don't know. The earth is wobbly and unstable I can't see. We will

熊天权 / 摄

熊天权 / 摄

3 0 | 5 1 | 3 6 | 5 3 2 | 1 5 | sheud 2 | 2 1 | 1 2 5 | 3 2 |
haik: Ib lenx dus nangx jat rongt zox sheud buab ndox lox? Ib ngeuf dus tax
hais: Ib leej twg naj cia zoo txuj sawv puab ntuj luj? Ib nkawm twg thiaj
hai" i" len" tu" nan" tɕia" ʐoŋ" tso" ʂeu" pua" nto" lo" i" ŋkɛu" tu" t'ia"
说: 哪一个（哪）有 能 力 来 塑 天（罗）？哪 一 对 才
say: Who has (na) the ability to shape the sky (luo)? Who has

2 3 | 5 3 6 | 3 3 | 5 6 5 | 3 0 | 1 5 | 1 5 | 5 1 | 3 6 |
muax rongt jit sheud buab deb? Beb yuad hak: Dol Lenx Pox angk gab muax naf
muaj zoo ci sawv puab teb? Peb yuav hais: Tus Leej Phuj as kiab muaj niam
mua" ʐoŋ" tɕi" ʂeu" pua" te" pe" zua" hai" to" len" p'o" aŋ" kia" mua" nia"
有 本 事 来 塑 地？我们 要 说： 那 楞 婆（啊）没 娘 的
the ability to shape the earth? We will say: The ability of the motherless "Leng Po"

5 3 2 | 2 1 | 6 2 | 2 1 | 6 5 | 5 0 | 1 5 | 5 3 6 | 3 5 6 |
jat rongt zox lox sheud buab ndox lox god zhit boub. Dot Lenx Jenb gab muax zid
cia zoo txuj luj sawv puab ntuj luj kuv tsis paub. Tus leej ceeb kiab muaj txi
tɕia" ʐoŋ" tso" lo" ʂeu" pua" nto" lo" ko" tɕi" pou" to" len" tɕen" kia" mua" tsi"
有 能 力（罗）来 塑 天（罗）我 不 知。 那 楞 金 没 爹 的
to shape (luo) the sky (luo). I don't know. The "Leng Jin" without a father

6 3 2 | 5 3 6 | 3 3 2 | 1 6 | 5 2 6 |
nangx jat rongt jit sheud buab deb lox god zhit bof.
naj cia zoo ci sawv puab deb luj kuv tsis pom.
naŋ" tɕia" ʐoŋ" tɕi" ʂeu" pua" te" lo" ko" tɕi" pa"
（哪）有 本 事 来 塑 地（罗）我 不 见。
(na) has the ability to moke the earth. I can't see.

责任编辑：杨庭书
美术编辑：杨桂莉

●○ "开天辟地"芦笙辞   吴德华 / 提供

四、关于人类共祖莎(shad)的传说故事

在西部方言中还流传着关于天地生命形成的民间故事,这就是《凿理》。《凿理》源于苗族关于宇宙及人类起源的传说故事。其包括九个基本符号,平时称juax Lil或 juax mongt (谐音九理或九蒙),如下图。

●○ 凿理图　　　　熊咨鬻／摄

相传很久很久以前,没有天没有地,只有三个兄弟,老大的名字叫○(硕),他的形体大得无边无际,白晃晃,圆如鸭蛋;老二的名字叫⊙(省),他的形体不大不小,正如真;老三的名字叫●(叟),他的形体小得无内又无中,黑漆漆,黏如鸡屎。

○(硕)、⊙(省)和●(叟)三兄弟安安稳稳地坐着,不知过了多久。一次⊙(省)想去找○(硕)和●(叟)玩耍,⊙(省)向前伸出脚准备走出去找○(硕)玩耍,但是他想了想,还是罢了,把脚缩了回来;⊙(省)又向后伸出脚准备走出去找●(叟)玩耍,但是他想了想也罢了,最终他还是回到自己的原位。就在这个时候,在他伸出脚想踩的地方,前方竟然出现了一个脚印—(阴:描述为一节竹节),后方也出现了

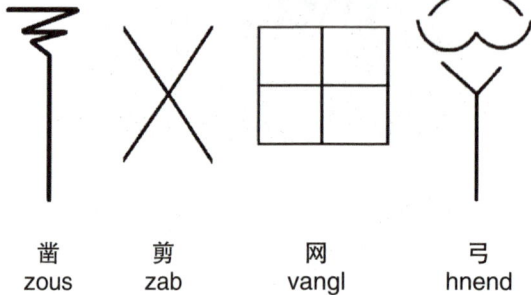

sob 谐音"硕"　　　send 谐音"省"　　　souk 谐音"叟"

yangd 谐音"阴"　　yangs 谐音"阳"　　yangl 谐音"样"

ndox 谐音"夺"　　　deb 谐音"的"　　　sat 谐音"莎"

省授予的四件宝物

凿　　　剪　　　网　　　弓
zous　　zab　　vangl　　hnend

●○ 开天界地的工具　　　　熊咨鬻 / 制图

两个脚印--(阳:描述为两节竹节),自己的位置出现三个脚印---(样:描述为三节竹节)。

⊙(省)感觉好鲜(新)奇,伸手把这些竹节扶了起来,就这样一扶,第一个竹节竟然弯成了 ⌒ 这个形状,⊙(省)把这个竹节叫作天(苗语谐音:夺);第二个竹节弯成了 ∽ 这个形状,⊙(省)把这个竹节叫作地(苗语谐音:的);第三个竹节成了 ♋ 这个形状,⊙(省)把这个竹节叫作生命(苗语谐音:莎)。(在以下的名称中,把天称为夺、地为的、生命为莎,苗语谐音:莎 shad)。

苗文:yeuf send xangb del mol muab jaod xongb zhangt sheud zhenl lol,zhangt laot ib yangd jeuf deuf ndox,zhangt aob yangs deuf deb ,zhangt beb yangl deuf shad.

苗族民间在祭祀人类共祖莎(shad)的时候,有的在一月一、有的在二月二、有的在三月三举行。形式各异,但基本仪式都一样,用三根竹子、三个石头或是三棵树以表示人类共祖莎(shad),在竹子、石头或是树上系挂莎(shad)的刺绣图♋。

●○ 二月二日鼓社节祭盘古　　　吴心源／摄

●○ 三月三赛歌敬盘古　　　向民航／摄

●○ 花垣县吉卫镇夜朗坪(原腊乙村,是东部苗语方言标准音地)三月三原生态苗歌节

麻秀生 / 摄

●○ 97岁的张显兰和她的苗锦"芭排"作品。苗锦,苗语"芭排",意为"花铺盖"

向民航 / 摄

第二节　苗族始祖盘古考

苗族是中华民族极其古老的成员,苗族的族源,亦即苗族先祖有蚩尤、伏羲之说(据闻一多先生考证:《汉书·郊祀志》所载的太一天神,即东皇太一,实际就是伏羲。伏羲是苗族传说中的人类始祖,也是最尊贵的天神)等,并无最后定论。在此,我们从历史文化角度出发,多视角、全方位探讨苗族始祖——盘古。

●○ 东部苗族数纱中的盘古印与蝴蝶妈妈

吴心源 / 摄

一、苗族古老话中的盘古始祖

1. 据苗族古老话记载:古时天上灰蒙蒙,地下黑沉沉,天地相连,乾坤接近;水里无通船通筏的道,地上无走马走驴的路;天空无飞鸟,水里无游鱼。盘古开天,南火立地;地上有土有岩,天上有日有月……①

2. 苗族古老话还记录了苗族生成哲学——"事物生成共源根"。先出现天,后

---

① 湖南省少数民族古籍办公室.古老话[M].长沙:岳麓书社,1990:11.

出现地。从那时起,盘古就分开了天和地……最后才育原始人……千万事物同一理,事物生成共源根。头号重要搜媚若,第二是各薄港搜,第三是玛汝务翠,三样缺一不得生。生成相资双有利,相制牵掣得平衡。相征我求彼有应,相夺我好彼有损,优劣相斗有胜负,生成难全古到今……

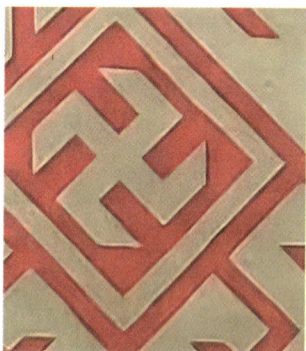  

●○　盘古印　天旋　　　　　　　地转　　　　　　　莎三　　　万字符
　　　　　　　　　　　　　　　　　　　　　　　　　三生　　　万物

吴心源 / 破译

　　苗族生成哲学是苗族先民创作并代代相传下来的哲学体系,其基本思想是"三位一体论"和"一分为三论"。"三位一体论"认为宇宙万物都是由"各薄港搜"(苗语,指事物生成的物质基础),"搜媚若"(苗语,指事物生成的能量)和"玛汝务翠"(苗语,指事物的良好结构)三大要素相互作用形成的。"一分为三论"认为事物主于能量,基于物质,宣于良好结构,即一切事物都必须通过"三大要素"的相资、相制、相征或相夺的关系而生成变化,变化的结果是"生成难全""生成胜负"与"生成增多变好"。

　　3. 从现存的苗族巫教、鬼教祭辞中,也可以找到有关盘古的记载:子丑二年正开天,先安天来后安地;先安高坡栽大树,后立平地烂泥田。先立朝宗后立人,后立法师救犯人。先立老君管天下,后立法师救病人。先立铜锣后定鼓,人类从此得安宁。

　　值得一提的是,以上关于盘古的记述,均用苗语朗诵,再经后人整理,而非神话传说。

二、历史文献和考古文物中的盘古

　　汉籍历史文献中,将盘古开天地作为创世纪神话始记于公元 3 世纪三国时代。吴国徐整《三五历纪》载："天地混沌如鸡子,盘古生其中。万八千岁,天地开辟,阳清为天,阴浊为地。盘古在其中,一日九变,神于天,圣于地。天日高一丈,地日厚一丈,盘古日长一丈。如此万八千岁,天数极高,地数极深,盘古极长。后乃有三皇。数起于一,立于三,成于五,盛于七,处于九,故天去地九万里。"因此传说天地是盘古开创的,有了盘古才有人类,故盘古被人们尊称为开天辟地的英雄。对此处记载,人们历来有三种疑义:一是徐整记录的盘古神话的神秘哲学气味太浓,与原始神话的本来面目相去甚远;二是三国时期佛教已在中国流行 200 年,盘古神话受印度佛教之影响;三是盘古神话创世纪在上古时代没有出现,见之于历史文献的时间,比禹治洪水神话的记载晚 1 300 年之久。故有鲁迅在《中国小说史略》中就此写道:"天地开辟之说,在中国所遗留者,已设想较高,而初民之本色不可见。"

苗族生成哲学因多种原因"出土"较晚,且不见经传,世人无多理解也是情理之中。从生成哲学的发展史中,我们可以看到,苗族生成哲学的早期理论最早见于《鹖子》中所载的"三生万物论",而且"三生万物论"在楚国一度占领上风,推动楚国成为七国之雄的巨首。在春秋时期,楚国哲学先师李耳把苗族生成哲学早期理论"道生一,一生二,二生三,三生万物"载于《老子千字文》一书中,一举揭开了事物是由三种因素(物质及其能量、结构)所组成的奥秘,标志苗族生成哲学的唯物观。到了战国时期,楚人屈原又把"三生万物"记入《天问篇》,所谓的"阴阳三合"一语道破了标、本、化三位一体组成事物的玄机;并在《离骚》等篇中强调了事物由"化"到"成"就之不可违背的绳墨、法度,否则,就会遭到"反成乃之"的恶果。《淮南子·原道训》载:"夫形者,生之舍也;气者,生之充也;神者,生之制也。一失位则三者伤矣。"将"一分为三,三位一体"的道理阐述得很清楚。到了三国时代,吴国徐整关于苗族生成哲学"生、成、转、化"之说用数加以阐明记载。至此,徐整记录的"盘古神话"已面目清晰,还盘古人话的本来面目。

据陈久金、卢莲蓉二人考证,有关盘古"传说"可能从印度的佛教故事中移植,是以盘古与印度的阿达摩费的形象相似为依据。宋朝黄休复《益州石画录》引《益州学馆记》云:"献帝兴平元年,陈留高联为益州太守,更茸成都玉堂石室,东别创一石室,自为周公礼殿,其壁上图画上古盘古、李老等神,及历代帝王之像。"由此推知,早在东汉时,盘古就是人们崇敬的"神",他出自汉儒学之传统,与佛教故事不可混为一谈,而且有关盘古的传说绝非产生于东汉。倘若盘古源自佛教故事,则不应受到地域限制,但未见北方人过盘王节的记载,也未听说有以盘古命名的地方,可见盘古传自佛教故事的推测纯出于附会(详见《中国传统节庆及其源流》,陈久金、卢莲蓉编著,上海科技教育出版社 1989 年 5 月第 1 版)。

如何正确解释有关盘古的文献出现较晚的这一事实呢?我们认为可以从上古民族史和语言、文字产生的文化人类学角度得到解释和印证。苗族古老话按古苗语直译应为话古话老,苗语直呼就是"古根"。我们知道,文字出现远比语言出现要晚,而且古老话一直是苗族中集智者、史者、文化人为一身的巫教、鬼教法师(苗语称芭黛)历代口授秘传,从不示外人所知。同时,汉儒有关上古史的著作,大都与先秦古籍为依据,而先秦古籍,大都出现在文化较为发达的中原地区。盘古则是南方苗、瑶等民族所崇敬的"神",不为历代统治者和文人所重视,所以,在其著作中没有得到反映。

据南北朝梁人任昉《述异记》说:"古说:盘古氏喜为晴,怒为阴。吴楚间说:盘古氏夫妻,阴阳之始也。今南海有盘古氏墓,亘三百余里,俗云后人追葬盘古之魂也。桂林有盘古氏庙,今人祝祀,南海中盘古国,今人皆以盘古为姓。"又见《路史·前纪》注云:"兮赣之会昌有盘古山,湘乡南盘古保,都有盘古祠。"可见长江中下游以南皆有以盘古命名的地方和姓氏。

●○ 祭三元盘古一万八千岁　　　　　　　　吴心源 / 摄

1986 年饶宗颐先生发表了《盘古图考》,指出盘古首次出现的时间为汉末兴平元年,即公元 194 年。饶先生的这一成果,不仅将盘古出现的时间上推到公元 2 世纪末,而且在研究方法上,也提供了启迪:神话与宗教是一个事物的两面体,语言与神像联系在一起,两方面的研究可以互证。广东花都是古时"南海盘古国"的所在地。

铜鼓是我国古代南方少数民族及东南亚地区最具代表性的文物,在民族文化历史上占有重要的地位,是历史长河中沉淀下来的

"活化石"。广西是古代铜鼓的主要分布地区之一,铜鼓遗存丰富,种类齐全,其最早的铜鼓至少可以追溯到公元前2世纪。铜鼓的圆盘上通常有4只青蛙,蛙类,苗语叫大蛄(dab gud),盘上的蛄即盘蛄,象征青蛙生殖崇拜;同时,证实了饶宗颐先生关于"神话与宗教是一个事物的两面体,语言与神像联系在一起"的说法的重要性和正确性。

三、苗历及南方少数民族年节中的盘古

苗族不仅历史悠久,而且在远古时期,文化科技相当发达。如王桐龄、任丘在《中国民族史》中说:"当时苗族文化(指上古时代)相当发达。第一发明刑法,第二发明武器,第三发明宗教。后来汉族所用之五刑,兵器及甲胄,而信奉之鬼神教,大抵苗族所创,而汉族因袭者。"而且《尚书·尧典》载:"帝曰:'咨! 汝羲暨和。期三百有六旬有六日以闰月定四时成岁。允厘百工,庶绩咸熙。'"苗族是中国最早定居的南方稻作民族,古代的苗族先民,在发展农业生产中发明了苗民古历——猫(苗)历,也称鸟历。它以猫头鹰转变叫声的时间分出了两个年节——夏至和冬至,是古代中国南方的太阳历,在汉籍表明称之为颛顼历,说明苗民已认识到由于物质、结构、能量的不断变化消涨,而形成寒、热二季,进而成为寒、温、热三季,这是苗族生成哲学的具体运用。在汉籍记载中,苗历为"子正人统",后误认为"寅正天统"的夏历十月底为苗族年节,故有苗族上古十月底("冬至"前一天)过年之说。

苗族历法总的来说属于阴阳历,以太阳历为主,而且历史悠久,较之公历、农历简便易于掌握。阳历以12生肖纪岁、月、日、时,一岁365.25日,平岁365日;闰岁366日,4岁1闰,一岁12个月,天狗周期1460年,比古埃及太阳历早,且与太阳回归年一致。以冬至为历元,且为岁首、年首、节首、气首,冬至为大年,夏至为小年。古时,历法为帝王所颁布,为国而用,国亡则废。因此熟苗历运用广泛,生苗历民间用于择吉等。由苗历可知,苗岁有大、小两个年节。因此,现在苗族的吃新节,瑶族、布依族的盘王节等均是苗民的古代新年节日,它由上古冬至新年演变而来。关于盘王节,宋代《路史·前纪》有记载:荆湖南北,以十月十六日为盘古生日。而且,天地自混沌中产生,这是中国古代传统的天体演化理论。且有宋"冬至吃汤圆"的年俗、明清"冬至馄饨夏至面"的谚语,源于苗族年节的两种两收之说:即夏收秋收之说。至今,南方各地还保留过冬至节和冬至以后才腌制腊肉的习俗。

●○ 瑶族祭祀盘古　　　吴心源/摄

据《述异记》，所谓盘古国就是少数民族地方政权。刘锡著《岭表纪蛮》也说："盘古为一般瑶族所崇祀，称之为盘王。瑶人以为人之生死寿夭贵贱，皆盘王主之，故家家供其像。"常任侠《沙坪坝出土之石棺画像研究》引载的苗族《盘王书》中提到盘古教民使用犁耙种田、教民种麻纺织，又发明纱机教民织布等。

编者在《孙武兵法中的盘古历法辨析》一文中曾论证，盘古开天是制定历法，女娲补天是调整历法，并在此基础上挖掘整理出版了《苗族古历》，得到了学术界的好评和关注，《苗族古历》于 2013 年 12 月列为湖南省湘西州级第 6 批非物质文化遗产名录。

根据苗族古歌相传，考证盘古开天辟地火龙岩位于湖南省花垣县十八洞景区的雅酉镇坡脚村 2 组。苗族古歌传唱：龙家生在高达，住在高达；堂号为武陵堂，官方为武陵郡，西汉初年（汉高祖二年，公元前 205 年）设，在今湖南省、河北省、贵州省、四川省（现划为重庆市）和广西境内。汉籍称龙姓望郡为武阳郡乃是隋大业三年（607 年）始设，境域大致在今河北、河南、山东之交界。古丈县档案馆收藏的《龙氏族谱》之《武陵谱序》记载："自伏羲以龙命官，后世始有龙姓。故虞帝时龙作纳言，与皋夔稷契二十二人同亮天工。夏商之际有龙子名穆……"与复旦大学李辉教授认为伏羲的直接后代是苗族，历史文化学者李国栋教授认为苗族起源于湖南（中、西部苗语称湖南为朵佳湘），与著名民俗学专家林河先生认为湖南是伏羲故里相吻合。

综上种种表明，盘古是苗族的始祖，而不是始祖神；盘古是人，不是神。苗族与南方其他少数民族同根同源。而且，关于苗汉同源论，苗人石启贵在《湘西苗族实地调查报告》中已有著述，在此不再赘记。

第三节　探访磐古火龙岩

2019 年 5 月 25 日上午 9 点左右,应好友周建华先生(湖南神农民族医药管理有限公司董事长)之约,陪同慕名而来、年近古稀的北京客人,前往花垣县十八洞景区中的双龙镇十八洞村和雅酉镇参观考察、旅游观光。我们驱车沿 319 国道盘山绕行。空山新雨,峒河(苗语叫 ub ndongb ub hlod 务峒务洛)沿岸美景尽收眼底。途经号称"中国公路博物馆"的矮寨盘山公路"中国立交第一桥"时,老人情不自禁下车拍照,准备带回家与亲友们分享。

大约行驶了五十分钟后,我们将车停放在十八洞村停车场,一边与村主任联系,一边参观游客接待中心,只见一位苗家绣娘专心致志地绣着精美的凤凰图案,体现了苗家人民对美好生活的向往。

我们转乘村里的环保旅游观光车到了新村部,正好是十八洞村村主任隆吉龙

●○ 矮寨特大桥奇观　　　　　　向民航 / 摄

●○ 十八洞的春天　　吴心源 / 摄

●○ 向　　往　　吴心源 / 摄

当天值班,等候已久。他简要地介绍说:"十八洞村,苗语叫祝融祝楼(zhux romgx zhux loul),简称祝楼(zhux loul);十八洞,表示村境内有地下溶洞十八个,祝融十八洞意为龙门十八洞。十八洞村作为精准扶贫的首倡地,五年多来,发生了翻天覆地的变化,乡村面貌更加美丽,苗家人民的生活越来越好。感谢共产党,牢记党恩情。我们苗族人民在共产党的率领下,同全国人民一道携手迈进小康生活。"

我们告别事务繁多的村主任,信步寨中的游道,只见游人如织。时值中午吃饭时间,村里的农家乐早已经是高朋满座。因为事先没有订餐,我们只好选择观看金钉子景点后,到邻近的麻栗场镇吃特色农家菜苗鱼。

午餐后,我们一路驱车前往雅酉镇,镇司法所长吴卫臻当向导随车同行,直奔坡脚村2组。在坡脚村党支部书记龙玉光(芭黛雄,苗族文化传承人)的带领下,北京客人不顾旅途疲劳,随同我

●○ 笑问客从何处来　　吴心源／摄　　●○ 盘古火龙岩商标

吴心源／提供

们上山，直奔最后一个景点。上山的小路泥泞，又滑又陡，行至半山腰，我们只好规劝老人停下歇息，等待我们一同下山。没多久，我们一行四人来到了苗族古歌中所讲述的 Poub Doub Niax Roub（濮陡娘柔），汉译为土公岩婆。笔者意译为磐古火龙岩，女娲五色石。当地苗语称此岩为柔垚(rao 尧音，普通话读 yao 音，苗语另一音也读此音，如 ghod yib ghod yaol，意为摇摇晃晃)，意为重叠的岩石，东部苗语对此岩的全称是 Roub reax Roub rongb（柔垚柔戎），简称 Roub reax（柔垚、柔尧）或 Roub rongb（柔戎），意为重重叠叠的龙岩。苗族《椎牛辞》说："龙家生在高达，坐在高达。"后来，人丁兴旺，在补抽比高立谱，分宗立姓，一路迁往贵州松桃（夔方），一路迁到凤凰夺西（雷方），一路迁往吕洞山（龙方），安营扎寨，安居乐业。

芭黛雄龙玉光介绍说，柔尧（Roub reax）所在地为花垣县雅酉镇坡脚村 2 组唐玉泉家的山林地，他家原来居住在贵州省松桃苗族自治县盘石镇峨梨坪村（苗语 banx rax〈排然〉或 ndut rax〈都然〉，意为梨树寨），后来因家族纠纷，亲属遇难，自己便投奔娘舅，搬回坡脚村 2 组居住，同时将柔尧及其附近的山林地购买在自己的名下；新中国成立后，经花垣县国土管理部门确定产权，下发管理证书。如今唐玉泉老人 82 岁，年事已高，在花垣县雅酉镇高达村敬老院安享天年。

我们调查得知，原盘石乡所在地为排都（banx ndut），苗语全称叫 ub lel banx

●○ 雅酉镇坡脚村支书龙玉光介绍柔戎柔尧　　吴心源／摄

●○ 北京客人就湘西世界地质公园保护与开发利用问题与当地民众进行交流探讨

吴心源／摄

ndut（务莱排都），因明朝时官军借地驻兵（同田姓苗土司借地）故叫盘石营（此地附近有巨石如磐，故名）；后来相传清代有皇姑抚民驻此数年，赢得民心改叫皇姑城："先有皇姑城，后有松桃城"。今盘石镇所在地名叫嗅脑（因嗅脑汛得名），苗语叫 reix ub hangd gheul（仁务夯高）。 banx rax banx ndut（排然排都）是典型的四音格苗语地名。盘石因盘古磐石（盘古火龙岩，女娲五色石）得名，简称盘石。

　　下山后，北京客人饶有兴致，不断提问，了解苗族历史和传统文化。我们赠送客人《苗族古历》《破解易经新视觉》《〈老子〉与苗族九卦〈易经〉研究》、苗族《古老话》《苗族生成哲学》等书籍，客人余兴未尽地说："神秘湘西，令人神往；醉美湘西，我还会来。"

●○ 2019 年 5 月 25 日，湘西州自然资源和规划局副局长彭华（前一）与花垣县雅酉镇党委书记石伶俐（女）考察十八洞地质公园中的盘古火龙岩

吴心源／摄

第四节　苗疆边墙与苗族兴衰

中国南方的 jib doubjib las 吉豆吉那（或叫地豆地那,意译为印度支那）,曾有个海洋文明时代。那时苗民完成了第一次农业革命,有了物质基础,不再疲于奔命去谋求生存,有条件去经营发明创造,发展古代的苗民科技。苗族先民利用火药制造烟花(原始烟花,相当于喷火筒),用以降服了龙夒;建造龙舟往来江、河、湖、泊,采集野生稻;采集指南石(指南针),用于导航,在江、河、湖、泊中畅行无阻;发明糍粑制造方法,储存大量糍粑于水里,保障了食物供给;发明武器,加强自己能力;创立巫教、鬼教等,开创了中国南方文明的源泉。这样,南蛮头大戎(蚩尤)、荆蛮头仡颛(颛顼)部落联盟形成,出现海洋文明社会。

大戎(仡熊)率部从大龙口(今湖南怀化地区大江口)北上,与其亲族(仡鸎)结合,组成"九黎国",采集沿海、江、河、湖、泊中的野生稻,从南方向北方逐渐扩大野生稻的采集范围。在渤海湾遇到了北方部族,大戎九战九胜,"逐鹿之阿,九隅无遗"。北方游牧部族看硬打失败,改行软硬兼施,双方议和联姻,瓦解大戎九黎;九黎内部巫、哲争功,腐败分裂,巫风盛行,"言无正"。夏亲(炎)、王姬(黄)赢得时间结盟与大戎九黎决战逐鹿。大戎弟大夒(祝融)投降,毁坏存放在渤海湾的糍粑,造成食物短缺;献出喷火筒、指南石,失去了锐利武器,大戎九黎内部分裂,荆蛮头仡颛叛,炎、黄乘机反攻,大戎九黎一败涂地,苗民从此开始让出黄河下游产稻区,进行历史上的第一次万里长征:东至美洲,南至东南亚,西至新疆、中亚细亚,北到辽宁、黑龙江、西伯利亚、蒙古。大戎失去了部族联盟位,退出部族联盟,改称为仡戎(共工,即氏族联盟长)。

仡戎率部族回到长江以北,建立三苗国,开展第二次农业革命,蓄足人力物力后,又率部北上与南侵的颛顼争帝,大败颛顼。此时海浸到来,不周山塌,归为仡戎之罪,仡戎因之登不上部族联盟公推制的部族联盟长之位,改由大尧(仡熊盘瓠蛮后裔)任部族联盟长建国曰唐,号称唐尧。尧死后,大家又公推大舜(仡鸾后裔)为部族联盟长,建国曰虞,号称虞舜。舜南巡死于南方九嶷山,大禹(仡鸾后裔)治水有功,又被公推为部族联盟长,建国曰夏,号称夏禹。尧、舜、禹均系蛮夷,称号皆曰"大"。"大"者相当于"王",苗民尊称为大尧、大舜、大禹(仡尧、仡舜、仡禹)。夏启推翻蛮夷部族联盟公推制,建立夏奴隶制王朝,从此结束了汉籍所美称的"部族禅让制"。夏王朝的奴隶制比部落联盟禅让制先进,国力强过三苗,苗民彻底让出黄河流域产稻区,退回长江以南中下游。

夏启灭三苗国,苗民第二次让出长江以南中下游产稻区,转移开垦长江以南上游、珠江上游稻田,完成第二次农业革命。留在黄河下游的蛮夷后裔明夷强大起来,立国曰商(熟苗民国),号称殷商。商灭夏后,在海洋文明的废墟上开创良渚文化、龙山文化、大汶口文化,形成古代中国这块土地上的黄河下游第二次文明,开创了中华民族文明的源头。商纣无道,西岐头(周武王)伐纣,南蛮的鸾熊参与做谋士,并率南蛮部族参加。此事件记载于"牧誓"(《尚书》篇名,记载周武王在牧野,即今河南洪县同殷纣作战时的誓词)。由于他们伐纣有功,被周先后分别封于蜀、巴、楚、彭、庸、卢、微、濮、髳等地,成为周朝诸侯国。楚依靠其祖先鸾熊的王道哲学"事物生成共源根"治国安邦,雄起南方,为春秋之霸,战国之雄,复兴海洋文明。周衰,秦强灭楚等诸侯国,统一中国,苗民彻底退出江、河、湖、泊地区,进入大明山(大别山)、大倭山(大围山)、仡熊山(大梅山)、南岭、武陵山等地,开辟山区稻田,种植水稻,保住了湘江以西的地盘,繁衍生存。封建王朝在东汉至南北朝时,在武陵五溪地筑城建垒,屯兵戍守。"三国则筑垒于酉水之侧",称"潘承明垒",形成南方的"千里人长城",以防蛮苗。唐开元(713—741年)年间在黔州特置五溪诸州经略史领守捉使;大历(766—779年)年间又置辰、巫、溪、锦、业五州团练守捉观察使和黔州经略招讨观察使,先治黔州,后徙辰州,形成军事镇压和控制的"人长城"包围圈。宋开九溪十八峒和上、下梅山,先后设城步寨、武岗军、渠阳军、池蓬寨、镇溪寨、黔安寨、武口寨、丰溪寨、锦州寨等,割裂苗疆成兰山青苗区、腊尔山红苗区、雷公山黑苗区,形成了中国南方苗疆"人长城"包围圈。苗疆范围缩小到了偏僻的溪峒山区,溪河平原的土地全部让了出来。明朝武力征剿,开疆扩土,推行卫所制,先后设九溪卫、永定卫、羊峰卫、崇山卫、辰州卫、石砚卫等以控制土司,筑成卫所长城包围圈;同时在苗疆周边推行土司制,先后设立容美司、茅岗司、永顺司、保靖司、大喇巡桥司、白崖司、五寨司、竿子坪司、治古司、答意司、石耶司、平头司、宋农司、平茶司、酉阳司、乌罗司、铜仁司、大小江巡桥司、赤溪司、田家洞司、麦着黄洞司、柿溪司、桑植司、荒溪司、邑梅司等，筑成第二道土司长城包围圈，把方圆千余里的苗疆紧紧封锁死，割裂成青苗区、黑苗区、红苗区，形成了卫所、土司相结合的"人长城"。这样一来，苗民的生活圈进一步缩小，无法生存，只好铤而走险，掀起了明代嘉靖大反镇，把"卫所长城""土司长城"都冲破，震撼明王朝的统治，形成了"爱和平、喜自由、恨统治、习逃跑、打冤家、勇自绝"的苗习。经过第四次与封建王朝较量失败后，处于内地的苗民再也无地可逃。绝望之中的"勇自绝、谋生存"也是迫不得已，与明王朝展开生存与灭亡的大决战，也是官逼苗反，结果明王朝不得不留出弹丸之地，让其繁衍生存，这就是"中国南长城"产生的社会基础。

万历四十三年（1615 年）湖广参政蔡复一"亲历边疆，度其险坦，力陈营哨罗布，苗路崎岖，难以遏其窥觑，请金四万有奇，筑沿边土墙，上自铜仁，下至保靖，迤山亘水，凡三百余里"（引自《古丈坪厅志》卷一五）。实现其"土蛮不许出境，汉人不许入峒"的目的，以加强对苗民的镇压和控制。从此暂时放弃对腊尔山红苗区的统治，苗民也让出沅水（古巫水，现锦江）以北，酉水北、东、西，武水南等自己辛勤开

●○ 凤凰夜色惹人醉　　　　向民航／摄

垦出来的肥沃土地,甘居于山区。明朝所筑的"千里边墙",实际就是沅水西北、酉水南、东的包围圈;北边以酉水沿岸山崖为主,只沿酉水修城、堡、岗、哨守卫,保持"土司长城"。南边无山崖可守,只得另筑山、水、崖、石、土墙相间的"南长城",亦即西起亭子关,东到旦武营,约380里,加北边的"土司长城"亦近千里,名不虚传。到了清朝,土司腐败,不得苗心;同时雍正亦感到土司割据,类似三蕃之弊,不利王朝直接统治,决心在土司地区实行"改土归流",在苗疆内推行武力开疆扩土,设立镇竿镇、铜仁设里苗同知,永绥协设六里同知,从此"化外"苗消失。满、汉地主大肆掠夺土地,苗民无法生存,不得不再次"勇自绝",掀起了乾嘉苗民大起义,清廷调集18万正规军,加上土司军和地方军近40万,征剿苗疆,结果担任征剿大军统帅的云贵总督福康安、副帅四川总督和琳都死于军中,清朝封疆大臣在征苗中阵亡不少,造成清代中衰;又迫于镇压白莲教不得不草草收场,留随军普洱知县傅鼐为凤凰同知兼辰沅永靖兵备道办理善后事宜。傅鼐吸取明王朝的经验,嘉庆二年(1797年),复修明长城为"练勇长城",计凤凰厅境内堡卡碉台887座,永绥厅境内汛堡碉卡121座,乾州厅境内汛堡碉卡127座,保靖县汛堡碉卡69座。凤凰、乾州、永绥、古丈坪、保靖五厅(县)共建汛、堡、碉、卡1 204座(见傅鼐《修边论》),此外,自乾州厅湾溪、木林坪至凤凰厅中营所辖四路口,筑围墙百数十里。嘉庆六年(1801年)在松桃厅境"于正大属之伙哨营,松桃厅之杆子坳、下石花等处沿边百余里,添建石碉一百座,抽拔官兵八百名,筑堡十座;又于石岘一带置八堡、四十八碉"(引自《松桃厅志》卷一八、卷二七)。清王朝在周边设永顺府、辰州府、铜仁府、肇庆府、沅州府为外围"府长城",最后形成"以夷制夷"战略包围圈——苗疆边墙。在伟大的中国共产党领导下,苗族人民彻底翻身解放,拆"长城"建设社会主义新家园。"南长城"遗迹湖南部分至今仍保留完整,贵州部分亦有迹可查。

　　"南长城"是客观存在的历史产物,它保障了苗地居民的安全,保持了苗民仅有的弹丸之地的安宁,保存了苗族的古老文化,促进了"长城"外居民区域的繁荣,展现了苗族精湛的建筑工艺,形成"长城'内'地方性区域自治"。作为中国南方少数民族灿烂文化的瑰宝,"南长城"还"出土"了苗族许多古老的传统文化科技遗产,如苗族古历、苗族生成哲学研究、苗族古老话、苗族装饰艺术、中国苗族医药学、苗族美学等,有的已走出国门,走向世界。现在,我们不失时机掀起"南长城热",将为整个中华民族的共同"平等、团结、进步、繁荣"提供许多有益的启迪。

第五节　解读高庙遗址出土的蚩尤环娘熊脸谱

2009 年 11 月 25 日至 27 日,我们在湖南省苗学会第四届年会暨洪江中国第一古商城学术研讨会上,就洪江地名的来历,作了简要的发言,受到与会专家学者的好评。随后,着手收集相关资料,写就《洪江地名探源》一文公开发表。同时惊喜地发现洪江高庙遗址出土的所谓"饕餮纹",有人说是蚩尤环,也有人说是神农,笔者认为实际上就是花垣苗族数千年来传颂不止的先祖蚩尤的母亲娘熊脸谱(娘熊庞面庞陌 niax xongb pangb mianb pangb mes,庞目庞陌 pangb mux pangb mes),汉语有面庞、脸庞、面目、生面人、陌生人等词语;再往上追溯便是盘古时期的女娲脸谱(娲奶娲帕,即高祖女娲、帝娲帝熊),此说与独立学者黄饮兵先生的研究结果一致。

娘熊庞面庞陌两边是苗族的 ghob loub bloud ghob lanxb loud 仡楼仡栏,叫干栏式建筑——碉楼。碉楼即木楼,为两柱一瓜的椎铆结构;碉堡是土或土木混合结构的楼房,新中国成立前湘西苗区比较富裕的人家都在正屋前修有碉楼,是一种

●○ 高庙出土的蚩尤环　　　贺刚 / 图

带有瞭望、监视异情的防御性建筑(彭头山遗址里面有干栏式建筑,早于高庙、早于河姆渡干栏式建筑。ghob loub 干栏是苗语东部方言的基本词汇,吊脚楼楼上都叫 ghob loub 仡楼、干栏),那梯级像缠绕的龙,也可以说这是苗族的图腾像和图腾柱,图中顶上为三角形的是鼓楼和望星楼,有专门的男子白天击鼓报时,夜间观察星象;右边三角形内带圆弧形图案的是闺房绣楼,白天未嫁闺女在楼内做绣活,夜间对歌,男女幽会,相互倾诉爱慕之情;中间的脸谱常常被称为饕餮纹,也可视作家族族徽。东部苗语将唱歌叫讴颂、讴莎(骚),汉语有风、雅、颂、讴歌、颂歌。关于仡楼仡栏,有一首苗语情歌(sead 莎)一直传唱:

第 1 面

xib daob xib guab zhangs zhangs njout,

xib guab zhangs zhangs njout bloud cheid.

Goud npad nangd joud jeut mas hent,

Ghob njout jeut mas kad deb nceid.

第 2 面

xib daob xib guab zhangs zhangs njout,

xib guab zhangs zhangs njout zhux cheid.

Goud npad nangd joud jeut mas hent,

Kud kuib jeut mas ghout deb nceid.

shanb mleax bloud shanb yenx bloud 高庙高宇是苗语地名,源于 ghob mleax bloud ghob yenx bloud 仡庙仡宇。高宇今作高椅,在洪江比邻的会同县,洪江在历史上曾隶属会同县,会同源于会同会盟、鼓会鼓盟(就是苗族的鼓社节),也可写作会峒会盟,意思是在地势平坦的地方踩鼓跳舞、椎牛祭祖,这些都是苗语词汇,作为炎帝故里的会同,炎人国神农帝经常在此聚族会盟、祭祖议事。《宋史·地理志》载:会同于宋代崇宁二年(公元 1103 年,因为此地有一个古老的"会同"地名)置县。有人说会同县名源于《诗经·小雅·车攻》:"赤芾金舄,会同有绎。"这是文人的雅化和附会。《论语·先进》有"宗庙之事,如会同""宗庙会同,非诸侯而何?"《论语》中的"宗庙会同"能起源于会同吗?显然不是的。《诗经》时代,会同地处荆楚之地;《论语》之时,同属蛮地,此时不知是炎帝故里,更不知会同为何物,那么"宗庙会同"当然不会指今天之会同。

"庙"在现代汉语中有几个含义:①旧时供祖宗神位的处所,如宗庙、家庙。②指朝廷,如庙堂、廊庙。③已死皇帝的代称,如庙号、庙讳等。当然还有别的意思,此处不再列举。①"宇",其中一层含义是房檐,泛指房屋,如屋宇、栋宇。"仡"字作四音格(又叫四字格)构词的双冠词复沓应用,"构成诸多的名词,更富于表现力与人文感情色彩"②。如仡庙仡宇就是如此,高庙高宇的地名更加显得形象高大、历史久远。

2005年5月,笔者出差之余来到湖南高椅(宇)古村实地考察。该村落位于会同县城东北48千米处,三面环山,一面依水,宛如豪门贵族家高大的太师椅(风水术语),故此得名。它自然环境优美,建筑规模宏大,人文历史丰厚,而且保存较完好,被专家誉为"古民居建筑史书""古民居村落活化石",具有"中国第一村"之美称。在临进高椅古村的山道上,有几株高大显眼、需几人合抱的枫香树,村里是橘柚茂密、花果飘香,这都是蚩尤崇拜的产物。眼前的一切,使人不禁想起陶渊明"采菊东篱下,悠然见南山"的名句,难怪高椅村民祖先威远侯杨再思的三代孙通碧公于宋隆兴元年(1163年)辞官不做,带领子孙后代,花费了124年光阴,消磨了五代人的心血找到这块他们心中的风水宝地。自元代至大四年(1311年)迁居于此,600多年间,杨家子孙苦心经营,自明代洪武十三年(1380年)到清代光绪七年(1881年)先后建造了300多处明清古建筑,在这里安居乐业,生存繁衍,为后代子孙留下了一份丰厚的家业与厚重的文化遗产。

据传说,高椅也是杨救贫先生弃官为民,远离京都,回到南方,为避战祸,拓地立户的地方,村中人口发展不大,得到时任村小校长(上门郎)的证实,该村人口始终在2 000人左右徘徊。其开基祖公杨就贫的墓冢在贵州玉屏。民间相传,杨就贫父亲身故,他精心择地待葬。赵匡胤的父亲也亡故,托杨师卜地而葬,杨就贫施展平生之术,找到一处"犀牛望月"之宝地,在一天坑中。杨告诉赵家人,要将杨公先考骨灰挂在犀牛头上,赵家先考骨灰挂在犀牛角上。赵家怀有私心,把其先考骨灰挂在犀牛头上,杨家先考的骨灰挂在犀牛角上,也不告诉杨就贫实情,但杨就贫先生掐指一算,一目了然,于是说道:"就这样好,赵家一朝出王,杨家代代出将。"

蚩尤是中华民族的三大始祖之一,"饕餮纹""图腾龙"是整个苗蛮语族乃至中

---

① 中国社会科学研究院语言研究所词典编辑室.现代汉语词典(修订本)[M].北京:商务印书馆,1997:882.

② 石宗仁.荆楚与支那[M].北京:民族出版社,2008.6:233.

华民族的图腾纹,如今,矗立在天安门前的华表便是源于"图腾龙"。双耳图案的娘熊饕餮像在湖南东部苗语区的巫经巫词中还可以找到证据。在古称"六里红苗"的花垣县苗疆腹地太黎山寨一带,自古到今流传着一个妇孺老幼皆知的故事和一曲传颂不止的史诗,苗语的传述是:

太黎偶然先,娘熊偶然谋……

阿大啊!太碧郎剖:

度豪白剖,度细白仲,

哨莎吉化夯,哨呐古化戎。

大戎逻单,大筜拢地,

太碧郎剖寿德昂,代戎代筜拢单登。

娘帕如戎义窟扁,保佑代加凸能人,

代秀太碧松汝达,又到仙女勾处能。

枷帕枷尼汝高亚,凸部蒙单阿盘地。①

…………

古歌一开始就告诉我们,太黎亿戎长有两排獠牙,其母娘熊长有两排耽耳(即有福之相)。太黎亿戎七八岁时,父亲被远房叔叔设计害死,并把母亲娘熊卖到一个叫"过莱过乍"(苗语地名,今名待考)的地方,生离死别,苦不堪言。长大后,太黎亿戎到"过莱过乍"寻找到娘熊回苗乡椎牛祭祖,全家团圆。于是,这首古歌代代相传至今,告诫不要忘记大家是太黎亿戎的子孙。

1991年高庙出土了一件精美的高直领白陶罐,上面的画面中间是长有"双羽翅"的獠牙兽面,其两侧各竖有一个由两立柱构成的"梯阙",共有四级,还有环梯盘旋而上达于阙顶。当时即有人怀疑这是远古的祭祀建筑遗迹,不过人们并未找到相关证据。笔者从小在苗乡长大,太黎亿戎的故事熟记在心,所以,看到此图,就马上认出这是娘熊的脸谱,那"双羽翅"实际是"偶然谋"(两排耽耳)。这个"饕餮纹"(蚩尤环)中双重耳朵的出现和苗族古老话中的"niax xongb oub ral mloux 苗祖婆双重耳"的说法一致,耳读 mloux 若弭,读 naix 偶若,不是巧合。"饕餮纹"面世后,被主持发掘该遗址的贺刚先生指认为"神兽",舒向今先生认为是与三苗密切

---

① 石家齐、王子顺、龙明林.苗河文库•始祖蚩尤[M].内部印刷品.湘西:花垣县文联,2009:9.

相关的"神人",柴焕波先生认为是虎图腾的最早图案。除舒向今先生的结论尚属正确外,其余结论有失偏颇。因为他们不知道苗族口耳相传的娘熊故事,当然就不明白"饕餮纹"图腾的原生意义是什么,情有可原。李学勤先生认为"浙江反山、瑶山发掘"的一大收获,是发现了良渚玉器饕餮纹的最完整、复杂的型式。

对于这个纹饰显示的图像,可以从三个角度去理解:"第一,将整个图像看作整体,也就是一个两个面孔的人形。第二,将图像看作上下两部分的重合。第三,将图像看作以兽面为主,上面的人形是兽面的附属部分。"[①]这三种方式都未能正确识出此图。正确的方法是,将整个图像看作一个整体,这是一个完整的女人全身裸像,两手弯曲撑护着双乳,乳下佩戴的装饰物,像今天苗人的银饰,这是富有夸张和想象力的作品,也是娘熊的全身像。

2004年,考古工作队发掘了将近1 000平方米的大型祭祀场所,距今7 000多年。这个场所呈南北中轴线布局,面朝正南方的沅水。在北部的主祭场所,人们发现了四个近方形、边长与深度各近一米的大柱洞,正好组成两两对称、略呈八字形排列的"双阙"状建筑。据推测,这么深且宽的柱洞,肯定是支持着至少三十米高的塔楼式建筑(应该叫干栏式建筑,苗语叫仡栏仡楼、楼房或吊脚楼),否则扎这么深的柱洞,令人难以理解。通道一带的侗族是在宋代以后才从都柳江沿江而上,在当地落脚,其鼓楼的塔式建筑与7 000多年前的干栏式建筑只是流与源的关系,那时没有侗族之称,因此,他们与干栏式建筑无关。

这个布局让考古学家们很自然地联想到1991年发现的那个白陶罐,画面上双阙所处的位置和现场布局非常一致,它是当时人们祭祀场景的真实写照。这个"梯阙",是古代祭祀场所中专设的供神灵上下的天梯,或者是神灵进出天界的天门。这处祭祀场所的发现,验证了白陶罐上所饰祭仪图的实景来源,也揭示了那些以戳印神灵图像为主的白陶制品,的确就是祭器。同时,在祭祀遗迹中的白陶上,还发现了各种建筑纹样,其丰富程度,甚至可以使考古学家得以把它们和柱洞遗迹一一对应,复原当时的木结构神亭纹同样为干栏式建筑,亭柱为三根,与苗族仡钢(火炕上的铁三脚)形式相同,体现了"一分为三、三生万物"的苗族生成哲学观。

2005年1月8日笔者得友人(时任湖南省花垣县补抽乡中心小学校长的龙权老师)赠送一对白陶器皿(见图),当时就联想到高庙的白陶制品;2020年3月19

① 李学勤.走出疑古时代(修订本)[M].沈阳:辽宁大学出版社,1997:89,90.

●○ 白陶杯　　　吴心源 / 摄

日，经湘西考古界权威专家龙京沙先生确认此为明代冥器，古时采用堆窑法烧制，葬俗中常用于北斗七星布阵，也可用于灰坑温酒，7 800年前的白陶烧制技术延存至今。

2006 年 5 月 25 日《人民日报》发表题为《高庙文化：新石器时代的"同位素"》一文，文中指出："凤凰是传说中的神鸟，具有图腾的意蕴。史界及考古界一直公认，河姆渡遗址发现的'双鸟朝阳'象牙雕刻，是我国最早的'凤凰图腾'。而高庙遗址出土的白色陶罐，其颈部和肩部各戳印有东方神鸟（包括兽面、太阳）图案，一只朝向正面，一只侧面回首，虽经年代浸淫，依旧栩栩如生。专家鉴定，沅水凤凰早于河姆渡凤凰400年。"[1]编者在《凤凰县地名的来历》一文中阐述凤凰得名源于鸡公山，在《苗族古历》一书中论述十二生肖星野对应为酉（毕鸟、昴鸡、胃雉），鸟为鸭子，也是鸟类的类词统称，不懂苗语者，不明其意义。湘西苗族在椎牛祭祀时，要在院坪场上立一根花柱（又叫图腾柱）用来拴水牛，在花柱顶端，要立一只用竹篾与纸制成的彩凤，供参加祭祀的人们膜拜。这种以鸟人为族称和崇尚凤鸟的文化习俗，便是高庙遗址文化遗迹的延续。神农是会种会吃稻粟的人，龙的原生意义是人，娘熊脸谱、干栏式雕楼和太阳凤鸟图案表明，炎帝神农太阳崇拜、龙凤同源，"鸟耘象耕"是稻田养鸭、人耕水田，苗族传统耕作方式自古沿袭至今。

"太阳崇拜"是远古先人追求天人合一的又一种精神情结。2005 年 4 月，高庙

---

① 全国首届会同炎帝故里文化研讨会.炎帝文化遍会同.会议资料,2010.9：27、28、170.

遗址挖出的"太阳彩陶",已历7 400余岁,为新石器早期陶工艺品。令专家心仪的是,此陶不仅有逼真的"红日"形象,还是我国出土最早的陶工艺品。屈原《离骚》首句"帝高阳之苗裔兮",此"帝高阳"不是颛顼,而是蚩尤。对此,张中一先生在《楚继承和发展三苗文化初探》中指出:"'帝高阳之苗裔兮,朕皇考曰伯庸'。主人公楚灵均自述他的祖先是天帝高阳和伯庸,对照《帛书》中所述的楚人先祖炎帝、祝融是十分吻合的。《白虎通义》:'炎帝者,太阳也。'……楚民族祀奉的'帝高阳'正是三苗族祖先炎帝蚩尤。"[1]《包山二号竹简》记载:"楚先老童、祝融、媸酓"(蚩尤),酓者炎帝蚩尤也,可见楚族和苗族同祖。

苗语把崇山峻岭读作 shanb gheul shanb renx 善皋善任、山高山岭,额门头高叫 shanb reas bleid 善然碑(高额头),也喻指聪明人。 renx 岭的读音与人相同,人即苗语的乃, 山人 gheul 乃的读音与山寨 gheul 乃相同, 所以山=寨;高苗语读shanb,高人 shanb 乃与高岭 shanb renx 读音相同,高人即高山。传说在洪水天荒时期,只有住在高山上的人才有幸生存下来,与傩公傩母的故事相同。作为祭祀场所的高庙无疑是苗族先民的祖庙,所以才保留娘熊庞陌(脸谱)。洪江地名也是由于太黎伇戎作为氏族长居住此地而得名,因为是百工之长,所以叫共工,也就是共同的公公(公濮,此处是苗官名)。

随着蚩尤部落(七戎八蛮北上,其余的代戎代筸仍然居住原来的地方)的北上中原、南下到东南之滨开创彭头山文明、河姆渡文明、大汶口文明、良渚文明、红山文明、龙山文明等,娘熊庞面庞陌也被不断地铭刻在精美的玉器和青铜器上,只是人们遗忘了苗族传说中的娘熊脸谱,抽象地认为这是辟邪福佑的神像了。其中最著名是商代的司母戊大方鼎。其实"司母戊大方鼎"还可读作"后母戊大方鼎","后"与"司"同形。"后"本是苗语哭丧时的发语词。哭父亲是"后阿爸",哭母亲是"后阿弥",引申为"后爸""后弥"(后妈)以后,"后"就有动词的意义。人怀念亲人最痛切莫过于痛哭流涕。所以,纪念亲人便叫"后"。"后母戊大方鼎"即"哭母戊大方鼎"。哭喊相通,喊又与嘶相通,喊令即成司令,故"后"和"司"相通。在汉语中,司,后也;后,司也。而繁体字的"後"才是前后、之后的意思。我们俗称的太后、皇后的"后"、后稷的"后",全作"司"意,也就是管理、领导的意思。司母戊的"司"就是"后"的意思。"司母"就是俗称的"母后":王的亲生妈妈,或者是王的爸爸的正妻"戊"是

---

① 张中一.楚文化和三苗文化的承继关系[J].中州学刊,1992(5):6.

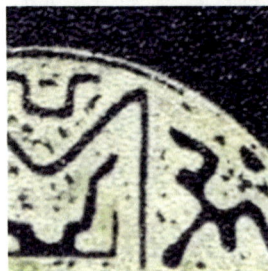

●○ 图为湖南省常德市汤家岗出土的 7 000 年前的蚩尤帝徽,其中央为五只蝴蝶(妈妈),四周为蚩尤字样,摘自贺刚著《湘西史前遗存与中国古史传说》一书。另一图为湖南省文物考古研究所徽章。

吴心源 / 制作

尤合在蚩上,即蚂蚁象形。

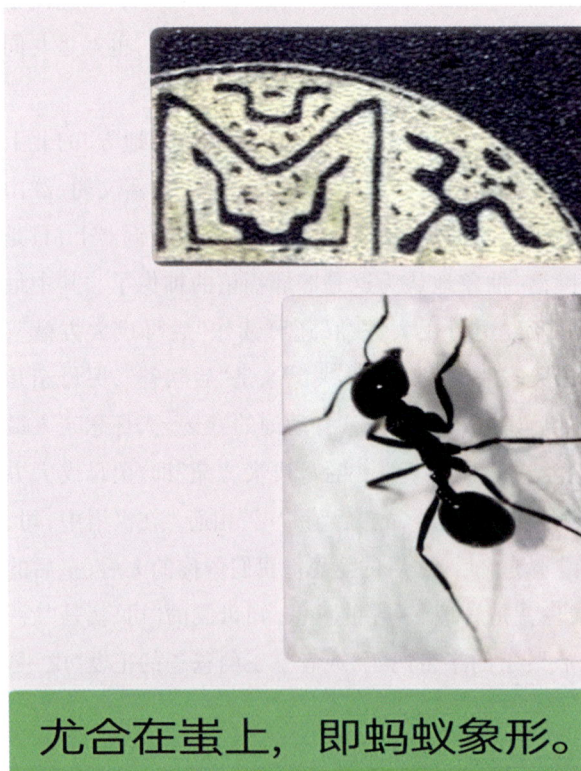

●○ 蚩尤二字的原型是蚂蚁,字形为肩髀分离;有蚁兵蚁王。

deab npead hnangd jid daot ghob sed xaob,dab rongb zhaos jid daot ub bleas xaob. 苗谚语:"蚂蚁闻不得酸味,龙王着不得酸汤。"

《说文解字》:"蚩,虫也,之声。"蚩即蚳,《尔雅·释虫》:"蚍蜉……其子蚳。"郭璞注:"蚳,蚁卵。"

吴心源 / 破译

人的名字,也就是王的妈妈的名字。我们知道商代王室都是以干支来命名的,比如商王"武丁""盘庚"等。

至今,湘西花垣苗人仍世代传唱"太黎偶然先,娘熊偶然谋",歌颂和纪念苗族老祖母和蚩尤太黎先祖。苗族妇女把娘熊饕餮神像精心加工制作成银饰片,镶嵌在童帽上,以期保佑子子孙孙平安成长、福寿绵长。著名的史学者马少侨先生称娘熊饕餮神像是苗族的保护神。娘熊脸谱再现荣光(戎光、龙光),再次表明,洪江是龙的故乡、会同是炎帝故里,是龙凤呈祥、万物和谐的体现。

著名的历史学家李学勤说:"洪江市岩里村的高庙遗址,我个人看到的材料上的几件陶器(图片),让我目瞪口呆,怎么有这样的东西?我不懂得,它那文化系统方面与周围的有很大的差异,有它的独特性。这种独特性给人的印象深刻。我们可以看到湘西地区,包括怀化地区以我们会同为中心的一带,在整个中华文明中形成、发展的过程中同样有着很重要的地位。如果结合当地的传说,完全可以克服湖南上古是一个荒凉之区的这样一些偏见。"

吕洞山敬祖思源

苗族的起源真相如何，值得我们
进行更深入的挖掘和研究。

03
第三章

第一节　盘瓠生六子传说

盘瓠,又写作槃瓠,是上古三皇五帝时期的人物,各种史籍记载,他是中华民族最古老的五大族群之一"盘瓠蛮"的祖先。苗、瑶、畲等南方少数民族均将盘瓠视为本族的人文先祖之一。

何光岳先生在所著的《南蛮源流史》前言中对南蛮这样解释:中华民族在古代的民族群体中,有一个叫蛮人的团体,是最早发明蚕丝的民族。"蛮"是个勤劳勇敢的美称,并非像后面派生出来的"野蛮"之蛮的贬义词。蛮人是古代已具有高度文明的优秀民族之一。在四五千年前,蛮人集团早已活跃在黄河流域……他们以苗、瑶为主体……南蛮族团因具有中华民族所具有的许多优势,在远迁各地之后,仍然有其生命力和适应性,他们影响之广,南达新西兰的毛利人和加里曼丹岛、印度支那半岛,西南至印度阿萨姆和罗加、门巴,西达小亚细亚半岛及东欧,北至西伯利亚,东达朝鲜、日本,以至南北美洲,都遗留有中国南蛮族团的遗迹。

这段话说得很清楚,南蛮的主体是苗、瑶两族,他们创造的文明在全世界均有影响。直到今天,苗、瑶两族在语言、服饰、风俗、历史、文化等各方面仍有很多共通之处,许多专门从事苗、瑶研究的学者都说"苗瑶不分家",盘瓠崇拜就是其中最显著的特征之一。关于南蛮族群的先祖之一是盘瓠的记述,历代史籍均有文字留传。如干宝《晋纪》:"武陵、长沙、庐江郡夷,槃瓠之后也。杂处五溪之内。"唐朝刘知几著的《史通·断限》:"南蛮出于槃瓠。"《宋史》卷九十三亦谓:"西南溪峒诸蛮,皆盘瓠种。"唐代陈陶有《钟陵道中作》诗云:"烟火近通槃瓠俗,水云深入武陵乡。"宋代范成大著《桂海虞衡志·志蛮》有云:"猺,本五溪槃瓠之后。"还有应劭《风俗通义》、范晔《后汉书·南蛮传》、徐整《五运历年纪》、马骕《绎史》、鱼篆《魏略》、干宝《搜神记》和《晋纪》、郭璞注《山海经·海内北经》、鲍坚《武陵记》、任昉《述异记》,以及《太平御览》《宋书》《魏书》《南史》等众多史籍都记载了盘瓠氏的起源。

这些史籍反复提到几点,一是盘瓠为苗、瑶等南蛮族群始祖,二是盘瓠居住之地在湘西武山地区。经众多专家学者考证确认,武山即今天吕洞山,是沅水水系、酉水水系的分水岭,古时水之北岸为阳,山之南坡为阳。西汉初年在酉水北岸设酉阳县。北魏郦道元《水经注》:"有武溪,源自武山,与酉阳分山,水源石上有盘瓠迹犹存矣。"南宋罗泌《路史》:"泸溪县之西百八十里,有武山焉,其崇千仞。遥望山半,石洞罅启。一石貌狗,人立乎其旁,是所谓盘瓠者。"盘瓠洞即排碧小龙洞,附近有武腊山(比高务腊),吕洞山大烽冲俗名叫打狗冲。

后人在研究盘瓠起源时,引用最多的是范晔《后汉书·南蛮传》(卷八十六):"昔高辛氏有犬戎之寇,高辛,帝喾。帝患其侵暴,而征伐不克。乃访募天下,有能得犬戎之将吴将军头者,购黄金千镒,邑万家,又妻以少女。时帝有畜狗,其毛五彩,名曰槃瓠。下令之后,槃瓠遂衔人头造阙下,群臣怪而诊之,乃吴将军首也。帝大喜,而计槃瓠不可妻之以女,又无封爵之道,议欲有报而未知所宜。女闻之,以为帝皇下令,不可违信,因请行。帝不得已,乃以女配槃瓠。槃瓠得女,负而走入南山,止石室中。所处险绝,人迹不至。于是女解去衣裳,为仆鉴之结,著独力之衣。帝悲思之,遣使寻求,辄遇风雨震晦,使者不得进。经三年,生子一十二人,六男六女。槃瓠死后,因自相夫妻。织绩木皮,染以草实,好五色衣服,制裁皆有尾形。其母后归,以状白帝,于是使迎致诸子。衣裳班兰,语言侏离,好入山壑,不乐平旷。帝顺其意,赐以名山广泽。其后滋蔓,号曰蛮夷。外痴内黠,安土重旧。以先父有功,母帝之女,田作贾贩,无关梁符传,租税之赋。有邑君长,皆赐印绶,冠用獭皮。名渠帅曰精夫,相呼为姎徒。今长沙武陵蛮是也。其在唐虞,与之要质,故曰要服。夏商之时,渐为边患。逮于周世,党众弥盛。宣王中兴,乃命方叔南伐蛮方,诗人所谓'蛮荆来威'者也。又曰:'蠢尔蛮荆,大邦为仇。'明其党众繁多,是以抗敌诸夏也。"

从范晔的记述中,可以察知苗族在上古时期的一些活动轨迹。盘瓠斩犬戎吴将军头,说明苗族当时的势力范围到达西北一带。盘瓠娶帝喾之女,说明苗族与他族相互通婚。婚后携妻子僻居武山,生六男六女,后代滋蔓为长沙武陵蛮,说明湘西一直是苗族原住地,作为这片土地的主人,从来不受统治王朝管辖,所以安土重旧,并且"无关梁符传,租税之赋"。至于文中的"夏商之时,渐为边患。逮于周世,党众弥盛……明其党众繁多,是以抗敌诸夏也"等句,更直接说明了夏商周三代之时,苗族人多势众,有对抗统治王朝的实力,让对方感受到严重威胁。

至于盘瓠因犬化人的神异故事，反映的是上古时期部族的图腾文化。如《列子·黄帝》中记载："黄帝与炎帝战于阪泉之野，帅熊、罴、狼、豹、貙、虎为前驱，雕、鹖、鹰、鸢为旗帜。"带领十大神兽出战，旗帜上画有神兽图形，这些都反映了黄帝率领的十个部族，每个部族都有自己的图腾之兽，他们把这些图腾画在本部族的旗帜上，既方便区分，更借图腾神兽为自己助威。

盘瓠以龙化犬，以犬化人的事迹，流传有多个版本的神话传说，其中流传较广的一个故事内容是这样讲的：

上古高辛帝执政时，宫中有一老妇人得耳病，医生从她耳朵中挑出一只蚕虫，妇人把它放在葫芦做的水瓢中，上面盖个盘子，这只蚕虫变成一只五色龙犬，名叫盘瓠。当时高辛帝与犬戎部落打仗，每战必败，于是悬赏天下，称有能斩得犬戎首领吴将军头者，赏黄金千镒，封地万户，并把女儿辛女公主许配给他为妻。没过多久，盘瓠叼着吴将军头来领赏。高辛帝大为发愁，盘瓠是一只狗，自己女儿怎么与它做夫妻呢？便想反悔。辛女公主不同意，说父亲你贵为帝王，要言出必行，否则天会降灾祸给国家。于是甘愿嫁给盘瓠。这时候盘瓠突然开口说人言道，只要把它放在金钟内，七天之后可变成人。高辛帝从言把它放入金钟内，到第六天，辛女公主怕它饿坏，于是让人提前搬开金钟，结果盘瓠身体已成人形，脑袋没变过来。人身狗首的盘瓠与辛女公主成婚后，离开王宫，搬到湘西武山的岩洞中居住，生育六男六女。他们的子孙，后来繁衍成南方各少数民族。

●○ 盘瓠六耳(儿)格(仡)童帽(后衍变为中国结图案)

吴心源／摄

诸上种种，都充分说明在盘瓠氏时期，苗、瑶等族群以狗为图腾，以铭记狗对人类的忠心和人对父母的孝敬孝顺。并且这种崇拜一直延续到今天仍无中断。时至今日，湘西苗族仍把盘瓠辛女夫妇尊称为"乃嫲玛苟"，即神母犬父之意。苗族《古老话》里专门记述有他们的故事，苗族"芭黛雄"做法事时，有一项仪式就是要祭祀"乃

●○ 五宗六族十二姓隆重祭祖　　　　吴心源 / 摄

嫽玛苟"。苗族流传的民间故事里，有不少传说就是以狗为主角的。比如十分有名的一个故事是这样说的：苗族在迁徙途中，有一次过大河，不慎翻船，随身带的谷种都被水冲走了。上岸后大家陷入绝望，这时有人发现狗尾巴上还沾得有几粒谷种，原来众人落水时，狗的尾巴是翘出水面的，上面沾的谷种得以保存。苗族先民们就是靠着这些谷种，到安居地后进行大量培植，救活了全族人性命。苗族还有一些姓氏不吃狗肉，据说是因为他们的先祖在山上开荒时，遇到野火烧山，被困在火中，危急时刻是狗奋不顾身把他救了出来，为了报答救命之恩，传下规矩，子孙今后不准吃狗肉。另外苗法师、苗医师、苗拳师，许多有绝技绝活相传的工匠师傅，都禁食狗肉。可见狗在苗族传统生活中具有崇高地位，之所以盘瓠氏以犬首人身形象流传后世，从中可一窥端倪。

　　苗族对盘瓠形象的传说除了与犬图腾有关外，许多专家还考据得出，盘瓠氏在苗族中还有一个图腾形象，就是葫芦。比如闻一多《伏羲考》就考证说，盘瓠氏与盘古氏是同一人，因为早期史籍称盘古氏为"盘瓠"，即葫芦。《魏略》也说："高辛氏有老妇,居王室,得耳疾,挑之,乃得物大如茧。妇人盛瓠中,覆之以槃,俄顷化为犬,其文五色,因名槃瓠。"这段话清楚交代了盘瓠氏的来历,是一只从葫芦中变化出来的五色龙犬。何光岳《南蛮·源流史》第九章《盘瓠氏的起源及对葫芦的应用和崇拜》也采用此说,认为葫芦化犬,证明上古时期苗、瑶等族在发展过程中,最开始因为生产工具落后,只能以植物主食,所以产生葫芦崇拜,后面生产技术提升,可以大量捕获动物充作食物,这其中被驯化的狗为苗族获取肉食出力不少,所以苗族对盘瓠的葫芦崇拜转化为狗崇拜。

按闻一多《伏羲考》说,盘瓠夫妻其实就是上古神话中的伏羲女娲。湘西苗族至今广泛流传的"葫芦兄妹"故事,内容讲的就是伏羲女娲兄妹成亲,繁衍人类。相传葫芦兄妹的父亲擒获雷神,关在家中准备做成腌肉,出去买盐时让兄妹二人看守,雷神诱使兄妹二人,获得火种,在他们善意的帮助下,破笼而出回归天庭,为了报仇降下滔天洪水要毁灭人类。因葫芦兄妹是他救命恩人,雷神最后独放过兄妹二人,他们乘坐一个大葫芦逃得性命,等洪水退去后见世上已无人类。在神灵的启示下兄妹成婚,不久妹妹怀孕,一连三年又六个月,才生下一个大肉团。兄妹俩用柴刀把肉团分割成许多块,到处扔甩,落地就化成人。落在石头上的,后面就写作石姓;落在田边的,写作田姓;落在藤、麻、杨等植物上,就姓滕、麻、杨。从此人间才又有了烟火,人类得以繁衍至今。湘西苗族把葫芦兄妹尊称为"乃傩妈傩",也就是傩公傩母,有名的"还傩愿"仪式,就是向这两位人文始祖祈福。

苗族有名的乐器芦笙,就与这种葫芦崇拜有关。湘西苗区过去也盛行吹芦笙,每年举办的芦笙节规模宏大。清代改土归流后,封建统治者害怕苗民借芦笙节聚会私议造反之事,用各种手段进行查禁,芦笙节才逐渐退出历史舞台。而保靖县吕洞山地区有葫芦寨,相关研究说这个地名就与苗族对盘瓠夫妻或者说伏羲女娲产生的葫芦图腾崇拜有关。《诗经·大雅·绵》起首就说:"绵绵瓜瓞,民之初生。"亦说明在先秦之前,葫芦衍生人类的说法是广泛流传的。

现在说到苗族人文始祖,各地苗区的共识是蚩尤大神。其实这个观念主要形成于民国时期,通过文字、文化的流动传播,加上当时"苗学"研究者们的鼓与呼,蚩尤的形象在全国苗族聚居区才逐渐深入人心。在此之前,湘西苗区崇拜的始祖主要是盘古、盘瓠夫妇和伏羲女娲,即"濮戎濮仡""乃嫒玛苟"和"乃傩巴傩"。不论这三组神话人物是否像专家学者考证的那样是同一人,他们在湘西苗民心目中的地位都是至高无上的。苗族的起源真相如何,值得我们进行更深入的挖掘和研究。

第二节　湘西苗族五大姓的来历

　　熟悉湘西苗族历史的人，都知道以"吴龙廖石麻"五大姓氏人口最多，在湘西遇到这几个姓氏的，不用问大多是苗族。湘西作为整个西南地区苗族与汉族对接的最前沿，受汉化影响的历史最久远，苗族中采用汉字作为姓氏的做法早在隋唐时期之前就已相当普遍。上千年的潜移默化，"吴龙廖石麻"之说在苗区深入人心，现在更是大多数的苗族人都以为自己这个民族生来就使用汉字姓氏，完全不知晓其实苗族有自己的苗姓。据石宗仁先生《苗族古歌》记载，苗族在上古时共有姓氏148个，创世贡献最突出的是"吴龙廖石麻"五大姓。这种民族融合带来的影响，不仅是生活方面，连带着苗族的历史起源也被混淆模糊，这种现状，给苗族历史文化传承造成了一定的麻烦。所以，了解一下湘西苗族的起源，尤其是"五宗六族"形成的历史，很有必要。

　　按照湘西苗族自己界定的族属分类，本民族主要有"五宗六族"和"十二支十二系"。五宗分别是仡蹻吴姓、仡芈龙姓、仡沙廖姓、仡骦石姓、仡轲麻姓；六族则有仡熊、仡夷、仡颛、仡恺、仡莱、仡鲦。而所谓的"十二支十二系"，就是从"五宗六族"中又进一步细分出来的，他们分别是仡蹻吴姓、仡弄伍姓、仡芈龙姓、仡卜隆姓、仡沙廖姓、仡骦石姓、仡作时姓、仡轲麻姓、仡枷杨姓、仡莱田姓、轲夯施姓、轲潕梁姓。除了五宗"吴龙廖石麻"外，田、杨二姓在湘西苗族人口占比也不少，所以有专家学者把田、杨二姓也算进来，形成七宗，另叫"七宗六族"。抛开上面说的这些主要姓氏，湘西苗族使用的汉字姓氏还有40多个，常见的有刘滕李张、王易钱常、陶金满戴、谭贺何方、洪符隆庹、谢宋彭向、肖施段舒、欧熊袁唐、龚罗危伍、陆姚徐尚等姓。

　　从"五宗六族""十二支十二系"的划分可以得知，苗族是有自己的苗姓的，只是受汉文化影响,现在普遍采用汉姓,知道苗姓的人反而越来越少。湘西苗族大量采用汉姓主要经历了三个历史阶段。第一阶段是隋唐时期,唐太宗李世民夺得天下后,管辖势力进入湘西,为了方便管理当地土著民族,唐王朝要求苗民弃用复杂难记的苗姓,在登记造册时改为汉字姓氏,并用"以夷治夷,以苗治苗"策略,封本地人口最多、势力最大的吴、龙、廖、石、麻五姓首领为都头,令他们自行统其部族。第二阶段是明朝初期,明太祖朱元璋为有效管理苗区,不仅安排官员进入苗区设立军民千户所,还开展了一波要求苗民改汉姓行动。第三阶段是清代实行改土归流政策,苗族人口全部进行登记,地方官吏为方便造册,将苗民原有苗姓改为汉姓,工作推行得更加彻底,力度之大是这三个阶段中最猛烈的。

历代王朝在推行苗姓改汉姓过程中,实际操作这项工作的官吏不了解苗族"五宗六族"由来,只图自己造册方便,不尊重苗民本身意愿,在登记户口时随便给苗民安加一个汉字姓氏,经常把同一宗族的苗民错写成不同的汉姓,原本在苗姓里是一姓之人,改用汉姓后莫名其妙就成了不同姓氏。外面不了解这些历史的人,总是搞不懂为什么苗族中有许多异姓也不准通婚的规矩,如廖石不婚、隆唐不婚、时麻不婚,等等,苗族人自己却知道,这两个不同的汉姓,按苗姓的话是同宗同族,所以不能通婚。

"五宗六族"所对应的汉姓"吴龙廖石麻",其来历大致如下:

Ghob Xot 仡�,是"六族"中的仡熊族。宗名又叫几削、吉削、代蹻、仡�戎误、吉削几张总,俗称小吴,汉字姓主要是吴、巫、武、洪、滕、刘、谭、贺;还有仡弄一支即骧吴家,俗称大吴,汉字姓是伍、欧。相传仡蹻出自三皇五帝时期,其祖先名濮僮,远祖中出了一位人物叫仡夔戎误,后世子孙就以其名字中的"误"而改为吴姓。到春秋战国时期,其主体民族为苗族的楚国,有楚威王手下大将庄蹻率军从夜郎入滇,在牂牁等地建立属国。庄蹻军队中有人散落在湘西,便用"仡蹻"为本宗族的称谓。而清初时分别在福建、广东、云南设立"三藩",其中云南王吴三桂在西南地区势力极大,湘西苗区也深受影响,导致很多人在改汉姓时选择姓吴。后来乾嘉苗民起义,吴八月等苗民义军领袖都托言自己是吴三桂转世。

Ghob Miel 仡芈,是"六族"中的仡熊族。宗名以大芈让垄统称,共有 12 支系:仡芈(大芈)、仡偻(让垄)、仡僚、仡聋、仡让、仡着(召、召市之人,刀姓等)、仡本、仡卞、仡伶、仡摆、仡夔、仡卢。其中 11 支俗称大龙,用汉字龙、雷为姓。相传大芈这个姓氏是先秦时期楚国主要大姓,人口最多,所以有"龙家满天星"的说法,在五宗里排第二。另有一支仡卜俗称小龙,用汉字隆、唐、谭、卜为姓,有著名的"卞和献玉"故事。

Ghob shat 仡沙为"六族"中的仡夷族。宗名叫普沙普少、仡沙仡廖,包括廖、刘、包、苏、万等姓。基于第一个祖宗叫濮沙,后裔便称为"仡沙"。在凤凰竿子坪一带及吉首、花垣、保靖部分地区,以竿子坪的廖家冲为核心,有一部分廖姓苗族与石姓同宗,他们的苗姓也和石姓一样称为仡瓜,祖先传下规矩与石姓不准通婚。

Ghob Ghueas 仡骧,是"六族"中的仡�族。宗名叫仡瓜、仡欢。汉姓石,俗称大石,另外还有姓时的,俗称小石。据说石姓始祖是三皇五帝时期与共工、鲧等三苗部落首领齐名的骧兜,因与舜帝争战失败,被迫西迁湘西崇山地区。除了这个远古传说,石姓在湘西繁衍,流传最广的就是两兄弟种地分家的故事。传说石家先祖一路顺峒河而上,最后落土于凤凰县的叭仁村,当时家中两兄弟,每天一起去山里开荒,哥哥发现地头附近有一眼泉水,存有私心不给弟弟说,还拿个斗篷盖在上面。弟弟干活口渴,要走到很远的山脚下找水喝。有一天弟弟喝水回来,经过哥哥用斗篷盖住的泉眼边,看到一只鸟儿钻到斗篷下喝水,他把斗篷掀开一看,下面一股活水嘟嘟直冒。弟弟十分气愤,骂哥哥说我们是骨肉至亲,你连一口水都舍不得给我喝,于是愤而出走,另外安家。为示与哥哥绝交,修建房屋时火塘安放位置也不一样,所以如今石姓苗族修屋,火塘修造方位有一左一右两种,同姓本家进屋一看火塘安放位置,就知道这户人家是哥哥还是弟弟的后代。

Ghob Khad 仡轲,是"六族"中的仡夷族。宗名亦写仡卡、仡作。传说祖先名轲,所以写作"仡轲"。其先祖兄弟五人,分发成五姓:轲仁(轲盘)麻姓、轲夯(轲道)梁姓、轲濡施姓、轲戎、轲夔。汉姓中还有秧、洪、冯、章、张、符、胡、王、陈等姓。在吉首、花垣、凤凰交界地区,同属仡卡一宗的还有时姓,自古留下"时麻不开亲"的规矩。如矮寨、雀儿寨麻家,从小兴寨迁来,在那边是时姓,到雀儿寨后写成麻姓。还有凤凰禾库的下茶寨也有麻姓,也是从小兴寨迁来,到这边亦改姓麻。外人看来随意改姓不可思议,他们自己知道时麻同一苗姓,两个姓氏随意变改是没有错的。

Ghob kheat 仡恺,是"六族"中的仡恺族。仡恺宗以杨姓为代表,包括阳、羊、欧等姓。湘西杨姓多在泸溪,以及吉首、花垣两县交界地区,如泸溪有地名九家杨,还有解放岩的都蛮村,是有名的杨氏聚居村。吉首的寨阳、矮寨、己略一带,花垣县的补抽、排碧等片区,均是杨姓主要聚居地。

Ghob Lel 仡莱,是"六族"中的仡莱族,汉姓为田姓,因田姓在湘西多任土司,苗族其他支系称他们为"拐莱",意即做官的"莱人"。

按照苗族自古口耳相传的说法,"吴龙廖石麻"这五宗的排序,有两种说法,一是从盘古开天辟地时期起,在花垣补抽比高立谱分宗离姓,《山海经》记为:"又有宗山,又有姓山。"姓山就是立谱山,宗山就是吕洞山;二是以其迁居湘西的时间先后来定的。传说上古时期,苗族生活在北方的黄河中下游一带,后来炎黄部落崛起,与苗族为主体的九黎部落争夺资源。九黎部落首领蚩尤与炎黄部落首领黄帝各自率部在河北涿鹿地区发生大战,蚩尤最终战败,苗族被迫南迁。由此往后几千年里,苗族不断被驱赶,一步步后退,其间经历了五次大迁徙。从中原地区到长江三角洲,再到鄱阳湖、洞庭湖一带,最后进入湘西和云贵山区,并流入东南亚,散落欧美多个国家,变成一个世界性的民族。湘西苗族"五宗六族"进入湘西时,吴家为先锋,所以排第一;龙家紧随其后,且人口众多,位列第二;廖家和石家相继而至,排位按顺序后延,麻家最后来,居于末位。

根据相关研究表明,苗族五次大迁徙发生时间和起因大概是这样:"涿鹿之战"蚩尤战败后,部族从黄河中下游南迁进入长江中下游地区,并建立"三苗国",是第一次大迁徙;到尧、舜、禹时期,对日益壮大的"三苗国"不断征伐,在战争中失败的苗族首领驩兜率部族迁离,退到鄱阳湖以南、洞庭湖以西的江西、湖南、鄂西等崇山峻岭之中,变为史书中记载的荆楚、楚荆、荆蛮、南蛮等部族,是为第二次大迁徙;春秋战国时期,以苗族为主体民族的楚国建立,势力范围一度扩展到长江中下游地区,之后战争不断发生,楚国灭亡,苗族大部迁徙并定居武陵郡,被称为"武陵蛮",因武陵山地区有五条主要河流,史书曰"五溪",苗族又被称为"五溪蛮",这是第三次大迁徙。秦汉之世,苗族再度强盛,封建王朝又对"武陵蛮""五溪蛮"采取了一系列大规模的军事行动,如东汉马援征讨"武陵蛮",在沅陵壶头山病亡,死前赋诗"滔滔武水一何深,鸟飞不度,兽不敢临,嗟哉武溪多毒淫",便是其中一次重大事件。汉朝时期,苗族继续往西边迁徙,大部进入贵州、四川、云南,这是第四次大迁徙。第五次迁徙是元明清时期,还是由于战乱,苗族继续从武陵、五溪地区迁入贵州、广西和四川,又由云南、广西徙入越南、老挝和泰国。至此,苗族历史上的大迁徙基本结束。虽然历代王朝对苗族不断"进剿",迫使苗族四处迁逃,但最终都不离开湘西、黔东南和川黔滇地域。湘西苗族也是在几千年来的不断变迁中,经过了无数次的离散聚合,最终形成了今天的"五宗六族""十二支十二系"民族格局。

不过除了苗族自己口耳相传的口述历史传说,以及汉字史籍中记载的不同历史时期苗族生存战争状况外，近年来，随着国内外"苗学"研究的日益深入和新出土的大量考古文物作为佐证，越来越多的专家学者逐渐发现并证实，苗族最初发端于中国南方的大湘西武陵地区，然后逐步向北方黄河流域发展，并在很长的历史时期占据着中华文明史源头的主体地位。直到后面涿鹿大战发生后，作为九黎部落主体民族的苗族才被迫从黄河流域回迁到南方原住地。

尤其是 20 世纪末到 21 世纪初，通过大规模发掘，出土了大量历史实物，引起了学术界高度重视的城头山文化和高庙文化一再有力证明，苗族在 8 000 多年前就生活在大湘西地区，并最先在中华文明源头上创造了灿烂辉煌的文化。如城头山文化发现的距今 8 000 多年的人工栽培稻遗迹，距今 6 500 多年的城市遗址，高庙文化发现的中国年代最早的绘制有太阳、凤凰等图案的陶器，编织精美的竹席，等等，加上众多史籍记载的蚩尤"善冶，为兵主"之事，无不充分说明了是苗族第一个人工栽培水稻，第一个建筑城池，第一个发明武器。从吃、住到生产生活工具，苗族先在大湘西地区奠定了中华文明发展基础，然后随着整个民族从南向北扩展的脚步，将这些文明陆续传播至全国。用考古专家的话说："7 000 年前的高庙文化，是中华文明的第一束曙光。"

今天我们重新了解苗族的历史时，应当立足于城头山文化和高庙文化，从人类发展的源头去进行探究。由此可以正本清源，证明苗族一直是湘西原生的土著民族，而非过去普遍认为的那样，是春秋战国以后才经历漫长的历史时期陆续迁徙进来的。湘西苗族"五宗六族""十二支十二系"的主体，从 8 000 年前就开始在湘西进行构建，然后走出去一路北上到黄河中下游地区，与各个民族不断交流融合并发展壮大，最后在回归湘西原住地的五次大迁徙过程中，通过无数次人口整合，才完成了最终建构。

湘西苗族"五宗六族""十二支十二系"的形成，就是一部湘西苗族 8 000 年发展史，尤其珍贵的是，即使经历了无数战乱死亡，这种文明传承始终不曾中断。今天我们看到的湘西苗族众多灿烂文化，与 8 000 年前我们的祖先在这块土地上创造的文明一脉相承，并且仍然在焕发生机，绽放着强大的生命力。

第三节　洪水天荒与傩公傩母崇拜

关于"傩"的起源和作用,是广大学者一直热衷探索的问题,至今尚无定论。我们在《萨满源于南巫》一文中,论及萨满教的实质是巫鬼教,同时,也是巫傩文化在中国北方地区的不同表现形式和称法。这样,问题就集中到"巫傩"上面,从中我们看到,先有"巫",后有"傩"。"巫"的实质是崇祖祀魂,福佑子孙;"傩"(鬼教)的实质是崇祖祀神,驱鬼治病。人有难了,就要找傩神(也叫竹王、祝王,系大巫)驱除疫病,也叫"冲傩"。

正如饶宗颐先生所说:"对于'巫'字在古代中国的真相,和使用巫术遗存在民间宗教的陈迹,泛滥而毫不加以思索地来比附古代历史,这一方法是否正确?我认为很值得历史家再去做反思。如果说三代的政治权力完全依靠占卜者、巫术和自称能够与神灵沟通的手段来建立,而把古代所记录下来的典章制度,一笔抹杀,把整个中国古代史看成巫术世界,以'巫术宗教'作为中国古代文化的精神支柱,我想:在目前不断出现的地下文物其本身已充分提供实证,去说明古代'礼制'的可靠性和纠正这种理论的轻率、混杂、缺乏层次的非逻辑性。春秋以来的学人无论儒家和其他的学派,都用一个'礼'字来概括三代的典章制度。我写这篇文章的主要目的,希望大家对'巫'一概念的正视,可否采用旧观念的'礼',和有关的制度去细心的探讨来代替'巫'的看法。换句话说,从制度史的观点来整理古史,或者比较合理,或许可以避免误入歧途,我这种态度是值得深长考虑,还望大家加以指正。"[①]这也是我们正确研究民间巫傩文化值得借鉴的一种方法。

世界各国如古巴比伦、印度、波斯、中国等都有开辟神话与洪水传说的故事。

---

① 饶宗颐.中国宗教思想史新页[M].北京:北京大学出版社,2000:132-133.

在苗族中,开辟神话与洪水传说,二者有时混为一谈,但大都以民族史诗的形式世代相传。湖南湘西苗族的史诗分为第一部分"创世纪"(即开天辟地、射日射月)、第二部分"长途大迁徙"(即跨江跨湖、跋山涉水)、第三部分"定居"(即立宗立祖、立村立寨)三大部分。以《古老话》为例,整个史诗分开天立地篇、前朝篇和后换篇,其中讲述了仡索与仡爽斗法造成洪水滔天、兄妹成婚。兄妹成婚在苗族中有三个说法:一是仡僖仡卜兄妹为婚(南蛮苗,红苗);二是盘瓠生六子、自相为夫妻(盘瓠苗,黑苗);三是仡索仡爽斗法,导致洪水天荒、兄妹成婚(荆蛮苗,白苗)。《山海经·大荒北经》曰:"黄帝生苗龙,苗龙生融吾(Rong wu 中国苗族东部苗文,下同,融吾系苗姓),融吾生弄明(卜民),弄明生白犬(犬戎)。"《搜神记》曰:"时戎吴强盛,数侵边境。遣将征讨,不能擒胜。乃募天下有能敌戎吴将军首者,购金千金,封邑万户,又赐以少女……于是女解去衣裳,为仆鉴之结,着独力之衣,随盘瓠升山入谷,止于石室中……盖经三年,产六男六女。盘瓠死后,自相配偶,因为夫妇。"文献的记载与苗族传说也颇为相符。傩公(巴傩 Bad nux)即濮伏濮羲,简略记为伏羲。濮为公公的意思,引申为祖先,是男的傩神。傩母(奶傩 ned nux),即女的傩神,奶(ned)一表示为女性,二是首领,说明处于母性社会时期。傩(nux)的本义是野鸡(nus nux),鸟类(Dat nus),大(Dat)是苗语类词,是动物名词。如大业(水牛等)、大能(鼠)、大拉(卵)、大戎(龙)等;仡(Ghot)也是苗语类词,表示相对不动、静止的事物,仡索指雷公。苗族最喜欢龙,所以傩公傩母也叫奶龙巴龙(Net ongx Ba Nongx)或奶戎巴戎(Net ongx Ba Nongx)。龙即戎(nongx),从语言的角度来看,傩即鸟,也指凤凰,龙凤同源。许多汉族的学者因不懂中国苗族东部方言,便以为傩作为鸟的本义已经消失了。 根据古代十二生肖与星野对应,酉对应于毕(鸟,即野鸭)、昂(雉,野鸡)、胃(鸡)星。鸡苗语读 gheab,gheab 又相当于汉语的"咬",咬与酉同音,故鸡为酉,酉也就是凤凰。另外,从"傩"的字形看,繁体字的写法是"儺","隹"指山鸟,嘴短而有力,取食用掏的方式。如"雞",其他锋利之物也带有"隹",如"椎""锥""推"(由"锯"引申而来,拉锯、推拉等)、"堆""雅""鸦"等,"鸟"也即尖嘴的"隹",而不是表示尾巴的长短。"鸟"的主要特征是嘴尖,以便取食。"隹"不是短尾,而是短嘴,水鸟的嘴长,山鸟嘴短,这是很明显的事实。从尾巴看,野鸡一类的尾巴很长,但表野鸡的"雉"从的是"隹",不是鸟。甲骨文中的龙字和凤字,头上都有"辛",表示他们都有坚牙利嘴,十分厉害,龙凤都是神物,专门惩罚行为不端的人。从苗语和汉语的语言分化中,我们知道,傩公傩母也叫奶傩巴傩、奶龙巴龙(或奶戎巴戎），戎即龙，傩即凤，龙凤同源。祭祖即祭龙凤，实际凤最早，龙是后起的。也即母系社会在前，父系社会在后。《史记》中说："国之大事，唯祀与戎。"多少个千百年来，许多人都把"祀"解为祭祀，这是正确的；"与"读为连词，把"戎"释为战事。殊不知，此处的"与"应释为"给予"的意思，作助动词用，而不能释为连词。因此，"国之大事，唯祀与戎"就只能解释为国家大事，唯有祭龙。龙在苗俗中最早是蛇（nenb），写作"沓"，读音"能"，与鼠（nenl）的读音"能"只是一调之差，所以，子巳相通。"大雄宝殿"中的"雄"，读音为"熊"，实际是"能"，也就是龙，整个"大雄宝殿"就是"龙王宝殿"（大者为王）。《山海经》载，大禹的父亲死后化为黄熊（能），也就是黄龙。黄帝有熊氏，也就是有能氏，有龙氏。《说文通训定声》："龙、融、熊、崇、蚩、戎等字，韵在丰部，为同韵字。""熊"读"雄"时要去掉"灬"存"能"，读"雄"，即龙之意。《竹书纪年》"黄帝居有熊"，熊即龙。《述异记》："熊，蛇之精，至冬化为雉'鸭'，至春复为蛇。"因此，也有"春江水暖鸭先知"的著名诗句。《战国策》记有触詟说赵太后的著名故事。《史记》和长沙马王堆出土的帛书都把触詟写成触龙。《集韵》《类篇》又说读"沓"，沓与它同音，"它"正是蛇的本字。蛇是龙的象形，龙蛇原本一物，因此读音的问题就解决了。苗族传统秘传的风水术中，踏龙脉有"坟山踏尖，屋山踏坳"的说法。蛇，苗语读 nenb。传说鲧被殛羽山化作"黄熊"或"黄龙"。能与 nenb 同音，故龙也读能。蛇蜕叫"龙衣"。xoub"袭"由此而来。因此，因不懂得苗汉语的分化，使许多原本简单的问题变得愈加复杂或面目全非。如作为龙的"熊"，在北方，因冬季天寒地冻，蛇（能）早已经冬眠，人们看不到蛇，也想不到蛇，而是望而生义地认为"熊"就是棕熊、黄熊、狗熊或北极熊等，但在日本却戏剧化地保存了"能戏"，对此，笔者很荣幸同日本的星野弘先生探讨了"熊祭"（熊祭民族的灵魂观）、"能戏""艺能史研究"等的演变，他非常赞同龙即熊（能）的观点，同时也知道鲧死后化为黄熊的掌故。

在古汉语中，"汉"表示男根，《墨子·修身》篇说："谮慝之言无入于耳，批扞之声无出于口。""批"，牝之借，女阴；"扞"，汉之借，男根，苗语 gheit；此类粗俗之词，有修养的人不宜出口，古今如此，故列为修身的内容。"汉"与"雄"xongb，一是都表示男性，北方汉语称男性为"汉们""汉子""老汉"；苗语称男性为 xongb"雄"。二是都是族称。汉族称"汉"，苗族称 xongb"雄"。可见，苗族和汉代以前的"汉"，关系很密切。"夏"，甲骨文中是一只母猴，字也是人形的繁体，其读音的转变为"夏"hneb，夏天 ngangx hneb；"奶"ned 、"母"ned，"人"ne，苗语"夏"读 nded，与母、奶（ned）一音之差；

"花",古时为华benx,苗语读"蓓""欁"bens,与花benx同音,文献把最早进入中原的白苗叫欁蛮。华夏的本义,也就是华母,苗语读奶欁,直呼为母花(华),因此,有华屋山、华母山之说。许慎注"夏"字是"中国之人也",不完全可信。因为单单从有脑袋的、有手、有足的人形不能区分夷夏,甚至也不能区分欧罗巴人与蒙古利亚种人。"乃"字的读音证实苗语"人"的读音是那个时代的读音。夏与奶、母苗语读音相同是对的。

从傩的实际功能看,巫主要是体现祭祀祖先、崇祖祈福;傩则重于崇祖祀神、驱鬼治病。苗族民间剂羊还傩愿、击猪、椎牛等三大祭祀与《国语》所记楚王室的三大祭祖活动"天子郊之事,必射牲,王后必春粢""诸侯宗庙之事,必射牛、剂羊、击豕。夫人必春其粢"相同,可见,楚俗与苗俗相同。"还傩愿"的祭祀功能主要是求子愿、求财愿、平安愿、求寿愿,在做法事时,一般是不允许汉人参加的,祭祀时也不准说汉话。因此,对其中的奥妙外人不得而知,非得熟知本民族习俗的研究者才能窥测其中的秘密。作为驱鬼治病的"傩",实际上是巫教的武教,也叫鬼教,其主要的功能确实是赶鬼治病。那么,巫傩的最早作用是什么呢? 我们认为这是苗族先民——九黎、三苗苗民的传统礼仪和习俗。湖南湘西苗族史诗《傩巴傩玛》对第一次鼓社鼓会(社会一词由此而来)的兴起情况,作了如下描写:"……鼓社人山人海,鼓会歌声悠悠。娘豆执斛执瓢,几贵端桶端盆;奴最挟柴烧火,久偶开锅上甑;木木司肉司酒,达荀摆席摆凳;大莲编辞编歌;大千吟诗诵经,奴奴翩翩起舞;达给击鼓助兴;嘎嘎牧宾待客,巴窝护魂护魄……一帮代熊代夷,歌罢脸笑盈盈;一群代稣代穆,肉饱欢天喜地;一伙代莱代卡,酒醉高高

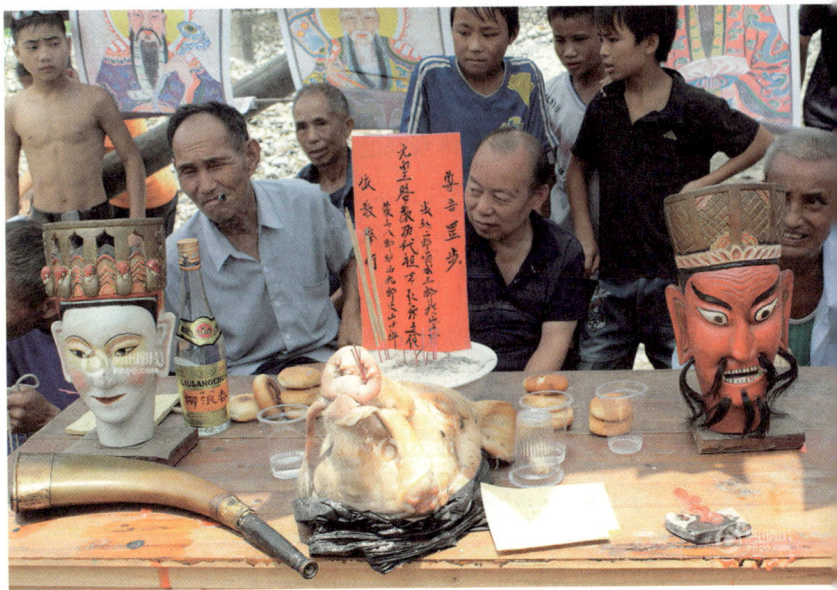

●○ 苗人隆祀的傩公傩母(坐傩)　　　吴心源/摄

兴兴;男的四方拜朋拜友,女的八面访亲访戚……"①这样热闹非凡的场景在《诗经·商颂·那》中也有记载:

那
先秦·佚名

猗与那与!置我鞉鼓。奏鼓简简,衎我烈祖。

汤孙奏假,绥我思成。鞉鼓渊渊,嘒嘒管声。

既和且平,依我磬声。於赫汤孙!穆穆厥声。

庸鼓有斁,万舞有奕。我有嘉客,亦不夷怿。

自古在昔,先民有作。温恭朝夕,执事有恪,

顾予烝尝,汤孙之将。

　　陈子展先生在《诗经直解》中说:"《颂》亦为史巫祝之词,歌舞之曲。"今考《商颂》的第一篇《那》,正是以祭祀祖先为主题,以辞、乐、舞合一的形式加以表达。詹慕陶先生在其《傩的本源考》一文中也认为:"傩之所以为傩,它还必须是和从草从鸟的图腾与氏族有关的。而殷人正是与鸟类草林有关的氏族,同时它们氏族的起源也并不晚于夏族。因而我们的结论仍然是:傩从氏族时代的一种歌舞成为一种祭,系出现在商朝,并体现在它的《商颂》和《那》篇中。"②"猗那"苗语是坐月子,即生小孩,《那》是满月酒和还求子愿记录。麻荣远先生等人在其所著的《苗汉语的历史比较》一书认为:傩(巴傩夒)"是殷商和苗人的共同祖先神。"③《说文解字》中,"苗":"草生于田者,从艹从田会意。"甲骨文的"苗"字正是这个形象。苗族先民,最早种植水稻,族称也因此而得名,旋今为止,水稻已有一万四千年的栽培历史了。可见,最晚在商时,傩已经在中原地区广泛分布了。

---

① 《湘西苗族》编写组.湘西苗族[J].吉首大学学报(社会科学版),1982(3)(民族问题增刊):23.

② 张子伟.中国傩[M].长沙:湖南师范大学出版社,1994:133.

③ 麻荣远,龙晓飞,周纯禄,等.苗汉语的历史比较[M].长沙:湖南师范大学出版社,2001:481.

●○ 三星堆傩母像（立傩）　　黎斌 / 摄　　　●○ 三星堆傩公像（立傩）　　黎斌 / 摄

　　从历史的演进情况看，苗族不承认奶龙巴龙（奶戎巴戎或奶傩巴傩）是所有苗人的祖先，只承认兄妹是务细务煞（即汉水）流域苗人的祖先。"生祝融与熟祝融""生苗与熟苗"是不同时期的文献对苗族先民的称谓。自炎黄战胜蚩尤之后，黄帝便画蚩尤像以威天下。以降，人们祭蚩尤（兵主）于庙，视为战神。颛顼将巫傩（乡傩）带入宫中，成为宫傩（大傩），以满足人们驱鬼除疫的心理需要。在军中则形成军傩，也有的地方叫巴渝舞。之后，随着"大一统"政策的强行推进，军傩又回到民间并与乡傩结合，共同发展。

　　苗族最崇拜龙，苗族先民最早用朱砂（也叫辰砂或濮砂）祭祀龙，来人来客了就杀鸡宰鸭；贵客到了，就"朴牛"（射牛）谢客，至今还保留接龙的古老习俗，祭祖时用白鸡来化煞（表示洁白无瑕、吉祥如意）。从"傩"与"汉"字的关系看，也足以证明，龙凤同宗、苗汉同源。正如苏秉琦先生在《华人·龙的传人·中国人——考古学寻根记》一书中指出："华人（花人），龙的传人，中国人的源、根从何而来，三者成为同义词从何说起？中国考古学者经过半个世纪的努力，对于这个问题总算已经找到解答的钥匙。"

桃花源田　　　吴心源 / 摄

吕洞山盘瓠遗风

神农之后有蚩尤，蚩尤之后为
三苗，推之江汉诸蛮，皆神农
后也。

第四章

04

第一节　苗语武陵五溪名释义

历史记载五溪和辰州自古以来为苗族聚居区，"武陵"源自武陵溪。武不是止戈之合，陵亦不是高平之意。"武"与武水，水、巫水为苗语称水为 Wu 的同音异译汉字，"陵"是苗语称"绿色"和"大"为 Lieng 陵，"武陵"苗语意为水绿、"绿色的大江"，与沅江水面宽阔、江水常绿之貌状皆合。

一定的地名文化，是一定民族语言在该地域、地方和地点上的附着和凝聚，这是人们易于理解的常理。在民族方域的环境中，用域外的他民族语言文字来解释该地域中与其异类的民族语地名，无论怎样解释，总是不能成立。如有人认为：止戈为武，高平曰陵，武为止戈之合，陵则取高平之义，即在这高山平地交错的区域，荡平叛乱，止息干戈，这就叫武陵。无论今人或古人，持这种看法的，不仅与史实史地不符，而且也与武字不符。因为西汉初年，把秦的黔中郡改为武陵郡，并没有对武陵溪蛮用兵，而是晚至东汉光武十九年（43 年）、二十三年（47 年）、二十四年（48 年）、二十五年（49 年），才派朝中名将臧宫、刘尚、马成、马援率领讨伐大军，征讨苗民精夫相单程领导的武溪蛮起义（此武溪又叫武陵溪）。马援征讨武溪蛮的时间，比西汉初年要晚两百来年，可见此说与史实史地及时间均不符。马援所歌武溪，是大庸崇山下澧水西源的武溪，其诗曰："武溪深，滔滔武水一何深，鸟飞不度，兽不敢临，嗟哉五溪多毒淫。"《汉书·地理志》载：沅陵先有壶头山，马援军渡处。《永定县志·山川志》载："武溪，出泸溪（按经实地查实，泸溪即大庸县与永顺县交界之泸谷庄），径大庸城西。马伏波所歌武溪深者是也。"

古时的武溪，又叫武陵溪，这是历史事实。据《辰州府志·山川志》（乾隆版第81 页）记载："武溪：古溪，又谓之武陵溪。""之为江，武之为溪也，明矣。且武陵为名溪，实如于此。武陵为县在数百里之外，至于名郡又加广鄣。"据梁刘昭注《先贤传》曰:"晋太守赵厥问主簿潘京曰:'贵郡何以名武陵?'京曰:'鄙郡本名义陵,在辰阳县界,与夷相接,为所攻破。光武时移东出,遂得见全,共议易号。《传》曰:止戈为武,《诗》注:高平为陵。'于是改名焉。""武陵郡"之名取之于《左传》与《诗经》,始于汉初,后改"义陵郡";东汉时复称"武陵郡"。"武陵郡"自汉高祖二年(前205年)设置,沿用至唐乾元元年(758年),历时963年,以后不再使用。推而广之,武陵蛮之名也是后来加扩。东汉时,武陵太守李敬提出:武陵蛮赋可比汉人,《后汉书·南蛮西南夷传》载:顺帝永和元年(136年),"武陵太守上书,以蛮夷率服,可比汉人增其租赋。议者皆以为可。"

又如20世纪90年代出版的《泸溪县志》"水文溪河篇"明载:"武水,古时曾有'武溪''水''卢江''武陵溪'……'峒河'等名(65页)。"武水曾名"武陵溪",没看过《泸溪县志》《沅陵县志》的人,是不知道的,外人不能因你不知道而否定其存在。客观存在是不以人们意志为转移的。而说止戈为"武"者,须知止戈不能合成武,武字在汉语字典里,不在戈部,也不在弋部,而是在止部。可见有人对武字的解释,是望文生义,指驴为马,远离了"武陵"一词的蛮夷语言环境,所以不能成立。再《史记·周本纪》《正义》载:"犬戎,盘瓠之后也。今长沙、武林(陵)之郡大半是也。"武陵又称为武林,显然是蛮夷语 Wu lieng 的译音,不是汉语词。

一、"武陵"域名存在于蛮夷族聚居的时空环境中

(一)历史文献记载五溪为苗族聚居区

众所周知,史称"左洞庭,右彭蠡"为三苗国地。古时,以沅陵为中心的五溪地区,古属荆州地;隋时,置辰州,属辰州地。无论辰州或五溪,从古以来,一直是苗族的聚居区。关于这一点,史志多有记载。如光绪十一年(1885年)重修版《湖南通志》卷四《地理志四·郡县沿革考》载"辰州,下古蛮夷地","沅州,下古蛮夷地","靖州,下古蛮夷地"。《湖南通志》卷八十一《武备志·苗防一》载:"辰,蛮夷所居,其人皆盘瓠部子孙。""今西溪在州西,次南武溪、次南沅溪、次南辰溪、次东南熊溪、次东南朗溪。其熊、朗二溪与郦道元《水经注》虽不同,推其次第相当,则五溪尽在辰州界也。"《湖南通志》又载:"苗,古三苗之裔也。自长沙、沅、辰以南,尽夜郎之境多有之。"沅为沅江流域,辰为辰州。上引聚居五溪地区的蛮夷,就是《风俗通义》所载那个为盘瓠子孙的蛮夷,即苗族。对此,乾隆三十年(1765年)版《辰州府志》卷十

三《平苗考》又载:"《后汉书》注及黄闵《武陵记》乃独以辰州之蛮实之,罗泌、侯加地与郡邑各志辩之详矣,其种甚繁,曰伢、曰倮、曰僄、曰倜、曰侊、曰獠、曰休、曰僮,辰弗著焉。曰瑶、曰僚、曰仡,亦不多者,其著而数为患者,惟蛮惟苗。苗之类又有生熟之别,青、红、白、黑、花苗之殊。"① "苗"古音读毛(Mao),如三苗国又曰三毛国即是。蛮、苗、髦为苗族自称的同音异译汉字②,所指之族同为苗族。从上所引,可知五溪地区,从古以来,一直是苗族聚居区域。

(二)武陵(Wu lieng)存在于苗语水名群之中

1.武水

上引《泸溪县志》载,武水历史上被称为武溪、潕溪、武陵溪、峒河等名。武水名潕溪,又作沅溪。今吉首师范学校校址,曾为潕溪书院旧址,今仍有"潕溪书院"名牌,高悬于武水边的山丘上。对此潕溪(沅溪),《后汉书·马援传注》"潕作溪",这显然是指苗语称水为"Wu"的译音。武、潕均为苗语对水的称谓。溪、河、江、泊、湖、海,苗语均称其为"Wu",译成汉字即为武、潕、沅、潕、巫、吴、湖,这是从水之质而言其称。而汉语称水,是从其水量之差别而言其名为溪、河、江、泊、湖、海、洋的。武水流域为凤凰、吉首、古丈(南部)、泸溪共四县市,在泸溪县武溪口(又名武陵溪口)注入沅江。

2.潕水

潕水发源于黔东南州黄平县,流经施秉、镇远、岑巩、玉屏、新晃、芷江、怀化、洪江,注入沅江。

3.巫水

巫水又名雄溪、熊溪。雄、熊为苗族东部方言的自称仡雄或仡熊的省称,意为苗族的溪河。巫水发源于城步县,流经绥宁、会同、洪江,注入沅江。

以上所述之武水、潕水、巫水,均为苗语中的水"Wu"的译音加译意而成的河名。与英文"Car"译音加译意成"卡车"相类似。

4.辰水

辰水,发源于贵州铜仁地区的江口县,流经铜仁、麻阳、辰溪,注入沅江。辰水又名锦江,江口、铜仁、麻阳、辰溪一带的苗族,属红苗支系,该支系苗族中,有一部分是秦灭楚时,江汉之地的苗民,把荆江(从枝江至岳阳城陵矶)之名,随人同迁入

① 湖南省少数民族古籍办公室.湖南地方志·少数民族史料(下)[M].长沙:岳麓书社,1992:169.
② 石宗仁."蛮"称的民族属性及其专称与泛称涵义[J].民族论坛,1996(3).

辰水流域,称辰水为锦江,以示对故地的怀念。而"辰水"是土著苗民对此水的原有称谓,因为,麻阳苗族每年五月,在水上接龙(苗族的一种祭俗)到漫水盘瓠庙来祭祀,都是在此水上进行。"龙"者"辰"也,接龙的河也就成了辰水、辰河了。辰州之地多产朱砂,赤红色,周代称为丹沙,也叫辰沙。《逸周书·王会解》说:"卜人以丹沙。"晋孔晁注说:"卜人,西南之蛮;丹砂所出。"宋王应麟补注说:"卜,即濮也;沙今作砂。"远古时的一部分苗人继续沿辰水、沅水西迁,带去故地之名,在贵州称为赤水,在云南叫红河。

5.酉水

酉水有多源,北源于湖北宣恩县;南源在贵州松桃县,流经花垣、保靖,注入酉水;南源花垣河成为花垣、保靖两县的界河;酉水干流流经保靖、古丈和永顺,且为永顺和古丈两县的界河;酉水在沅陵县西酉口注入沅江。

考酉水之名,与苗族英雄圣王蚩尤有关。蚩尤又名嬇鬵。如"包山二号竹简"载:"楚先老童、祝融、嬇鬵。"嬇鬵即蚩尤。后人为方便,把嬇改成蚩,鬵写成酉或尤。蚩尤子民称此水为酉水,意为尤(酉)苗居住的地方。有何为据呢?龙山、保靖、永顺各出土錞于4件,共12件;而吉首市发掘出土錞于10件、花垣县2件、松桃县5件、泸溪县5件、凤凰县2件,共20多件。总计30多件。錞于不是巴器①,廪君巴没有到过大五溪②,只到澧水上游的小五溪。这些为数颇多的錞于铜器,是最先发明冶金术的蚩尤部,其后人九黎族裔的姜姓古国錞于国子民所首创。蚩尤姜姓,姜姓古国錞于国为其后。錞于国亡后,其子民与錞于南迁,其铸造錞于的技艺为苗蛮所继承与发扬光大。因为九黎之后为三苗,三苗之后为荆蛮,荆蛮之后为苗族,已为历史所公认。而《后汉书·马援传》又注云:"武陵有五溪,谓雄溪、满溪、酉溪、潕溪、辰溪,悉是蛮夷所居,故谓五溪蛮,皆盘瓠子孙也。"《溪蛮丛笑》里记载:"五溪蛮,皆盘瓠种也。"所以说酉水流域最先居住的居民是苗族,历史记载与錞于铜器可以为据。酉水之酉义的另一说法,则认为是蚩尤部民中的风夷子民南迁,风为鸡,鸡为酉,酉水,即尚凤尚鸡的蚩尤子民居住的地方。

当今与苗族相邻而居的侗族,亦不是五溪地区的老土著。如"侗族作家杨玉林考

---

① 童恩正.从出土文物看楚文化与南方诸民的关系[M].重庆:重庆出版社,2004;石宗仁.也谈溆浦夷的历史文化和族属[J].怀化师范专科学校学报(社科版),2001(1).

② 田敏.廪君巴迁徙走向考[J].中南民族学院学报(社科版),1996(6).

证，侗族萨玛节祭祀的老祖母就是广东电白人。《广东通志·古迹略》记载，洗氏陈夫人系高凉郡电白县丁村人，出生于越大姓，其族为南越首领，跨居山洞，部族十余万。《隋书·列女篇》记载，岭表大乱，洗氏陈夫人'怀集百越，保境安民'，尊为圣母。另据传说这位老祖母率众与强敌战斗，屡建奇功，后带领儿孙们从大海边沿江往北迁徙……侗族迁徙的一条主要路线，就是由融江上至三江，再由都柳江上至从江、黎平、榕江等地"①。因此，我们有理由说"武陵"域名，存在于五溪苗语地名群之中。

二、苗语对沅江的两种称谓

现在，我们来看苗族先民是怎样称谓五溪（五条河水）注入的沅江的。五溪地区的苗族，有三部分。一部分是五溪土著苗族南蛮苗，另一部分是盘瓠苗，即如前所述《风俗通义》所载的盘瓠子裔，其后滋蔓，号曰蛮夷。五溪是盘瓠蛮的老家。还有一部分是回迁移居的苗族，即蚩尤后人九黎族裔的南迁和历史上的"放驩头于崇山"，从黄河中下游南域，迁回江淮、江汉，又从江淮、江汉地区，西迁入五溪地区的苗族。所以，五溪地区的苗族对沅江的命名有两种说法。

（一）先说五溪土著苗族对沅江的苗语称谓

这个问题，还得从武溪蛮说起。汉建武十九年（43 年）、二十三年（47 年）、二十

---

① 韩进.怀远古县城——丹洲[N].中国文化报，2009-6-19(9).

●○ 辰溪县境内的沅水箱子岩　　　陈沛亮/摄

四年(48年)、二十五年(49年),东汉王朝分四批次,派朝中名将,率讨伐大军溯沅水入武溪征讨武陵蛮,此武陵蛮指的是武溪蛮。[①] 在马援死后,才泛称到别的地方。前引《泸溪县志》载:武溪古时称为武水、潕溪、武溪、峒河、武陵溪。武水即武陵溪。《沅陵县志》[同治十二年(1873年)版]卷四十三《辰州五江五溪考》中载:"荆州记,五溪有武溪……泸溪志,武溪,即古潕溪。出武山,在邑西一百五十里,又谓武陵溪,亦五溪之一。武陵蛮所由名也。"这不仅说明,武陵蛮是由武陵溪而来,武陵也是与武陵溪相关而来。这个武陵溪,同时包含"武水"和"武陵的一条溪"的含义。"武陵(Wulieng)"原本不是山名,而是水名;从《后汉书·马援传注》"潕作溪",武、潕同为Wu的同音异译汉字,亦是指水。武陵是指沅江,即为苗语对沅江的称谓。

　　吉首苗语称水为"Wu"(武、潕、巫),称"绿色"和"大"为lieng,"武陵(Wulieng)","水"之意在前,"绿色"和"大"之意在后,属苗语构词模式,即汉族人所谓的倒装法。"武陵(Wulieng)",苗语意为"绿色的大江",与沅江的江面宽阔、江水常绿的状貌皆合。沅江在泸溪县境内,流程为45.2千米,河床一般宽300至400米,最宽处达500米。[②]而在沅陵县西的不远处,有一地名叫"Wu Su",音译为"乌宿",位于西溪注入西水处[③],西溪是西水的支流,比西水小,比沅江更小,在两条小溪河的交汇处,有一地名叫乌宿,意为"小河"(处),与邻近的大水沅江相比而得

---

① 《后汉书·臧宫传》《后汉书·南蛮传》《后汉书·马援传》。

② 泸溪县地方志编纂委员会.泸溪县志[M].北京:社会科学文献出版社,1993:64.

③ 湖南地图出版社编制.湖南省地图册[M].长沙:湖南地图出版社,1995:118.

名,并大小对应相伴群落在武溪口的群山之中。所以说,从泸溪到沅陵、常德、汉寿这一条江,江面宽阔,古时,两岸山林密布,江水碧绿,加上绿色山林与森林倒映在江水中,越加显得翠绿,现在泸溪县的沅江,依然如此,故苗族先民用(Wu lieng)武陵——绿色的大江来称谓沅江。至今,远居云贵高原的苗族古歌中还有从"四季开满鲜花的绿色大江迁来,从有一块大岩石迁来"的远古传唱记忆,绿色大江就是沅江大五溪,大岩就是吕洞山区大岩村苗寨坡上的巨石。

(二)"武陵"为绿色的大江,为何又称其为沅江

这与后迁的移居苗族有关。

在苗族的《迁徙歌》中,常常用这两句苗语来开头。《迁徙歌》有的有十数段,有的数十段,其开头总是要重复十数次、数十次。现用苗文拼音记录如下:

yangs	wub	njout	lol
沿、顺(着)		水	迁上 来
Yangs	bul	njout	lol
沿、顺(着)		(水边的)陆地	迁上 来

译成汉意,即为"沿水迁上来,沿(水边的)陆地迁上来。"苗语中的"顺"(着)、"沿"(着),均用 Yangs 或 Yans,S 是调号,不读音;Yang 或 Yan,译音成汉字即为沅。而《汉语词典》对沅字仅作水名解,无具体含义,亦可证是汉字译音。再,至今,古丈县和吉首市东北部的苗族,说汉语时,遇到 ang 韵一律读成 an,如杨读成沅,an 读 an, ang 亦读 an,即日常听说的 an 与 ang 不分,亦可看出苗语对学汉语的影响。人们把 yangs Wub 或 yans Wub 的 yangs 或 yans 译音成"沅",把 Wub 译意成江或水,译音加译意,即成沅江、沅水了。

由于从黄河中下游南域而江淮、江汉,上迁五溪地区的这部分苗族,他们是蚩尤部苗众与楚地苗族相交融的后代,汉文化水平比五溪土著苗族要高,他们沿着"Wu lieng"武陵——绿色的大江上迁的,所以称这条江为(沿)沅江。后来,随着汉语在五溪苗区的渗入和普及,人们久而久之亦称其为沅江或沅水了。

古代,对沅江流域的开发,是从沅江两岸向其支流四周开拓和发展的。西汉初年改秦黔中郡为武陵郡,"武陵"成了郡名,与黑龙江的水名成了黑龙江省名,是一样的道理。

第二节 桃花源中的武陵人家

一、桃花源行

2020年5月1日,我们神天户外俱乐部、形色湘西朋友一行十余人,相约穿越和考察陶渊明笔下的古桃花源伏羲洞——湖南省花垣县民乐镇斗拱村(苗语窟豆窟柔、若蓓若羲),当地人叫穿洞,结合傩经所记,意译为桃花源、伏羲洞。我们驱车来到斗拱村,热情好客的村民当向导,在美女导游的带领下,"便舍船,从口入。初极狭,才通人。复行数十步,豁然开朗"。

东晋文人陶渊明巡游武陵湘西花垣(晋时属于武陵郡)桃花源伏羲洞,以其为背景,创作了一篇脍炙人口的散文《桃花源记》,向人们展示令人神往的世外桃源生活。

●○ 翠翠划船清水江　　龙莲珍/摄

●○ 溪水尽头，弃船而上　　　　吴心源／摄

●○ 桃源洞入口合影　　吴俊／摄

●○ 犀牛回头　　吴心源／摄

●○ 光明在前　　吴心源／摄

●○ 伏羲洞口（傩公傩母像）　　吴心源／摄

二、桃花源记

魏晋·陶渊明

晋太元中,武陵人捕鱼为业。缘溪行,忘路之远近。忽逢桃花林,夹岸数百步,中无杂树,芳草鲜美,落英缤纷。渔人甚异之,复前行,欲穷其林。

林尽水源,便得一山,山有小口,仿佛若有光。便舍船,从口入。初极狭,才通人。复行数十步,豁然开朗。土地平旷,屋舍俨然,有良田、美池、桑竹之属。阡陌交通,鸡犬相闻。其中往来种作,男女衣着,悉如外人。黄发垂髫,并怡然自乐。

见渔人,乃大惊,问所从来。具答之。便要还家,设酒杀鸡作食。村中闻有此人,咸来问讯。自云先世避秦时乱,率妻子邑人来此绝境,不复出焉,遂与外人间隔。问今是何世,乃不知有汉,无论魏晋。此人一一为具言所闻,皆叹惋。余人各复延至其家,皆出酒食。停数日,辞去。此中人语云:"不足为外人道也。"

既出,得其船,便扶向路,处处志之。及郡下,诣太守,说如此。太守即遣人随其往,寻向所志,遂迷,不复得路。

南阳刘子骥,高尚士也,闻之,欣然规往。未果,寻病终。后遂无问津者。

三、桃花源考

著名的稻作考古文化专家李国栋先生在《稻作背景下的贵州与日本》一书中说:"本书已反复论述过,从 8 600 年前起,包括武陵在内的湘西已经成为稻作文化中心,而其主体则是古越人,即苗族先民。后来的大溪文化、屈家岭文化、三苗国和楚国其实都与苗族密切相关,所以笔者认为避秦而躲进世外桃源的人们也是苗人……在楚国,武陵一带属于黔中郡,军事意义重大。公元前 280 年和公元前 277 年,秦国与楚国争霸,曾两次攻占此地,但不久都被楚国夺回。到了公元前 224 年,秦国的实力远远超过了楚国,于是秦始皇派王翦率六十万大军击楚,再次攻克黔中郡,并于翌年彻底消灭了楚国。由此判断,世外桃源的'先世'躲进世外桃源的时间肯定在公元前 224 年的可能性最大。因此,从这个意义上讲,其子孙当然'不

知有汉'，'魏晋就更无从谈起了。'"" "为避战乱而躲进深山隔绝之地，想必生活十分艰辛；后虽经 500 多年的辛勤劳作，但其生活也决不会十分富足。可是，那里的人们却生活得十分幸福，一种与世无争、悠然自得的幸福。2008 年 11 月，笔者第一次去黔东南大山之中的苗寨考察时，似乎也感受到了这种幸福。"①

2014 年重阳佳节之际，应吕洞山苗族祭祖暨苗族原生态文化艺术节组委会的盛情邀请，我们陪同李国栋先生及夫人一行来到吕洞山参加节会活动，人们"便要（邀）还家，设酒杀鸡作食"，再次感受到了世外桃源般的梦幻生活，流连忘返。

自从《桃花源记》传世以来，不绝好事者四处追寻，有"及郡下，诣太守，说如此。太守即遣人随其往，寻向所志，遂迷，不复得路。南阳刘子骥，高尚士也，闻之，欣然规往。未果，寻病终。后遂无问津者"。到如今，武陵大地有湖南常德桃花源、贵州梵净桃花源、重庆酉阳桃花源、云南普者黑桃花源等，但仍未尘埃落定。于是，我们只好回到《桃花源记》中，根据实景实情，寻找真正的古桃花源所在。

我们同意李国栋先生的说法，并将自己的感想和考证告之，与他交流探讨。其实自盘古开天辟地以来，苗家人一直住在武陵山区。蚩尤从湖南茶峒（药王洞）发兵北上南下，拓疆战败后，特别是秦灭楚国后，部分苗人又回迁到武陵，并将《三蒙骚》（汉人叫《三坟》《五典》《八索》《九丘》）等古籍带回桃花源隐藏秘传至今，现在已经整理出版，即《〈老

---

① 李国栋.稻作背景下的贵州与日本[M].贵阳：贵州人民出版社，2012：160.

子〉与苗族九卦〈易经〉研究》《破解易经新视觉》,通俗说法就是伏羲九卦、伏羲八卦。

民乐地名来源,一是弥傩、芈傩,意为奶傩、圣母,两河境内麻僚苗寨有巴傩山奶傩山,即圣公山圣母山,今已经辟为武陵十八洞有机茶园;二是当地因盛产九月糯,谐音记米糯贵。当地苗人至今保留染戎接龙、求子还愿的远古习俗,就是源于对伏羲女娲的崇拜,巫风歌风等盛行武陵地区,楚国时屈原大夫写下了楚辞《离骚》,千古不绝。

据吉首大学张文炳教授介绍,斗拱村四十年前的基本情况是:耕地面积910亩,221户,931人,有6个自然村,以大寨和吴家寨人户较多。该村曾用名为土孔,因此地有一较大的土孔,斗状拱形,故名。该村距花垣县城37千米,群山环绕,曲径纤蟠,地极险固,清朝乾嘉起义期间,屡经清兵洗劫。该村西南有一川洞,洞长550米,洞口宽28.9米,高60米,后洞宽22米,高3米。洞为古代河水流冲而成(现河水已改道从左下侧另一洞穿过),故名。洞口左侧有高崖峭壁,宽80米,高约100米,犹如屏障,壁下有台,长80米,宽30米,高1米,入洞200米,尚见光明,过此左转,一片漆黑,远道游人需明火执仗,方能识途,宽度与洞口相似,再转一弯,较为宽敞,三五十米不等,石隙滴落泉水叮叮作响,两壁石乳林立,洞顶石乳倒垂,形如飞禽走兽卧龙伏虎,千姿百态。架绳梯至洞顶,恰似楼房。可容200人,有石桌石凳。继续前行,稍向右转,即见光明,约行50米至后洞口,步上石级,花垣河展现眼前。我1957年从保靖撑船拉扦到松桃,路过此洞口,还看见有码头可以停泊,可证明在两河未通公路前,此洞是联系外面世界的窗口,是土特产出去,日用南货、百货进村的通道。(这是张教授对伏羲洞的描述)

张教授无比感慨地说:"我五十年前曾到此地,当时很多荒山,现在变化太大了,龙正汉去世时我曾去过民乐,与我1952年去松桃赶考路过民乐时的情景相比,变化太大了。"

武陵县,古代县名,治今湖南省常德市武陵区。据《隋书·地理志》载,开皇九年(589年)隋灭陈后,废陈在武陵郡所置的沅州,改武陵郡为朗州,并临沅、汉寿、沅南为武陵县。是为武陵县设置之始,唐、五代均为武陵县,后一直使用。中华民国二年(1913年)改武陵县为常德县。

桃源县,宋太祖乾德一年(963年),析武陵县,按转运使张咏的建议,以其地有桃源,而置桃源县。桃花源在今桃源县城西南15千米水溪附近,面临沅水,背倚群山,遍布苍松翠竹。相传因东晋诗人陶渊明所写的《桃花源记》和《桃花源诗》而得名。自唐代开始建寺观,宋时更盛,元末毁于火,明景泰六年(1455年)又建殿宇,明末复毁于火。清光绪十八年(1892年)重修渊明祠,沿山配置亭阁,按陶渊明诗文命名,此后又屡经修葺。新中国成立前荒芜殆尽。1950年后除对原有建筑物进行加固维修外,并对已经倾毁的部分亭阁,也陆续进行整修和复建。修复桃花观、秦人洞、高举阁等古代建筑,拓展桃林10余里。

从此处看,桃花源貌似坐实在桃源县,但细致对照陶公原文,便知并非如此。桃源一带地处湖南常德洞庭湖平原与湘西武陵大山交界的平原低山丘陵地区,山势不甚高大,无喀斯特地貌、溶洞和溪泉水。"林尽水源,便得一山,山有小口,仿佛若有光。便舍船,从口入。初极狭,才通人。""林尽水源",说明水源止于林深尽处,而不是止于山洞之口。"便得一山",在林尽水源之后;"山有小口",无水,这点很重要。说明此小口,不是水口,是路口。"山有小口"指的是山垭口或洞口。山垭口一般处于两山相交的高地凹口,两山交并处便有溪沟,有泉处有泉水,雨季时为水沟,枯水时为干沟;"仿佛若有光"是指临近黄昏,天色暗淡、唯独山口处若有天光,若明似暗。于是"便舍船,从口入。初极狭,才通人。"弃船,步行,从山路口入,山道极狭,仅能通行人。"复行数十步,豁然开朗。土地平旷,屋舍俨然,有良田、美池、桑竹之属。阡陌交通,鸡犬相闻。其中往来种作,男女衣着,悉如外人。黄发垂髫,并怡然自乐。"写的是峒坝峒坪的苗寨村落景象,千百年来,盖若如此。"外人"指陶公本人及当时的晋人,苗人自古"好五色之服",屈原称之为华服。平旷为苗语苗词,阡陌交通;黄发垂髫,泛指老人与儿童。垂髫,指古时儿童不束发,头发下垂,因此垂髫一般指儿童,但此处还有妇人编发为辫,垂于身后,妇孺老幼怡然自乐。垂髫、椎髻为苗俗,椎髻多用竹木、银器盘发于脑后,美观大方,又不影响劳作。"便要还家,设酒杀鸡作食。""余人各复延至其家,皆出酒食。停数日,辞去",要(邀)客回家,杀鸡宰鸭是苗家待客之举,重宾还屠牛设宴相待。这是苗人留客吃排家宴、小驻数日的习俗。此中人语云:"不足为外人道也。"这些待客之举不足以向外人说道,这是苗人的谦辞。

陶公出洞(峒)后,世人便不知桃花源之所在。其实陶公是信守承诺,"不足为外人道也"。在乱世中,保密极为重要,以求一隅安宁的世外桃源生活。

由此可知,桃花源实景不在武陵县(桃源县)境,而且常德桃花源景区目前也只是4A级景区,最大的原因是没有桃花山水、洞中村落。

我们再回头看看重庆酉阳桃花源,酉阳得名不是因西汉的西阳县(西汉高祖元年,公元前206年置),而是得名于宋时四川酉阳军,同期湖南置设武冈军,军政合一。西汉时,酉阳县治设湖南王村,"酉阳雄镇,楚蜀通津",远在秦时从里耶经泸溪浦市，"四十八站上云南，四十八站到长安"；与四川之地尚间隔有迁陵县，那时的西阳之地归迁陵县管辖。若据湖南龙山里耶出土的"西阳丞印"泥模，则西阳之地属里耶所管，辖 3.2 万户（多为蜀地民户，秦得蜀而统一全国；远离楚国，身在云南的庄蹻从此失去收蜀的机会，直至楚国灭亡，也回来不了），比同时期长沙国所辖 2.5 万户，多了许多户头。若四川（重庆）西阳之地得名于秦则不可信，因为古人认为，水之东、山之南为阳，故西阳在酉水之东；重庆酉水仅系酉水三源之中源，酉阳桃花源之说系现代人旅游之炒作（桃花源+伏羲洞），并冠以 5A 级景区。

从"晋太元中"推算看，晋太元元年为公元 376 年；公元 379 年，即东晋太元四年，前秦建元十五年。这段时间处在中国历史上东晋十六国时期。这段时间，贵州梵净山地多属夜郎管辖，不为武陵所管，梵净武陵桃花源之说不成立。云南普者黑地处云贵高原，不是武陵之地，桃花源之说也是应景之需，打造旅游景区需要。

桃花源到底在哪里呢？我们认为桃花源就在武陵山深处的二酉山。遥想当年，秦始皇统一中国，"书同文、车同轨"，"焚书坑儒"，伏胜千里迢迢，逆循当年里耶至长安的驿道，"藏书二酉"，异服为蛮。这是历史上最大的避秦史实，也是《桃花源记》的事实来由和核心所在。湖南常德、贵州梵净山、重庆西阳、云南普者黑等地桃花源都与这一避秦史实无关，而且即使是在秦朝时期，也存在与"外人"异服的蛮越之人。从里耶秦简刻文看，酉水流域的迁陵一带有"蛮""越人"存在，可能与当地蛮、越族有关。相关简文如下：

廿六年六月癸丑，迁陵拔讯樛、蛮、衿。

鞫之：越人以城邑反，蛮、衿害弗智（知）。

可见，秦始皇二十六年（前 221 年），洞庭郡（今保靖四方坪，河对岸尚有洞庭村）"城邑"有人反叛。此处"越人"指本地濮越族（即骆越之一的山越）；"蛮、衿"似为人名，与当地蛮族有关。所以伏胜奔二酉，实是回故地，这是无可争辩的避秦历史事实，既保全了性命，也保了中华文明的历史文脉。里耶古井、二酉山洞藏秦简，同出一辙。

焚书坑儒，又称"焚诗书，坑术士（一说述士，即儒生）"，西汉之后称"焚书坑儒"。秦始皇在公元前 213 年和公元前 212 年焚毁书籍，坑杀"犯禁者四百六十余人"。

"焚书坑儒"一词出处《史记·儒林列传》的说法是"及至秦之季世，焚诗书，坑术士，六艺从此缺焉"。经常被"坑儒"观点引做证据的是《史记·秦始皇本纪》中秦始皇长子扶苏的话"天下初定，远方黔首未集，诸生皆诵法孔子，今上皆重法绳之，臣恐天下不安，唯上察之"，西汉末孔安国（孔子十世孙）《〈尚书〉序》亦言："及秦始皇灭先代典籍，焚书坑儒，天下学士逃难解散。"西汉刘向《〈战国策〉序》："任刑罚

以为治,信小术以为道。遂燔烧诗书,坑杀儒士。"

综上所述,武陵桃花源人避秦时间与世外桃源的"先世"躲进世外桃源的时间应在公元前224年,此为苗语版的《桃花源记》。

公元前213—前212年,伏胜藏书并融入当地蛮越之人,桃花源洞在湖南武陵境内的沅陵二酉山下的苗寨村落。陶公到此一游后写下了《桃花源诗》。

桃花源诗

魏晋·陶渊明

嬴氏乱天纪,贤者避其世。黄绮之商山,伊人亦云逝。
往迹浸复湮,来径遂芜废。相命肆农耕,日入从所憩。
桑竹垂余荫,菽稷随时艺;春蚕收长丝,秋熟靡王税。
荒路暧交通,鸡犬互鸣吠。俎豆犹古法,衣裳无新制。
童孺纵行歌,斑白欢游诣。草荣识节和,木衰知风厉。
虽无纪历志,四时自成岁。怡然有余乐,于何荣智慧!
奇踪隐五百,一朝敞神界。淳薄既异源,旋复还幽蔽。
借问游方士,焉测尘嚣外。愿言蹑清风,高举寻吾契。

临别之际,我们与村民依依不舍,他们说自从精准扶贫在十八洞首倡后,武陵苗区同全国各地的农村一样,面貌一新,日新月异,成为远近闻名的桃花源。

美丽桃花源,梦中桃花源,我们还会再来。

第三节　溪州铜柱话根脉

后晋天福四年四月(939年5月),楚王马希范升永州、岳州团练使,接着又被加封为"天策上将军"。马希范是一个"好学""善讨"但"性奢侈"的人。同年古历八月,溪州刺史彭士愁经过一段时间的准备,又联合奖州、锦州的溪州人马共万余人向马楚宣战。

战争爆发后,楚王马希范派遣静江指挥使刘勍、决胜指挥使廖匡齐率领5 000衡山兵前往溪州清剿镇压,历经几次激战后,彭士愁遣其子彭师嵩率诸酋长,携带溪州、锦州、奖州的三州大印向刘勍请降。此时,马楚也深感实力不足,同意请降。这样,在次年二月,刘勍引兵回长沙,溪州之战结束。之后,马希范自以为是汉代伏波将军马援的后代,就与彭氏等人盟约以告后人。用铜五千斤"铸柱立表,命学生李宏皋铭之,勒誓状于上",这就是保存至今的"溪州铜柱"。

溪州铜柱铭文共分三大部分。第一部分从铭文的内容来看,除记"古者天子铭德,诸侯记功,大夫称伐"外,更多的笔墨是记载溪州的山川地理及人事。"称伐"的结果是"彭师嵩为父输诚,束身纳款。我王愍其通变,受降招携""溪之将佐,衔恩向化,请立柱以为誓焉"。第二部分写盟誓的内容和结果。溪州彭氏"若有违誓约,甘请准前差发大军诛伐。一心归明王化,永事明庭。上对三十三天,下将神祇为证者"。王曰:"尔能恭顺,我无科徭。本州税赋,自为供赡,本都兵士,亦不抽差。永无金革之虞,克保耕桑之业。皇天后土,山川鬼神,吾之推诚,可以玄鉴。"其结果是,"乃依前奏,授彭士愁溪州刺史,加检校太保,诸子将吏,咸复职员。"18名降官加官授爵任朝官,上柱国彭师嵩在朝中为官,其实是充当人质,作为盟誓的担承和保证,一旦溪州彭氏再作犯乱,楚王必将先诛杀彭师嵩,再"差发大军诛伐"。第三部分是参加盟誓人员及官职(略)及"铸""镌""立"铜柱的时间。溪州与彭氏刺史归

● ○ 溪州铜柱（复制品）

湘西州电视台／摄

明的有田、龚、覃、向、朱五姓共计 18 人。

溪州铜柱上为八棱体，下为圆柱形，入地 6 尺。如此设计，颇费匠心，整个形状是上方下圆，寓示地方天圆，地在上，表示江山社稷为大，江山稳则天下安，此天下是后楚之天下。

"铜柱堪铭，愿奉祖宗之德。皋仰遵王命，谨作颂焉。"这就是整个铜柱的内容和来由。在整个铭文中代表楚王的官员是李弘皋、马希广，其余是降官。

"盖闻牂牁接境，盘瓠遗风，因六子以分居，入五溪而聚族。上古谓之要服，中古渐尔羁縻，泊帅号精夫，相民汰徒。汉则宋均置吏，稍静溪山，唐则杨思兴师，遂开辰、锦。"李弘皋词："昭灵铸柱垂英烈，手执干戈征百越。我王铸柱庇黔黎，指画风雷开五溪。五溪之险不足恃，我旅争登若平地。五溪之众不足凭，我师轻蹑如春冰。溪人畏威乃感惠,纳质归明求立誓。誓山川兮告鬼神,保子孙兮千万春。"此段铭文表明溪州、五溪、百越的风土民俗乃"盘瓠遗风","上古谓之要服,中古渐尔羁縻,泊帅号精夫,相民泱徒"。《国语·晋语》载"楚为荆蛮",《左传》:"楚虽大,非吾族也。"①明王夫之在《楚辞通释》中说"屈原《涉江》'哀南夷之莫吾知兮','南夷'即武陵西南夷,今辰沅之苗种也"。可知南夷即南蛮为三苗之裔,正如《集解》许慎云:"南方溪子蛮夷拓弩,皆善射"。溪子蛮夷指荆楚五溪地的三苗族,以拓弩、竹弩而闻名于世。楚王也说:"我蛮夷也,不与中国之号谥。""陈寅恪先生在释证《魏书·司马睿传》江东民族条时指出:'溪,实即指《后汉书·南蛮传》盘瓠种蛮而言也。''此支蛮种所以号溪者,与五溪地名至有关系'(见《金明馆丛稿初编》)'溪子蛮夷当系荆楚土著民族——'盘瓠种蛮'之别称。"②三苗之后为荆蛮,荆蛮之后为长沙武陵蛮、五溪蛮,武陵蛮之后为苗族,他们都崇拜盘瓠。《册府元龟》卷九五七《外臣部·国邑》又载:"荆蛮,盘瓠之后……长沙、黔中五溪皆是也。"《峒溪纤志》又云:"苗人,盘瓠之种也。"万历《湖广总兵·方舆一》:"诗称蛮荆,种自盘瓠。"

《十道志》曰:"故老相传,巴子五人入五溪,各为一溪之长。"仅此孤证,不能证明巴子五溪。司马迁《史记·货殖列传》曰:"而巴寡妇清,其先得丹穴,而擅其利数世,家亦不訾。清,寡妇也,能守其业,用财自卫,不见侵犯。秦皇帝以为贞妇而客之,为筑女怀清台。夫倮鄙人牧长,清穷乡寡妇,礼抗万乘,名显天下,岂非以富邪?""清穷乡寡妇,礼抗万乘,名显天下,岂非以富邪?"帕妻、帕屋妻、巴寡妇清都是说苗语的苗人,正如唐樊绰撰《蛮书》所载"黔、泾、巴、夏,四邑苗众"都是指盘瓠种落。《通典·四裔考》"板盾蛮"条载:"按后汉史,其在黔吕五溪长沙间者,则为盘瓠之种;其在峡中巴梁间者,则为廪君之后。"关于"巴子五人"没有流入五溪,土家族学者田敏博士在《廪君巴迁徙走向考》一文中作了极为缜密的考证和论述:"'巴子五人'之不可能迁入五溪地区至少有三点可证:第一,除《十道志》……此条记载外,几乎全部有关廪君巴活动的史料都明载廪君五姓巴是进入川东而不是五溪,川东巴人为廪君之后裔,地域广大的川东巴国就是廪君后人建立的……此已为学术界所共识。""第二……事实上五溪地区一直是盘瓠集团活动的地域,与廪君巴人从来关系不大,直到战国末期秦灭巴蜀,才有部分板盾蛮可能的迁入,

① 高士奇.左传[M].北京:中华书局,1979:22.
② 张雄.中国中南民族史[M].南宁:广西人民出版社,1985:11-12.

也仅限于五溪北部之西人流动域。五溪蛮主要为盘瓠集团，以盘瓠为其图腾或崇尚盘瓠，为现代苗瑶系各族之祖先，今湘西五溪地区除北部酉水流域一隅外，其余基本都是盘瓠集团之后裔的苗、瑶等族，也可以证明这一点。而廪君蛮……崇尚白虎，与盘瓠全无干系，其后裔为今之土家族。""第三，从今天……湘西土家族有赶、射白虎的习俗，与鄂西土家族崇、敬白虎的习俗截然相反。鄂西土家族明显是廪君巴的后裔，而湘西土家族赶、射白虎的习俗表明他们是板盾蛮的后裔而非廪君后人……湘西土家族为板盾蛮直接后裔的事实，证明'巴子五人'是没有南入五溪的。"①龙山里耶出土的秦简牍载："鞫之：越人以城邑反。"也证明李弘皋词"昭灵铸柱垂英烈，手执干戈征百越"是正确的，由此可知，继承"盘瓠遗风"的"五溪之众"此时也称为"百越"。

著名考古学家王献唐先生指出："神农之后有蚩尤，蚩尤之后为三苗，推之江汉诸蛮，皆神农后也。"②而"三苗即九黎之后"。《楚语》韦昭注："三苗炎帝之后""黎属炎族，苗为其后，知苗亦炎族。"可见九黎、三苗、苗族同为神农之裔，炎帝神农为其远祖。神农之先为濮戎濮伆盘古。苗族历史至少万年以上，乃中国最早出现的族称之一，经历百濮—百戎—百蛮—百越—百苗，熟祝融、生祝融、熟苗、生苗等变迁，远古称之为"蛮夷猾夏"两大集团。盘瓠种落在百濮时为尾濮，距今至少已有4 600年以上；百戎时为卢戎(山戎)，百蛮时为盘瓠蛮，百越时为山越，百苗时为黑苗，支系十分清楚。

虽然盘瓠传说见于文字记载的时间，是在东汉时期，但盘瓠种落或盘瓠蛮的历史存在，远远早于东汉时期。舒向今先生指出："高坎垅新石器时代遗址出土的'犬形陶塑'和其他一些地方特色的文化遗物……文化属性为屈家岭文化，该墓出土的'犬形陶塑'有流彩绘陶壶等遗物，在其他地区的屈家岭文化是没有的，说明随葬犬形陶塑墓葬的主人绝不是从外地迁来的，至少不是在尧、舜、禹对三苗战争时期迁来的。另外，高坎遗址出土的一大批具有特色的遗物，在其他地区是没有的，而在五溪各地区其上下各期文化中可追其源，可见其流。……不难看出，曾用'犬'为图腾的盘瓠部落，至少在旧石器中晚期，就已在五溪地区繁衍了。相继经历了新石器、商周(西周)、春秋、战国、秦汉乃至今天。因此，把五溪地区当成'盘瓠

---

① 田敏.廪君巴迁徙走向考[J].中南民族学院学报,1996(6):65-68.

② 王献唐.炎黄氏族文化考[M].济南:齐鲁书社,1985:13.

蛮'的老家或发祥地,应是符合历史事实的。"①宋朱辅《溪蛮丛笑·叶钱序》云:"五溪蛮,皆盘瓠种也。聚落区分,名亦随异;沅其故壤,环四封而居者,今有五:曰猫、曰猺、曰獠、曰㽦、曰仡狇。风俗习气,大抵相似。"

关于 fud nqid jid det"饮血求誓",jid det 发誓,det 折断,誓取折旁 det 音。自原始社会初期开始,苗族先民便设立鼓社鼓会(社会一词由此而来),一般是十三年举行一次;做会做盟(会盟或盟会由此而来)一般一年一次,都会都盟根据实际需要,定期举行。椎牛社祭文献称为"合鼓""合款""款盟大会",苗语叫"楚芈楚郎"。召集鼓社鼓会、做会做盟、都会都盟的事主叫盟会会主或主盟主会(会主或盟主由此而来),盟主或会主必须具备相当的人、财、物实力,参加盟会各方自带礼品,当作贺礼及自身费用。同时,盟会时各方均带无数未婚男女跳歌跳鼓、跳花跳月、通宵达旦,数日不绝。盟会期间,先举行隆重的椎牛祭祖仪式,然后由苗祭司于山林之野,搏猫服奇(吃猫血酒)beux mangb fud nqid,血,甲骨文作 ♨,像皿中有"·",苗语读奇 nqid。② 参加盟誓的人具状赌咒,诉发毒誓,日后若有违犯,必将自食其果。武王伐纣时便有"牧誓"。"民不祀非祖,神不饮非类",非盘瓠种落自然不必"饮血求誓"。

《辰阳风土记》载:"泸溪县南三十里,有盘瓠庙,每岁七月二十五日,种类(盘瓠)云集于庙,扶老携幼,环宿其旁,凡五日,祀以豕酒酢,槌鼓踏歌,欢欢而还。"这正是此种椎牛社祭的真实写照。"槌鼓踏歌",显然是苗族椎牛祭祀庆贺鼓舞娱乐活动。除祭祖外,更重要的是不同社区的联合议事,即不同社区、同民族的各氏族间为共同利益、社会治安进行民族内部管理规范,以调节社区、氏族间的团结互助,共同对付入侵之敌,以及青年男女社交、百姓互市与民众参加"槌鼓踏歌"的跳花跳月活动。椎牛祭祖活动,不论家祭或社祭,祭期一般为三日或五日。社祭的祭品,除各氏族各村落的公田公产积累外,还有包括富人在内的民众捐资。③《今县释名》载:"本苗疆地,名古丈坪,在永顺县南一百二十里,四面高峰层叠,中开一

---

① 舒向今.试论怀化高坎垅新石器时代遗址出土的双头犬形陶塑[J].中南民族学院学报,1989.

② 麻荣远,龙晓飞,周纯禄,等.苗汉语的历史比较[M].长沙:湖南师范大学出版社,2001:450-451.

③ 石宗仁.荆楚与支那[M].北京:民族出版社,2008:74、344、345.

坪,溪流环绕,清置古丈坪抚民同知。"苗民经常在此地踩鼓跳舞(单人鼓舞、双人鼓舞、团圆鼓舞)汉文献记为跳花跳月,民间因此称这个地方为踩鼓场、鼓场坪。同时在此地举行椎牛祭祖活动,汉文献称之为"吃牯脏",这正是溪州铜柱所记的"盘瓠遗风"。 镌立铜柱正是"盘瓠遗风"管窥见豹的具体表现。后来"鼓场坪"演变为古丈坪厅,古丈县名因之而来。原鼓场坪在今古丈县古阳中学内,至今当地仍然保留"槌鼓踏歌"的"盘瓠遗风"。

peid gieab 碑界,源自头顶;gix bael 几牌,peid gieab gix bael 碑界几牌,汉语界碑源于碑界。在苗区,最初的界碑是草标,扎草标为记,区分界限。后来因野草容易被人刈割,便改为埋岩、植树为界;埋岩有时容易被人挪动,界树容易被人砍伐,于是重要地界便安埋铜柱为界,并镌刻铭文,溪州铜柱便是如此,取材于铜,虽日晒雨淋不会锈蚀,也具有镇妖、辟邪的宗教功能和意义(用铜镇妖,暗寓告警当地不得再滋造事端)。当然,铸造如此贵重的铜柱,所耗费用绝非少许,全是出自溪州的"纳贡"。

las gangs 那贡、纳贡(送给之田),真可谓是取之于民、用之于民。las ghueb 官田、公田、国田,最早管理田土的官叫土正田正 zeix doub zeix las,las zeix 田正,除了整齐外,还有齐全之意,bot zeix 保正(保证一切如常),保证一词由此而来。木、土、水、火、金正源于上古五行之说。《史记·楚世家》云:"重黎为帝喾高辛居火正,其有功,能光融天下,帝喾命曰祝融。"

参加证盟的人均为"上柱国",可谓官职之高。苗语把官员叫 ghob ghueb ghob dud 过国过都,大官叫 mil ghueb mil dud 芈国芈都,做官叫 chud ghueb chud dud 柱国柱都或做国做都。楚早在商时就建国,如《商颂》:"维女荆楚,居国南方。"楚国是以苗族先民为主体民族建立的国家,著名的历史学家范文澜先生在《中国通史简编》第一编中说:"楚国与苗族的关系极为密切,直言之,楚国是苗族建立的国家。"里正、里公、柱国、公都是楚国官名,沿于上古帝喾(炎)设置木正、火正、田正、土正等职官。濮公、僚官(僚国,即大官),是最早的官名,濮、僚是亲族,濮国僚国意思濮公是大官,濮国僚国是中国最早的国名,是"小国寡民"的地域之国,与当今的国家概念不同,现在的公仆、奴仆、官僚均由苗官名演变而来。《战国策·东周策》谓楚国司马景翠"爵为执圭,官为柱国"。景翠为楚国的最高武官,地位仅次于令尹,其爵位为执圭。《战国策·齐策三》载术士问楚将昭阳:"楚之法,覆军杀将,其官爵何也?"昭阳回答说:"官为上柱国,爵为上执圭。"可见有时候,"执圭"或称为"上执圭"。刘邦原来是里亭之亭公,泗水亭亭长,后来是中国第一个穿龙袍的帝王。

上、中、下源于蚩尤发明的苗族九卦,用于管理九九八十一兄弟。苗族学者石宗仁先生认为:"81个弟兄即81个部落长(部落首领),是九黎古国的基层统治者;九大部落联盟长(第一个大部落下辖九个部落长),为九黎古国的中层统治者;而蚩尤为九黎之君,居于九大部落联盟长之上,即为统领九大部落联盟长和81个部落长及广大民众的最高统治者。蚩尤对九黎古国实行上、中、下三级统治并对广大苗民制以刑,强化内部的团聚和统一,以利于一致对外。"

后楚打着楚裔的旗号,官名自然沿袭楚制。因此,参加盟誓证盟的都是上柱国,相当于大臣,位高权重,溪州也有上、中、下之分。明清时期,苗疆腹地永绥(今花垣县)还在称为"上六里红苗",沿袭楚俗。

送彭胡之官保靖

明·杨慎

青枫带楚乡,红旆引吴航。

溪洞连辰浦,峰峦近酉阳。

稻田多有岁,橘树不知霜。

苇簻祈盘瓠,丛词赛竹郎。

蛮歌花节鼓,公宴桂沾浆。

因尔询风土,图经远寄将。

这首《送彭胡之官保靖》是位居明代三大才子之首的杨慎所作,保靖山水风光、民族风情、物产资源及人文景观等跃然纸上。"苇簻祈盘瓠,丛词赛竹郎。"盘瓠遗风依然犹存。龙山隆头码头与保靖隆头码头仅系一河之隔,此地名因盘瓠蛮隆姓、唐姓、刘姓等头人居住而得名。

简而言之,溪州铜柱是溪州刺史彭士愁与楚王马希范"请立柱以为誓""饮血求誓"的碑界,同时也是溪州臣服、成为后楚领地之铁证。

第四节　湘西与屈原

1953年在赫尔辛基颁布四位世界文化名人,中国的屈原名列其中,受到世界和平理事会和全世界人民的隆重纪念。当年端午节前后在北京举办了楚文物展览,首次展出了屈子祠和屈原墓的照片。与此同时,苏联各界在莫斯科集会,隆重纪念屈原逝世二千二百三十周年,费德林院士作了《屈原及其创作》的报告,我国驻苏大使戈宝权在大会上致辞。

2009年9月30日,联合国教科文组织保护非物质文化遗产政府间委员会第四次会议在阿联酋阿布扎比审议并批准了列入《人类非物质文化遗产代表作名录》的76个项目,中国"端午节"名列其中,这是中国首个入选世界非遗的节日。

从此,屈原列入世界文化名人,中国端午节也是世界非物质文化遗产。

一、屈原在湘西的创作是他成为世界文化名人的根本

纵观屈原成为世界文化名人的前前后后,我们认为屈原出生说、文学创作湘西说、死亡说,是支撑他成为世界文化名人的三大支点。"伟大诗人屈原生于湖北秭归,流放漫漫南楚,终于湖南汨罗,其流放行程周遭曲折,扑朔迷离,聚讼纷纭。"① 屈原为战国末期楚国人,是一位杰出的政治家和爱国诗人,名平,字原;楚武王熊通之子屈瑕的后代,湖北秭归人。同许许多多刚刚出生的婴儿一样,屈原一开始只是个不起眼的普通娃娃,不足以成名。后来,他一直在宫中成长,官至左徒、三闾大夫,可算是功成名就,但也不足以成为世界文化名人。因为,即使是帝王将

---

① 舒新宇.破解屈原溆浦之谜[M].北京:东方出版社,2007:130.

●○ 梁德颂 / 提供

相，能够让人们记住的仍是屈指可数，如秦皇汉武，更何况一个三闾大夫。

楚怀王三十年（前299年），屈原回到郢都。同年，秦约怀王武关相会，怀王遂被秦扣留，最终客死秦国；顷襄王即位后继续实施投降政策，屈原再次被逐出郢都，流放江南，辗转流离于沅、湘二水之间。顷襄王二十一年（前278年），秦将白起攻破郢都，屈原悲愤难挨，遂自沉汨罗江，以身殉了自己的政治理想（郭沫若说）。据我们考证，屈原是在顷襄王二十二年（前277年），秦拔我巫、黔中，"伤怀永哀兮，汨俎南土"（《怀沙》）"怀沙砾自沉"，以自身之死，警示国人收复中原，成为千古绝唱。但自古到今，跳水自杀的人不计其数，都难以成为世界文化名人。

屈原一生经历了楚威王、怀王、顷襄王三个时期，而主要活动于楚怀王时期。这个时期正是中国即将实现大一统的前夕，"横则秦帝，纵则楚王"。屈原因出身贵族，又明于治乱，娴于辞令，故而早年深受楚怀王的宠信，位为左徒、三闾大夫。屈原为实现楚国的统一大业，对内积极辅佐怀王变法图强，对外坚决主张联齐抗秦，使楚国一度出现了一个国富兵强、威震诸侯的局面。但是由于在内政外交上屈原与楚国腐朽贵族集团发生了尖锐的矛盾，由于上官大夫等人的嫉妒，屈原后来遭到群小的诬陷和楚怀王的疏远。吏绩不足以让他成为文化名人。

那么成就屈原成为世界文化名人的重要因素是什么呢？应该说是他在沅湘生活九年所书写的楚辞巨篇。屈原的作品计有《离骚》《天问》《九歌》（11篇）、《九章》（9篇）、《招魂》，凡23篇。其中，《离骚》是屈原的代表作，也是中国古代文学史上最长的一首浪漫主义的政治抒情诗。《天问》是古今罕见的奇特诗篇，它以问语连向苍天提出了172个问题，涉及了天文、地理、文学、哲学等许多领域，表现了诗人对传统观念的大胆怀疑和追求真理的科学精神。《九歌》是在民间祭歌的基础上加工而成的一组祭神乐歌，诗中创造了大量神的形象，大多是人神恋歌。

屈原的作品是他坚持"美政"理想，与腐朽的楚国贵族集团进行斗争的实录。

他的"美政"理想表现在作品中,就是"举贤而授能兮,循绳墨而不颇"(《离骚》)。所谓"举贤授能",就是不分贵贱,把真正有才能的人选拔上来治理国家,反对世卿世禄,限制旧贵族对权位的垄断。他还以奴隶傅说、屠夫吕望、商贩宁戚的历史事迹为例,说明了不拘身份选拔人才的合理性。所谓"循绳墨而不颇",就是修明法度,即法不阿贵,限制旧贵族的种种特权。

屈原的"美政"理想反映出了他与楚国腐朽贵族集团及其势力的尖锐对立,表达了他革除弊政的进步要求,而其最终目的就是要挽救祖国危亡,使楚国走上富强的道路。屈原的作品还深刻揭露了楚国政治的黑暗、楚国贵族集团的腐朽和楚王的昏庸,表现了他坚持"美政"理想、坚持节操,"虽九死而犹未悔"的斗争精神;同时表现了他忧国忧民、爱国爱民、矢志献身于楚国的决心。

屈原虽遭谗被疏,甚至被流放,但他始终以楚国的兴亡、人民的疾苦为念,希望楚王幡然悔悟,奋发图强,做个中兴之主。他明知忠贞耿直会招致祸患,但却始终"忍而不能舍也";他明知自己面临着许许多多的危险,在"楚材晋用"的时代完全可以去别国寻求出路,但他却始终不肯离开楚国一步,表现了他对祖国的无限忠诚及其"可与日月争光"的人格与意志。

屈原的作品充满了积极的浪漫主义精神。其主要表现是他将对理想的热烈追求融入了艺术的想象和神奇的意境之中。如《离骚》写他向重华陈辞之后御风而行,他先叩天宫,帝阍闭门不纳;他又下求佚女,佚女恰巧不在那里;他去向宓妃求爱,宓妃却对他无礼;他欲求简狄和二姚,又苦于没有好的媒人去通消息。这种上天入地的幻想与追求反映了屈原在现实中对理想的苦苦探求。此外如《九歌》《天问》等还采用大量神话和历史传说为素材,其想象之大胆、丰富,古今罕有。

除此之外,屈原的作品还以一系列比兴手法来表情达意。如他以鲜花、香草来比喻品行高洁的君子;以臭物、萧艾比喻奸佞或变节的小人;以佩戴香草来象征诗人的品德修养。这种"香草美人"的比兴手法,使现实中的忠奸、美丑、善恶形成鲜明对照,产生了言简意赅、言有尽而意无穷的艺术效果。

屈原的作品形式上参差错落、灵活多变;语言上采用了大量楚地方言,极富于乡土气息;其方言土语大都经过提炼,辞藻华美,传神状貌,极富于表现力。

屈原是中国文学史上第一位伟大的爱国诗人,是浪漫主义诗人的杰出代表。作为一位杰出的政治家和爱国志士,屈原爱祖国爱人民、坚持真理、宁死不屈的精神和他的人格,千百年来感召和哺育着无数中华儿女,尤其是当国家民族处于危难之际,这种精神的感召作用就更加明显。作为一位伟大的诗人,屈原的出现,不仅标志着中国诗歌进入了一个由集体歌唱到个人独创的新时代,而且他所开创的新诗体——楚辞,突破了《诗经》的表现形式,极大地丰富了诗歌的表现力,为中国古代的诗歌创作开辟了一片新天地。后人也因此将《诗经》与《楚辞》并称为"风""骚"。"风""骚"是中国诗歌史上现实主义和浪漫主义两大优良传统的源头。同时,以屈原作品为代表的楚辞还影响到汉赋的形成。

二、屈原选择枉渚作为自己晚年栖身之地的原因

远在公元前二千多年的唐尧时代,就有一个叫善卷的人,因不愿接受舜帝的让位,宣称"余立于宇宙之中,冬日衣皮毛,夏日衣葛……日出而作,日入而息,逍遥于天地之间,而心意自得",自中原而下,隐居于武陵山区的常德德山。"善和德彰",流芳千古,今犹有善卷坛、善卷村、善卷钓台等遗迹。晚年,善卷经桃源、沅陵、泸溪、辰溪以达溆浦,不久又移居沅陵大酉山,此后常常往返于大酉山与卢峰山之间,迄今茔墓(善卷墓在辰溪)和炼丹台犹存。

据《帝王世纪》记载:"帝尧之世,天下大和,百姓无事。有八九十老人,击壤而歌。"这就是我们今天所看到的《击壤歌》:"日出而作,日入而息。凿井而饮,耕田而食。帝力于我何有哉?"正是古时苗民生活的真实写照。善卷把中原文化带进武陵山区,随着楚国疆域的日益开拓,楚国与北方各国频繁接触,不断吸收中原文化,更促进了楚文化不断的发展。战国时,秦将司马错带兵入蜀,后又与张若义带兵入黔中,也丰富了楚文化,湖南龙山里耶出土的秦简足以证明。春申君黄歇(今湖南黔阳人)初封于武陵,今城内有珠履坊和春申君墓。公元前 3 世纪,伟大的爱国诗人屈原被流放于江南,又步善卷的后尘,在沅澧间流浪很久("沅有芷兮澧有兰"),也是从常德德山出发,经桃源至沅陵、泸溪、辰溪、溆浦等地,最后定居于泸溪白沙村(村因屈原曾经居住而得名屈原村)。

屈原流放沅湘,这是无疑的。流是流动、流走,放是放游,一如"放驩兜于崇山,以变南蛮",而不是放逐、贬谪于沅湘。屈原为什么要来沅湘?在沅湘落脚中心地在哪呢?从屈原诗句"朝发枉渚,夜宿辰阳"等诗句来看,我们认为屈原在沅湘期间的生活中心地是在卢溪白沙(今泸溪县的屈望村)。因为这里有屈原的族人、亲人和恋人。屈望村,当地苗语地名叫楚芈、枉渚。楚王芈姓,蛮夷也。盘瓠是蛮夷之祖,也叫卢戎、山

戎；泸溪是盘瓠的故乡，作为帝高阳之裔的屈原回到楚芈，自然是寻根问祖。楚芈村因处于一湾清水回流之地，故又叫汪渚，屈原回到此地，睹物生情，深感自己枉诸而不能言明，"抚情效志兮，冤屈而自抑"（《怀沙》）；从某种角度来说《怀沙》也是一首怀念白沙之"莎"，即怀念白沙之歌。"朝发枉渚，夜宿辰阳"，朝发之前他自然是居住在枉渚了；日复一日，夜以继日，度日成岁，岁岁年年，一住九年。舒新宇先生认为白沙村中还有屈原的亲人"女婆"，女婆就是婶婶、叔母、伯娘、姨娘中的一个。

我们认为"女婆之婵媛兮，申申其詈余"这两句是纯苗语，可转写为：Npadxib sat dandghan xit，reibreib ghead lis wel。汉译为：女婆却发起脾气来呀，喋喋不休地报怨我。

在女性的姓或名前冠以 npad"妣"，构成"妣×"（相当于妇×、女×、大×）是苗语语式。但一般不用于呼格，不指称包括姐姐在内的长辈。这两句里的詈也与上文作诅咒解不同，这是出于关心的抱怨。因此，"女婆"既不是姐姐以上的长辈，而又能对屈原"喋喋不休地报怨"的就只能是他的妻室。

又：婵媛一词古来众说纷纭，王逸解为"牵引"，朱熹解作"眷恋牵持"，钱杲之解为"淑美"，汪瑗解作"妖娆貌"，王夫之解作"婉而相爱"等，都南辕北辙。近人游国恩先生谓："'婵媛'者，盖'嘽咺'之借字。"并引《方言》"凡怒而噎噫谓之胁阋，南

●○ 传芭兮黛舞——屈原《九歌》　　　　吴文炼／摄

楚江湘之间谓之嗔咺"可谓确论。所谓"嗔咺"正是"南楚江湘之间"的苗语 dandghan，读若"诞干"，即"发脾气"之意。申申，reibreib，声貌词，形容抱怨之声又尖又脆。

从十二生肖和二十八宿对应中，我们知道，危、虚、女属子氏族，正是蚩尤氏族的星位。虚女（人星对应）连写，婴女是虚女、辛女的谐音异写，女婴是婴女的倒写，这在苗俗起名中是很常见的。所以女婴也是族人、亲人。枉渚还有能体恤屈原"枉诸"心情的恋人"山鬼"，此山鬼是活人，一如"机灵鬼""小气鬼"等。盘瓠、辛女正是沅湘五溪苗族的先祖。

"入溆浦余儃回兮，迷不知吾所如。"溆浦是苗语溆务溆浦 xib wub xib pux 的省写，溆浦普通话读 xu 即叙音，但当地方言读 ji 音，音同冀，溆务溆浦 jibwub jibpux；溆务即溆水，溆浦意为溆水旁边的山谷盆地，也是苗蛮之地。

1998 年 5 月 14 日，《人民日报》发表了中国作家协会会员、泸溪县苗族本土作家侯自佳先生撰写的《屈原滩，流淌着一支千古不朽的绝唱》文章（此文获全国首届吴伯箫散文大赛优秀奖），其中写道：

一个伟大的灵魂伴随着哗啦啦的流声在这里漫游，一支千古不朽的绝唱掺和着阵阵激浪在这里回旋，世世代代牵动着人们的神思与敬仰，虔诚与梦幻，在漫长的历史河流中勾勒着一幅奇特的画卷……

这就是屈原滩！

屈原滩，位于沅水中游的泸溪县新城白沙镇屈原村边，滩头至滩尾的流长约 5 华里，滩边是一铺平展的大小不等的淡灰色的鹅卵石，以及一坝自然隆起的生长着毛毛草草的沙洲，实为其增添了一片秀色，晨晖夕阳下姿态万千，特别富于诗情画意。

为了千秋万代铭记这位伟大的爱国诗人曾到此一行，人们就将这个小渔村起名为"屈原村"，这个河滩就叫"屈原滩"。

世事沧桑。历史已越过了数千年，但沅水依然：屈原滩，流淌着一支千古不朽的绝唱……①

与此同时，泸溪县乡土文人刘朝玲先生也写出了《枉渚考》，指出枉渚即今天泸溪县白沙村。

---

① 姚本奎.沅水盘瓠文化游览[M].北京：中国文史出版社,2002:53.

20世纪90年代,趁沅陵五强溪电站兴修之机,泸溪县城搬迁白沙,中国天然氧吧县城悄然形成,可谓是没了青浪滩,兴了屈原村。之后,地方又兴修屈原阁、涉江楼、橘颂塔、辛女文化广场、辛女大酒店等文化娱乐设施,武陵山区诗词文人重走屈原文化路,打造诗词之州、文化强州。

三、楚南极地"三风"盛行,造就屈原文学创作的 光辉成就及其对后世文风的影响

春秋以来,楚国在长期独立的发展过程中,无论宗教、艺术、风俗、习惯等都有自己的特点。据史料记载,楚国"三风"(巫风、淫风、乱风)盛行,王逸《楚辞章句》说:"楚国南郢之邑,沅湘之间,其俗信鬼而好祠,其祠必作歌乐鼓舞,以乐诸神。"《楚辞》中的《九歌》,其前身就是当时楚国各地尤其是武陵山区的民间祭神的歌曲,祭坛上女巫装扮诸神,衣服鲜丽、佩服庄严,配合音乐的节奏载歌载舞,很像戏剧场面。这就是那时巫风的具体表现。这种武陵地区原始宗教的巫风对屈原的作品有直接影响。《离骚》的巫咸降神,《招魂》的巫咸下招,以及《楚辞》中凡诗人自我形象的塑造和高贵品德的象征,如高冠长佩,荷衣蕙纕,乃至丰富的神话故事的运用等,都是美好的说明。

除了巫歌对武陵诗风的形成有直接影响,武陵民歌也对武陵诗风的形成产生了积极的作用。远在周初、江汉汝水之间的民歌如《诗经》中的《汉广》《江有汜》等篇就产生在楚国境内。其他文献也保存了不少的楚国民歌,如《子文歌》《楚人歌》《沧浪歌》等都是楚国较早的民间文学,有的歌词每隔一句的末尾用一个语气词,如"兮""些""思"之类,后来便成为《楚辞》的重要形式。时至今日,这种每隔一句的末尾均带一"兮"字的形式还完好地保留在湘境武陵山区民歌的演唱之中,其功能为舒缓上句的语气和思考下句歌词。

《孟子·离娄上》中记载孔子听到的《孺子歌》:"沧浪之水清兮,可以濯我缨;沧浪之水浊兮,可以濯我足。"(沧浪即沅陵的青浪滩)这首歌后见于屈原在武陵山区枉渚居住时写的作品《楚辞·渔父》篇,屈原在沅江边遇到渔父,在与渔父交谈后,渔父划船而去时也唱这首歌。从孔子到屈原时代相距二百多年,这首歌一直在流传,可见它不但是楚地的一首民歌,更是武陵山区的一首民歌。语气词"兮"字用于上下句之间,与楚辞的形式相合。

自公元前3世纪屈原自放武陵,居住泸溪,创造骚体起,至今已有两千多年的

历史。几千年来,武陵诗风名家名著代不乏人,为中国诗歌增添了不可或缺的内容和光彩。

屈原是武陵骚体诗风的拓荒者和创始人。在楚顷襄王十三年（前286年）左右,屈原被第二次放逐。他先从郢都顺江而下到了陵阳（今安徽青阳县南）,停了一段时间后,又溯江而上一直到达辰阳,后又南折入溆浦（辰阳、溆浦均在今湖南沅陵一带）,不久下沅江入洞庭湖,渡湘江而达汨罗。在此期间,他经常披发行吟,创造了骚体,称为楚辞,南方文学蔚为大观。其中《涉江》《离骚》《九歌》《九章》的若干诗篇就是在武陵山区沅水江边白沙村定居时写下的。《橘颂》写于泸溪浦市,当地盛产橘红,橘柚是纪念苗族先祖蚩尤的重要果品。从此武陵地区的民情风俗、山光水色、风云气象等经屈原之手得以展现于世人面前。如《涉江》中写出了武陵山区人民的"奇服"（带长铗之陆离兮,冠切云之崔嵬。被明月兮佩宝璐）;写出了武陵山行船之艰辛,"乘舲船余上沅兮,齐吴榜以击汰。船容与而不进兮,淹回水而凝滞";写出了原生态的环境,"入溆浦余儃佪兮,迷不知吾所如""深林杳以冥冥兮,乃猿狖之所居";写出了武陵山的地貌和气象,"山峻高以蔽日兮,下幽晦以多雨。霰雪纷其无垠兮,云霏霏而承宇",堪称武陵骚体诗风之宗。

公元1世纪,东汉建武年间,马援南征武溪蛮,也是循沅江经桃源直抵沅陵壶头山下,他在此驻军颇久,留下一首《武陵深行》,词曰:"滔滔武水一何深,鸟飞不度,兽不敢临,嗟哉武溪多毒淫！"

自唐代起,题咏武陵者,与日俱增。唐代白居易《自蜀江至洞庭湖口有感而作》:"疑此苗人顽,恃险不终役。"尤以得到王昌龄、孟浩然、王维、李白、杜甫、韩愈、刘禹锡等文坛巨子的吟咏,武陵诗风更为世人所重视。历代赓歌者不绝,于是连篇累牍,愈积愈多,不可胜计。其中,诗人刘禹锡是武陵诗风的又一个标志性作家。他早年政治热情很高,唐顺宗永贞元年（805年）,刘禹锡参加了王叔之为首的革新集团,力图改革弊政,实现中兴。然而时隔不久,革新运动便惨遭失败,刘禹锡因此被贬为朗州（今湖南常德）司马。其间,写作了大量反映武陵山区最具地方特色的诗歌作品,如《蛮子歌》:"蛮语钩辀音,蛮衣斑斓布。熏狸掘沙鼠,时节祠盘瓠。忽逢乘马客,恍若惊麇顾。腰斧上高山,意行无旧路。"

这首《蛮子歌》,几乎把武陵山区人民的衣、食、住、行等方面的特征统统凝聚在其中。他们有自己独特的语言,独特的衣着,他们的生活十分艰苦,却念念不忘自己的祖先,每到时节就要去祭祀盘瓠。他们很少与外人往来,见到生人就逃避。

他们身形矫健,"腰斧"上山、如履平地……这是在文学史上首次出现真实的武陵人形象。为后人研究武陵地区历史风貌留下了宝贵的资料。此外,他还写有《獠猺歌》《武陵城外观火》《晚岁登武陵城顾望水陆有感》《游桃源一百韵》等,对武陵诗风的发展做出了不朽的贡献。

湘境武陵诗风的格式,在先秦至汉代时期,以骚体为主,每句长短不定,篇幅大小不限,比较自由,其标志是上下句间有一个"兮"字。魏晋以后,多以五言古风著称。到了唐代,格律知识得以普及,写近体诗的人逐渐增多,之后,近体诗成了武陵诗风的主流。

楚南巫风及楚辞的后世影响,还造就了一代文豪沈从文,他写下了《边城》《湘行散记》《长河》等反映沅湘风土人物的传世佳作。正如沈从文自己所说的那样:"当时我心想:多古怪的一切!两千年前那个楚国逐臣屈原,若本身不被放逐,疯疯癫癫来到这种充满了奇异光彩的地方,目击身经这些惊心动魄的景物,两千年来的读书人,或许就没有福分读《九章》那类的文章,中国文学史也就不会如现在的样子了。""在这苗蛮杂处的一个边镇上……""这时节我所眼见的光景,或许就和两千年前屈原所见的完全一样。"(《箱子岩》)①

四、屈原研究要回归楚辞,以诗证史,推陈出新

正如方铭先生所指出的那样:"而在国内的学者中,更有一批来自屈原故乡或曾经生活过的地区的学者,他们的研究常常给屈原及楚辞研究以新的启迪。"

自 20 世纪 80 年代起,一批苗族学者从楚俗与苗俗、楚语与苗语、楚物与苗物等方面,对楚辞进行比较研究,取得了令人惊喜的成果。如苗族学者龙文玉、龙海清二人在上海《学术月刊》发表了《屈原族别初探》的文章,引起学术界的普遍关注。苗族学者龙文玉、麻荣远先生连续发表了《苗语与楚语》《苗物与楚物》《九歌本源辩正》等文,指出楚语其实就是苗语,所谓楚物也就是苗物。龙文玉、麻荣远先生指出"沙"是苗语 sead 的借音字,现在看来仍然是合理的。因为有《惜诵》比较可以做旁证。诵和"沙"苗语都是诗歌(汉语有颂歌一词,颂与诵音义同)的意思。单称时,唱歌一般称"謷沙",但合称可成"謷诵謷沙"四字格形式。惜和怀意义相近,诵和沙意义相同,惜

---

① 沈从文.沈从文散文选集[M].天津:百花文艺出版社,2009:170.

诵和怀沙正好成一对。诵和讼同音,意义也有联系。苗族学者刘自齐先生认为,《离骚》之骚是苗语,即"歌",《离骚》是离别之歌。在古代,苗人的诗歌用途很广,不仅娱乐,在争讼的场合,也要用对歌的方式解决。所以,吃官司,苗语称"着沙"。又传说雷神是解决争讼的能手,而雷神苗语即称"讼"。这是讼、诵的由来。石宗仁先生认为:"怀沙",苗语译音,"沙",意为唱歌,指一种比"骚调"较为平缓的调子,具有叙事性强的特点。"沙"相同于现今湘西苗族歌调中的《平腔》。"怀沙"意为唱歌。[①]石宗仁先生在其所著《荆楚与支那》一书中,还详细论述了楚国与苗族的关系。

我们从苗汉语的历史比较角度对楚辞进行了进一步的研究,结果也是令人鼓舞的。苗族东部方言关于"乃嫯玛荀"(盘瓠辛女)传说,实际上早在《楚辞》中就有所反应,只是没有引起足够的注意罢了。《离骚》的开头二句便说"帝高阳之苗裔兮,朕皇考曰伯庸"。这里的"帝"是母的意思,一如下面的"皇"是父的意思一样。"帝高阳之苗裔"指母系祖先出于高阳氏,出身神圣高贵。"皇考曰伯庸"指父系祖先出身至平庸。两句合起来,一如"乃嫯玛荀"传说乃嫯出身神圣高贵,玛荀则至平庸然。此点还可以从《大戴记》得到进一步确认。《大戴记》说楚的祖先陆终氏"取于鬼方氏……谓之女隤氏,产六子"。鬼贵同音,取于鬼方所以称女隤,一如取于齐姜或申姜叫妇姜一样。鬼贵本有神圣高贵之意,则女隤出身之高贵神圣一如苗族传说之乃嫯然。乃嫯产的是六子,女隤产的也是六子,女、母、奶、娘本相通,且高辛氏又即帝喾,喾与鬼又为同音,则鬼方实又即喾方。所以女隤也就是乃嫯,从而辛女、乃嫯、女隤同一来源。由此可以证明,楚苗同根同源,屈原为苗族。湖北荆门楚墓出土的"包山二号竹简"载有"楚先,老童、祝融、媸酓"。这区区数字对楚史、苗史乃至整个中国古代史都有重大的意义,古史争论的许多问题和误解都可因此而得以止息。[②]

毫不夸张地说,如果屈原没有流放沅湘,没有屈原在湘西的九年生活,可能就不会有楚辞的出现,他可能就不会成为文化名人,更不会成为后来的世界文化名人。因此,研究屈原的重点地区不是在他的出生地秭归,也不是在他的投江地汨罗,而是在他的创作地湘西。

---

① 石宗仁.荆楚与支那[M].北京:民族出版社,2008:241.

② 麻荣远、吴心源.破解易经的新视觉[M].昆明:云南民族出版社,2011:197.

●○ 薄雾浣夯吉　　　王胜 / 提供

吕洞山浪漫故事

喝水莫忘源头水，讲古开天辟地起。吕洞山从哪里来，苗族古话传至今……

第五章

05

第一节　吕洞山开天辟地神话

喝水莫忘源头水,讲古开天辟地起。吕洞山从哪里来,苗族古话传至今……

苗族人代代相传,他们的先祖盘古手持神斧,开辟天地,最后力竭身死,化为山川平野、江河湖海、花草林木,其中就有吕洞山。

吕洞山苗族古歌中传唱:"不知混沌几时起,混沌一团盘古生。盘古拔牙化神斧,神斧劈开混沌气。清气上升化为天,浑浊下沉变成地。后世子孙要记住,始祖盘古开天地……"

话说,天地存在之前,是一团混沌黑气,如同一枚鸡蛋,盘古在里面睡了整整18 000岁。有一天,他突然醒来,眼前黑漆漆的。他无法忍受这团混沌黑气,拔下一颗牙齿做斧头,扯出一根肋骨做斧柄。然后,他手持大斧,用力向混沌黑气一斧劈去,冒出几丝清气缓缓上升,溅飞几片浑浊慢慢下沉。看到混沌黑气有点松动,他一斧接一斧劈下去,不知劈了多少斧,终于把混沌黑气劈开。上升之气聚集变成了

天,下沉的浑浊堆积化为了地。

浑浊化成的大地,一眼望去,全是突起的棱角,无边无际、密密麻麻、锋利无比,连落脚的地方都找不到。这样的大地,根本没什么用处,还得加工一下。盘古想了想,挥起神斧朝大地削去。这一斧,劈飞了大片棱角,地面变得宽广平坦;那一斧,用力过猛,劈出一个大窝,深不可测。有时,他的斧头把棱角拦腰劈断;有时,他的斧头只削去棱角尖尖。棱角太多了,劈也劈不完。他只好白天劈了,晚上劈,一年接一年,劈个不停。

为了顺利向前劈,他先用斧头开辟通道。然后,沿着通道往前劈去。他一路走,一路劈。劈到哪里,通道跟到哪里。在他身后拖出一条条深深浅浅、长长短短、宽宽窄窄、弯弯翘翘的痕迹。

盘古心想,地实在太宽了,个人的精力再大也是有限的,如果漫无目的去劈,很可能造成不必要的重复劳动,浪费力气。为此,他制定一个路线图。他从南方劈起,沿着顺时针方向,转向西方,再向北方,最后到达东方。这一路劈来,不知道过了多少寒暑,走了多长行程,累得他只剩下一口气了。再劈下去,他就要倒下了。后人据此传说,写下了《山海经图志》。

就在他准备收工的时候,总觉得少了点什么。想了一下,原来是少了一处"五龙抢宝之地"。经过一番选择,他把"五龙抢宝之地"定在棱角与平坦的交界处。趁着还有一丝余力,他日夜不停地劈削。不知过了多少年,就在五条龙张牙舞爪、起伏翻转冲向宝地,抢夺珍宝的时候,盘古的身体突然像注水的海绵一样,软得没有一丝力气,连斧头也握不住了。他知道他的生命走到了尽头,在生命的最后一刻,他恋恋不舍地朝着他开辟的天地匆匆看了一眼,呼出一口气,呐喊一声,仰面朝天,缓缓倒下了。他的神斧也跟随着他掉到了地上,斧背触地,斧刃朝天,永久矗立于他开辟的天地之间。

从他挥出第一斧,到他永远躺在大地上,18 000 年时间过去了。盘古用他的神力、神斧,坚定不移的信仰和一往无前的勇气,为人类、为后世,开辟了赖以生存的天地及护佑子孙的五龙护宝之地。他开辟的不仅是天地,更是人类永恒的景仰。他是我们人类共同的始祖,永垂不朽的始祖!

盘古虽然倒下了,但他与天地同在。吕洞山的苗族古歌流传:"盘古挥斧劈天地,天地劈开气力尽。身躯倒下化为宝,天地从此生光辉。日月星辰光芒洒,山环水绕草木盛。风云雷电降雨雪,沃土千里地生金……"

很多人知道，盘古倒下的一瞬，身体各部分朝四面八方飞散。接着，天地像幻灯片一样，出现了神奇一幕。他的肌肉触到突起的地方，山峰山脉拔地而起；压到平坦的地方，平地平原徐徐铺展；落到凹陷的地方，天坑地缝按入地下。他的筋脉沿着无数的通道向前延伸，道路、峡谷顿时纵横交错。他的血液顺着峡谷流去，小河流水，大河奔腾，汇入天坑地缝，湖泊荡漾，海浪汹涌。他的左眼、右眼、头发、胡须朝天空飞去，左眼化为金灿灿的太阳，右眼化为银晃晃的月亮，头发和胡须化为满天闪烁的星星。他的皮肤和汗毛，覆盖在大地上，化为连绵的草地和茂盛的森林。他的牙齿和骨骼，化为坚硬的岩石、闪光的金属和璀璨的珠宝。他挥洒的汗水，降落成密集的雨水，凝结为晶莹的露珠。他最后的一口气，化为来去无影的风和千变万化的云。他最后的一声呐喊，隆隆作响，化为惊天动地的雷霆。

盘古慢慢倒下，神斧也从他的手中缓缓坠落。斧背贴地，一座大山随之雄起；斧刃朝天，一面绝壁跟着矗立。大山扛着绝壁，纹丝不动地挺立在天地之间，威风八面，雄镇四方。吕洞山苗族古歌记载："盘古开天辟地成，又凿五龙抢宝地。力竭气消斧掉落，从此大山顶绝壁。""大山顶绝壁"，顶的是一座永恒的丰碑，顶的是盘古开天辟地立下的不朽功勋。这座山，就是盘古神斧变成的山，苗族人世代祭祀的苗祖圣山——吕洞山，五龙抢夺的宝地。

"阻断南北岭，雄视万河山。一壁横绝顶，直插青云天"，说的是吕洞山的壮观、雄奇和无与伦比的气势。在由北向南或由南向北奔驰的一条条山脉中，吕洞山无比霸道地横切一刀，南北走向的山脉，要么生生地被切断，要么乖乖地绕道走，形成了一个巨大的旋涡，围绕着吕洞山旋转。吕洞山顶，绝壁临空，凹凸不平。就像劈砍过度的斧刃，缺口斑斑，犬牙交错。由此可见，盘古用了多么大的力气，才把如此坚硬、厚实的斧刃，劈得残缺不全。而绝壁上一大一小两个凿通斧头的穿洞，犹如画龙点睛，不仅让吕洞山独步天下，还给吕洞山平添了无限的遐想，那是吕洞山的另一个故事了。

龙虎山脉、矮坡山脉、龙潭山脉、排沙山脉以及格如山脉，从四面八方，蜿蜒起伏，争先恐后，势不可挡地朝吕洞山奔来。这是盘古开凿的五条神龙，来吕洞山抢宝的。至于宝被盘古藏在吕洞山的哪个角落，只有他知道。因此，这五条龙只能继续抢下去。

千年说，万年唱。自从盘古开天地，神斧化为吕洞山，吕洞山的故事从此说不尽，唱不完。

第二节　吕洞山山水流韵

　　展现雄奇而壮丽的风景，孕育凄美而动人的传说，酿造浓郁而多彩的风情，出产著名而优质的特产。在吕洞山苗区这块土地上，古往今来，传奇不断；名山名水，美名远扬。

　　这里的名山名水，看起来如画，听起来如歌，吟起来如诗。这里的名山名水，等着人们去采撷。

苗祖圣山吕洞山

　　吕洞山，上苍的杰作，大地的传奇，苗族人的祖公山，苗乡大地的"苗祖圣山"。条条山脉由南向北夹着深沟险谷奔驰，一条东西走向的山岭，从西边横插过来，阻住了山脉、峡谷的去路。在这条横插过来的山岭上，一堵绝壁破岭而出，横立岭巅。远观，如巨人昂首，仰视苍穹。近看，如三剑并列，直刺云天。绝壁之上，两个洞眼穿壁而过，一小一大并排竖立，如同把"吕"字向左翻转了九十度。因为这两个形似"吕"字的洞，这座山被人称为"吕洞山"。

　　环山而居的苗族人，称吕洞山为"高剖"，译成汉语叫"祖公山"。吕洞山的南、北、东三面，被峡谷包抄。西面握住十字坪，牵手高娘山。山顶上的绝壁，顺着山岭的走向横立西东。如果没有直观感受，可以这么想象：上天在大地上筑造了一个巨大的方形基座，基座由下往上收缩，快要收缩到顶时，在顶上安放一块横碑。从基座底部到碑顶，有上千米的高度差。以山为基座，只有大地能筑；以崖作横碑，只有上天能立。如此宏碑，恐怕只有漫漫岁月，能读懂其中含义。崖顶凹凸不平，有人说是盘古开天辟地时，以崖为斧劈缺的；也有人说是锲而不舍的风雨不停地啃噬，啃

●○ 渡龙舞　　　龙清彰／摄

成那个样子的。

可能感觉山顶的绝壁有点单调，上天在绝壁上凿通两个洞。不知是不是有意而为，这两个洞，如同一双竖着的眼睛，一只睁大，一只微闭，似乎在思考什么问题，怎么看都有点高深莫测。因为这两个洞，吕洞山一跃而为天下名山，成为湘西世界地质公园的著名标志。因为这两个洞，引发苗族人无尽的猜想和生生世世的传说。

绝壁立于山顶，形状千变万化。绕吕洞山看吕洞山，不同的角度显示出不同的模样。像擎天之柱、像马鞍飞落、像骆驼跋涉、像斧头倒立，巍巍高耸，壮观天地。而从正南、正北方向观赏，两洞穿崖的样子，才是吕洞山最经典、最深入人心的形象。因此，苗族人把祭坛设在吕洞山正北方的一面山坡上。从祭坛看，吕洞山的一双眼睛炯炯有神，仿如先祖降临，仿佛把人心看透。

绝壁下的山体，南北两面，刀切斧削，悬崖高挂，猿猴难攀。东面沿山肩甩下一条山坡，斜斜地冲到谷底的小河。若不怕艰难，可沿着东面的斜坡，攀爬到绝壁之下，到达绝壁大洞的洞口。据说，吕洞山景区规划中，将修建游步道，直通大洞洞口，让人翘首期盼。

吕洞山位于保靖县东南部的吕洞山镇境内。沿公路走，距保靖县城约 120 千米，距花垣县城约 80 千米，距湘西州府吉首市区约 21 千米。说千道万，不如一见。神奇的吕洞山，吕洞山的神奇，等你来。

吕洞山苗族文化溯源　　……　　120

忠贞不渝高娘山

苗族人称,站在吕洞山西侧,与吕洞山并排,手挽吕洞山,且高出吕洞山的那座山为高娘山。"高娘"是苗语山名,译成汉语叫"祖婆山"。高娘山是湘西自治州南部最高的山,主峰海拔1 227米。

高娘山从主峰出发,由北向南倾斜,一直斜到十字坪上。东、西、北三面临崖。东面的山崖中,突出一条岭坎,好像伸出一只手臂与吕洞山相牵。西面的悬岩上,抛出一条山脉,由西向东环绕吕洞山。这个形状,如同高娘山面向北方伫立,由北向南倾斜的山坡,是她飘飘洒洒的长发。向东突出的岭坎,是她伸出的右臂,紧紧牵住吕洞山的右肩。向西抻出,尔后向东蜿蜒的山脉,是她伸出的左手,轻轻挽住吕洞山的后腰。这两座山,让苗族人产生无限遐想。遐想成花前月下、亲密无间的恋人;遐想成海枯石烂、生死不渝的爱人。多少的花前月下,多少的山盟海誓,与祖婆山和祖公山亿万年的相守、相携、相亲、相爱相比,皆苍白无力。

苗族人认为,这是因为上苍开辟吕洞山的时候,就已考虑给他配一个伴侣。于是,在他的西侧筑造高娘山。所以,高娘山看起来像个秀丽、端庄的苗族姑娘。从十字坪起步,沿着斜坡往上走二三里许,可抵达高娘山的山顶。这条斜坡好像是为苗族人的生存繁衍而专门打造的。坡上覆盖一层细腻而松散的黑土,黑土厚实而肥沃。苗族的祖先把黑土开垦出来,播撒满坡的玉米,满地的大豆。年年播种,岁岁丰收,滋养了一代代苗族人。

从高娘山顶四下望去,山峰林立,山脉起伏,或远去,或奔来,或原地踏步。高娘山如同被一望无际的大海紧紧包围,大海正经受台风的袭击,掀起了滔天的波浪。这样的场面,看得人惊心动魄。四方风来,夹着各种声响,围着高娘山呼喊,似龙吟虎啸,似万马嘶吼,又似猿猴啼叫。这些声响,难道是高娘山的召唤引起了天地共振?高耸入云的高娘山,此时如同君临天下,接受万山朝拜。此刻,天地相衔,风光壮丽,景色雄奇。骚客登顶,必吟荡气回肠之诗;文人莅临,必书出豪情万丈之章。

苗族人说,祖公山是一名战士,日夜站岗放哨,守护苗乡安宁。祖婆山是一位保姆,终年辛勤劳作,滋养苗区生灵。因为得到祖公山的守护和祖婆山的滋养,苗族的子孙后代,从此江河奔涌、延绵不绝。

千年沃土十字坪

　　吕洞山西边的山脉,高娘山南坡的坡脚,是两块一小一大相连的十字坪。十字坪,顾名思义是十字形的平土。这两块十字坪,陷在群山中,躺在山脉上,造型世间罕见。这两块十字坪,好似经过精心设计,犹如神助地推开崇山峻岭,把平土恰到好处地铺在山脉上。这两块十字坪,对居住在高山深谷,平地极其稀缺,以农耕为生的苗族人来说,万金不换,无比珍贵。这是苍天对善良的苗族人给予的眷顾,这是大地对勤劳的苗族人予以的回馈。如果不是苍天的眷顾、大地的回馈,还有什么理由可以解释,这两块十字坪能够在山脉上奇迹般地展开。

　　一坝宽敞的平土,由北向南画了长长一竖;两坝一短一长的平土,由西向东画了两横。一竖两横相交,如同"半"字少了两点,形成两个相连的十字,这就是十字坪的由来。北边的十字坪小一点,叫小十字坪;南边的十字坪大一些,叫大十字坪。苗族人合起来统称为十字坪。

　　十字坪还有一个称呼,叫"千年土"。可理解为,十字坪的土可耕种千万年,或者千万年后照样可以耕种。何以如此,因为十字坪上覆盖的那一层平展展的、黑乎乎的、蓬松松的、厚不到底的沃土,让人一看,不由得产生耕种的欲望。春天,苗族人举起锄头轻轻落下,嚓的一声,锄头就没进土里了。再轻轻一扳,锄头就把土翻过来了。锄头能挖多深,土就有多深,从没有人挖到底子。翻出来的土润润的、黏黏的,沾在手掌上甩也甩不开。就算太阳连续照它两三个月,其他地方照得河流干涸,土地炸坼,十字坪上的土翻过来,照样又润又黏。如果碰到雨水下它个十天半月,别的地方河水猛涨,庄稼淹没,十字坪上看不到一瓢积水。那是因为雨水一落到十字坪上,眨眼工夫就消失得无影无踪。因此,不管遇旱,还是遇涝,十字坪照常种瓜得瓜,种豆得豆,千年如此。因此得名"千年土"。

　　十字坪总长五六里,小十字坪宽约一二里,大十字坪宽约三四里,海拔800多米,是高山上的一块台地。以耕种为生的苗族人,视土地为命根子。十字坪,是上天赐给苗族人的一块沃土,被苗族人视为心头肉。苗族人一代又一代在十字坪耕作,一代又一代薪火相传。

　　现有公路通到十字坪,上十字坪耕作更加方便,十字坪愈加珍贵。

祈天求福望天坡

山上有山,坡上有坡,台地上还有台地,讲的就是望天坡。

望天坡,在苗族人的解说中有两种含义:一是指这条坡很陡,往坡上看,就像仰头望天一样;二是指坡上是苗族人祈天求福的地方。不管哪种解释,望天坡注定是一条不平凡的坡,一条高耸云天的坡,一条带有神迹的坡。

从十字坪北端的东侧上坡,这条坡就是望天坡。望天坡好像是天上吊下来的一根绳子,曲曲弯弯贴在山坡上。望天坡巴在山坡上,山坡的坡度几近垂直于天地,若不是苗族人有意将上坡路凿得弯弯翘翘,来回缠绕,恐怕谁也爬不上去。爬望天坡的人有这么一种感觉,身子如同与山坡粘在一起,山坡几乎触到鼻子。使劲仰头,把脸仰到最大的幅度,才勉强看到坡顶消失在云端里。"望天坡、望天坡,苍天落坡顶,坡顶从天落。"这是苗族人对望天坡的生动描述。

如果说爬望天坡是人生中最具难度的挑战之一,那么站在望天坡顶上,则是人生最难得的享受之一。谁也想不到,望天坡顶,是一连片起伏的小山丘。山丘四周,有山峰簇拥,有山脉逶迤,还有山谷深切。人伫立其上,极目四方,如同站在茫茫大海中,不知所向、所往。此时的望天坡顶,仿如一艘行驶在汪洋大海中的小船,无数的惊涛骇浪迎面扑来,小船摇摇晃晃,随时有可能葬身于无边的巨浪中。赶快回过神来,发现自己仍站在山丘上,脚底下稳稳当当,才知道那不是真的,是幻觉。

东北方,吕洞山被峡谷阻挡侧身而立。西北方,隔十字坪看高娘山长发飞扬。东、

●○ 望天坡上望天歌　　　　湘西州电视台/摄

南、西三面毗邻峡谷，如同巨斧切开，睁眼俯视，头晕目眩，望不到底。白云飘来，静静地浮在坡顶，人站在下面，伸手可摘取。此时，天地一体，苍茫辽阔，群山苍茫，浩渺无际，视野所及，万籁寂静。在这里祈天，上天很容易听到。所以，此地成为苗族人祈天的地方。

以前，河谷里的苗族人沿着小路上望天坡耕种，得从吕洞山脚往上爬坡，到达十字坪。再爬望天坡，最后到达望天坡顶。一路艰辛苦，难以言说。山上有山，坡上有坡，台地上还有台地的说法，由此而来。现在，有公路直达望天坡顶，可以免去爬坡的艰辛。

以前，坡顶开辟成吕洞山茶场，出产岚针茶，后来茶园被毁掉。现在开辟成景区，深受各地游客青睐。

峰峻瀑飞大烽冲

吕洞山南面，距主峰约 6 千米处，一条逼窄、幽深、如刀切斧削的峡谷，自十字坪南端的山脉底下，向东凿通崇山峻岭，切开坚岩硬石，挤出一条大约 10 千米长的通道，汇入夯沙峡谷。这条通道是一条集深、险、窄、幽为一体的峡谷。苗族人称为"夯大戈"，汉语叫"大烽冲"。谷底有条小河，河水清得如同浮在空气中，河底的水草、沙石纤毫毕现。不知什么原因，上天开凿大烽冲时，还未凿平、凿直，就匆匆忙忙走了，留下一条高高低低、凸凸凹凹的峡谷，陷在群山里无法动弹。河水不得不在东倒西歪的石头间左冲右突、蹦蹦跳跳，向前突围。直到一头扎进夯沙峡谷中的夯沙河，才终于放心地奔向远方。

大烽冲，是吕洞山区最负盛名的一条峡谷。峡谷自外而内，先阔后窄，呈喇叭状。最外沿的谷口，山脉后退，稻田成坝。朝谷内行 1 千米，大烽下寨木柱黑瓦，依山傍田，美如图画。再朝谷内行 1 千米，两边山脉突然收拢，贴在悬崖下的大烽上寨，如人间仙境，扑面而来。清凌凌的河水，冲开寨脚的岩石，艰难流过。从大烽上寨上行，两边悬崖如墙，拼命向峡谷中挤压。一两里后，谷底只剩下一条羊肠小道，傍在河两岸来回交替向前延伸，一直延伸至峡谷尽头。

从谷口到谷源头，峡谷大致呈四级自然递升。冲里到处悬挂瀑布，大小瀑布有十多个。最有特色的瀑布是指环瀑布、驼峰瀑布。指环瀑布，是亿万年的水，从上而下倾泻，硬生生地穿通了一块挡道的石板，使河水顺利地从岩石中间穿过孔洞，掉入瀑底的深潭。那块穿通的石板，就像一枚戒指，戴在飞落的瀑水上，因此得名指

●○ 驼峰瀑布　　　　吴心源／摄　　　　●○ 大烽冲指环瀑布　　　　吴心源／摄

环瀑布。据苗族人说，他们的祖婆高娘在瀑布前浣洗时，一不小心，指环卡在瀑布上，再也取不出来了，最后化为石头，形成指环瀑布这处天下奇观。驼峰瀑布从驼峰的半山腰飞流直下，像一块白纱轻轻飘落，中间遇到石坎阻拦，打了个折褶继续飘下来。据苗族人说，驼峰是他们的祖婆高娘的坐骑神驼化成的。高娘化为山后，她乘坐的神驼泪流不止，化为高耸的驼峰，泪水哗哗掉落，化为瀑布。

　　大烽冲里，还有像帕子、帘子、坠子、带子等形状的瀑布。这些瀑布把一条悬岩对峙，起起落落的峡谷，打扮得银光闪烁，舞姿翩翩，美不胜收。

歌声荡漾夯沙河

　　夯沙是苗语地名，译成汉语意思是"歌声荡漾的峡谷"。夯沙峡谷从吕洞山北侧、高娘山东侧、李树岭南侧围成的山谷出发。朝东推开1千米路程后，绕吕洞山脚右拐，然后开山劈岭、一往无前向南闯去。走30千米后，汇入峒河峡谷，步入新的天地。

　　一座座大山，气势汹汹拦住去路；一条条岭坎，张牙舞爪阻挡前行。夯沙峡谷不得不绕来拐去、碰碰磕磕地向前挪动。谷底夹在铜墙铁壁的悬崖下，两边挤压过

●○ 苗祖圣山文化研讨
会盛况　　　吴心源／摄

●○ 来自云南、贵州、湖
南、重庆等地的学者和表演嘉
宾合影　　　吴心源／提供

●○ 歌声飘荡的峡谷　　　吴心源／摄

来的山脉,被峡谷死死撑住,才保留住一条狭窄的通道,在山丛中穿行。

按以往的经验,峡谷大多是由河流冲刷出来的。越深越险的峡谷,河水流得越急越猛。夯沙峡谷也不例外,谷底有条小河,形影不离地陪伴着峡谷。没受到什么刺激时,河水不急不缓地在沙子上轻轻滑过,让人难以想象又深又险的夯沙峡谷,居然是由这条河冲出来的。如果暴雨把它惹急了,河水就会疯狂嘶吼,掀起滔天浊浪,在峡谷中横冲直撞,经常做出一些破堤毁田、冲垮房屋的祸事。看到这样的情景,让人恍然大悟,这果真是一条能够创造深险峡谷的河流。因为河流在夯沙峡谷中流淌,这条河流叫夯沙河。

有水,就有人扎根。有人,就有房子竖起。有房子,就有寨子拔地而起。有寨子,就有田土围在寨子周边,依山就势开垦。沿夯沙河而下,十几个苗族村寨,时而河左,时而河右,把刷得黑油油的木房子一栋接一栋铺开。遇到房屋多,河谷里实在容纳不下,房屋就一层接一层,往山坡上重叠,一直叠到无法落脚的陡坡上。

河边至山脚,寸土寸金,全被苗族人开成水田。迎着溪流上坡,水田一级级开上山坡,一直开到陡峭的丛林、岩石边缘。遇到平缓、缺水的山坡,苗族人开成旱土,种苞谷、红薯、蔬菜。对那些既开不成田,又开不成土的山坡,任由树木自然生长,最后绵延成茫茫的森林。

上万苗族人在夯沙河两岸生儿育女,耕田种地,走亲访友,赶场赴会。疲劳时,他们唱起苗歌解解乏;烦恼时,他们唱起苗歌解解闷;高兴时,他们唱起苗歌助助兴。生活劳作、婚丧嫁娶、生儿育女、约会求偶,苗歌始终相随。因此,峡谷被苗族人称为"歌声荡漾的峡谷",河流被苗族人叫作"歌声荡漾的河流"。

财喜天降金落河

传说,财神爷手持金元宝,去找吕洞山议事。飞过金落河上空时,被金落河的美景迷得神魂颠倒,伸手去拿画笔,想画下金落河的景色,回头好生欣赏。不料,手掌一松,金元宝掉到河里去了。从此这条河就叫金落河。

两条雄峻的山脉像伸出两条长腿,从吕洞山西北坡蹬出去后,便一发而不可收地朝前伸展,并用力夹紧一条河谷,削山切岭、蜿蜒跟随。伴着河谷走的,还有两面青幽幽的山坡,一级级往上跃升的梯田,一片片黑压压的村寨,一栋栋比肩接踵的木房子。

谷底有条小河。河水时急时缓,时深时浅,全看弯子的形状和河床的宽窄。如果河流弯得像一张拉满的弓,河水在转弯抹角处必遇前阻后推,不得不来来回回打旋涡,搅出一大潭绿汁后,再往下流。这些水潭,深的可冒过人头,浅的也能没过裤腰。如果河流平铺直叙向前赶路,河水就会掀起高低不平的波浪,并发出"哗啦啦"的声响,争先恐后消失在山弯处。

河床宽时,声小浪小,河水在膝盖底下淌过,尽量轻手轻脚;河床窄时,声大浪大,河水撞在大腿上,就有点让人站不稳当了。金落河,虽然看不出特别之处,也找不到两处相同的地方,但很容易让人记住。因为,传说金洛姑娘就住在金落河边,那是一位美名远扬的苗族姑娘。看到她,鱼不敢跃出水面,雁飞不上高空。

因那位美若天仙的金洛姑娘,沿河的山、水、田、林、谷以及村庄、房舍和人家,在金洛姑娘的衬托下,美丽如画。

金洛姑娘在哪里? 两柱峻峰,笔立在半坡中,将军峰挺在前面,元帅峰矗在后头,如"哼哈"二将,警惕地向四周扫射,不放过一丝一毫响动。往后,断崖千仞,壁立如墙,一道不可逾越的天堑,阻隔天地和所有的去路。有了将军、元帅的守卫和断崖的屏护,金洛姑娘就可以安安心心地在河中沐浴了。千万年来,寻她的人到此,只能望峰兴叹,对崖发愁,无缘见她一面。

上百栋八字顶、小青瓦、松柱头、杉木板拼接的房子,依山面水,横连纵叠躺在谷底一侧,或爬上谷边的山坡,这就是在此生活上千年的金落河人家。每户人家用桐油把板壁、柱头刷得比墨汁还油黑。这种家家一色的场景,让初来乍到的人怎么也分不清谁是谁家。

金落河,不长,水也不深,因为金子掉进河里,因为金洛姑娘的美,就是让人着迷。

●○ 夯沙边边场　　　吴心源 / 摄

吕洞山苗族文化溯源　…… **128**

茶园铺满黄金河

总是有人问，黄金河是不是一条可以淘出黄金的河流。在这里可以负责任地告诉你，黄金河淘不出黄金。

黄金河虽然不产黄金，但生产比黄金还珍贵的黄金茶。"一两黄金一两茶"说的就是黄金茶。之所以说黄金茶比黄金还珍贵，是因为黄金再多也可以采完，而黄金茶可以年年岁岁采下去，可以让老百姓世世代代富下去。这样的价值，岂是黄金可比？因河两岸铺满茶园，茶园里种满黄金茶，河流自然而然称为黄金河。

黄金河起源于吕洞山东北坡下的一条峡谷。流经保靖县吕洞山镇夯吉村、傍海村、黄金村。最后，在吉首市马颈坳镇隘口村下游 5 千米处汇入司马河。全程约 30 千米。

流程不长，河水不深，放在大千世界中根本不起眼的黄金河。因为出产黄金茶的缘故，这条河变得风光旖旎、璀璨夺目、声名远播。

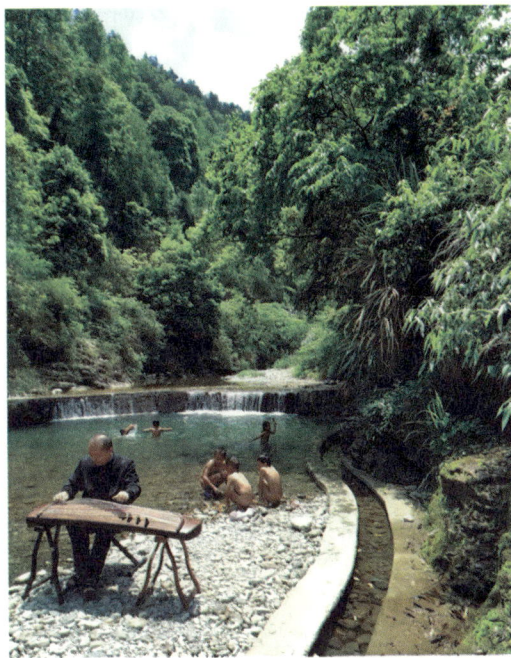

●○ 高山流水黄金河　　　吴心源／摄

从隘口村溯流而上，直至夯吉村，河边、路边、村边、山边全是青翠的黄金茶园。茶园还顺着山坡往上爬，一级级爬到山顶上。经过的村寨，皆是一栋栋新建的楼房。村寨的路旁，停满了小汽车。黄金茶改变了黄金河的风景，也改变了沿途村民的生活。

这么多的黄金茶从哪里来的？是从黄金村古茶园的古茶树枝条扦插而来的，是村民们种植出来的。吕洞山镇黄金村，是黄金茶的源头，黄金茶的祖根，黄金茶的故乡。黄金村有 7 片黄金茶古茶园，面积为 14.86 万平方米，存有主干围径 30 厘米以上的古茶树 2 057 株,其中明代古茶树 718 株,清代古茶树 1 339 株。2009 年,保靖黄金茶获得农业部颁发的"农产品地理标志登记证书"而予以国家层面的登记保护。2020年,保靖黄金茶被农业农村部列入"中国农业文化遗产"。黄金村古茶树和古茶园受到国宝级保护。

保靖县农艺专家张湘生,经过几十年的攻关,攻克了黄金茶的无性扦插育苗技术,成功地把古茶树的枝条高比例扦插成活。既保证了黄金茶古茶树原有的品质,又实现了黄金茶的大规模种植。

黄金茶含有丰富的微量元素,茶氨基酸含量是普通绿茶的两倍以上,独具"香高、色绿、口爽、味浓"的品质以及独特的香韵,深受广大消费者青睐,市场销量越来越大,种植农户越来越多。黄金茶产业,已成为湘西州脱贫致富的支柱产业之一。

清清黄金河,流水,也流金。

情深意浓水田河

只因为穿过一坝子水田,从吕洞山西北坡下流出的这条小河,得名水田河。只因为流经十几个鼓舞歌飞的苗族村寨,这条河情深意浓。河流不长,弯子不少,流水不急也不躁。行走 30 多千米,河水汇入长潭河,从此离吕洞山越来越远。

一开始,面对大山的阻拦,水田河开山劈岭,驱泥逐石,一步步艰难地向前挪移。在花费亿万年的时间,付出亿万年的辛勤后,河流终于辟出一条细窄深险的峡谷,在崇山峻岭中曲折前行。快走到水田河镇时,两边的山脉似乎遭受巨大的推力,突然向后急速退去,一块宽荡平坝迎面而来。流到此处的水田河水,终于可以喘一口气,在田坝上散散步,在镇场边听听歌,作片刻的歇息。然后,继续前行。

群山环绕,河水流过的平坝,谁见谁爱,何况世代耕种的苗族人。平坝用来开田,河水用来灌溉,这是天经地义的事。传说苗族人迁徙到此,看见这块平坝,一致认为这是上天特意给他们精心准备的礼物,就再也不想走了。苗族祖先的脚杆,被这片平坦的河谷缠住了;苗族祖先的魂魄,被这条清澈的小河勾住了。从此,落地生根,开田起屋,繁衍生息。

河水注入这坝水田后,好像一块平躺的大镜子被打破后重新拼接一样。在长长短短、弯弯翘翘的田埂、小路的粘连下,一丘丘水田拼接得天衣无缝。因得到水田河长年累月的滋润，田里的泥巴柔软得捧都捧不住，深厚得踩也踩不到底。以禾苗为生的苗族人，把这坝水田看得比金山银山还重千万倍。

水田河的乳汁，把一坝子稻田养育得多姿多彩，从未让苗族人失望过。任他狂风暴雨、天干地坼、虫侵病袭，水田河边的稻田总是在秋天的时候，按时垂下沉甸甸的稻穗，让苗族人安安心心地赶秋，欢欢乐乐地歌舞。

因为这一坝水田，让苗族人一年四季起早贪黑，忙个不停。围着这一坝田，苗族人从春种到秋收，扶犁背耙，播种插秧，打药杀虫，割稻打谷。年年如此，永不停息。

因为这一坝水田，苗族人在此聚居。由村寨发展到集镇，逐渐繁荣。水田河镇在河东岸的山脚下铺开。每逢农历"五、十"，苗族人成群结队沿着河谷、山坡中的大路小路，汇入镇场。四五里长、三四丈宽的街道，人山人海、比肩接踵。吆喝声、讲价声，此起彼伏。好一派兴旺的景象。

书声琅琅葫芦河

葫芦河，因为流过葫芦镇而得名。葫芦镇，因为葫芦河畔留下过开国领袖毛泽东的国文教师袁吉六的琅琅书声而名扬四海。从吕洞山东北坡下发源的葫芦河，以愚公移山之志，移开一座座阻路的大山，移出一条七弯八翘的通道，沿途接收菩萨冲河、排塘河、米塔河，还有浓浓的书香之后，汇成尖岩河。尔后，满腹经纶奔向远方。

葫芦河 30 多千米的水路，有百分之九十的行程在高山深谷中兜兜转转。这一大段水路，被两边的山坡挤得几乎喘不过气来，仅容下河水无助地赶路。村寨死死地撑在陡峭的山坡上，田土在陡峭的山坡上勉勉强强地立足。河水流在深险的山坡下，寨里的人喝不到河里的水，坡上的田土引不进河里的水。哗哗流过的河水，常常让乡亲们望河兴叹，无可奈何。

而密不透风的灌木丛，

●○ 捞鱼的窍门　　吴心源／摄

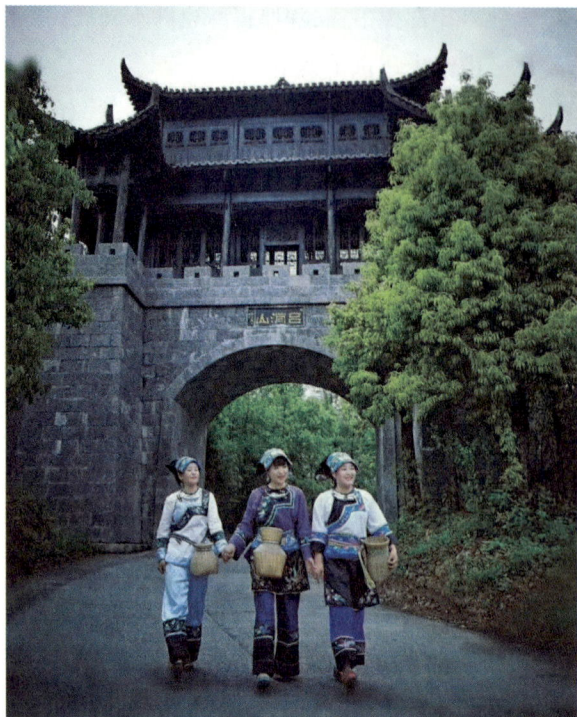

●○ 走出大山的黛茍黛雅　　　王胜／摄

不畏艰险的杂木树，顺着壁立的山坡，你挤我推直达河边。如不是被河水拦住，两边山坡的灌木杂树肯定连成一体。有这些灌木、杂树作为坚固的屏障，石头、泥土、垃圾无法靠近河边，使得河水清澈见底，如冰晶般透明。

一路挣扎的河水，狠狠地来一个左转弯后，冲出大山的挤压，流进葫芦镇的岩坎寨。岩坎寨前面是一个四面环山的小盆地，盆地中央是一列小山丘，看起来像个立定的葫芦，葫芦镇因此得名。这列小山丘是南边山脉快冲进葫芦镇的时候，刹不住脚，一头扎进盆地中央形成的。小山丘除了与山脉相连的南端外，其他方向皆被田土和房屋包围着。葫芦小学、岩坎寨、葫芦场、葫芦寨、枫香寨，傍在盆地东边的山脚下依次排开。葫芦中学、镇政府设在小山丘上，还有葫芦寨的一些民房掺杂其间。葫芦河从盆地的东南角进入，绕小山丘底脚流淌，最后从盆地的西南角流出。河边，除了房屋和寨子以外，几乎是水汪汪的稻田。

山环水绕，田连阡陌，房屋层叠的葫芦形盆地，非常适合耕读人家居住。20世纪70年代，为了增加稻田面积，解决吃饭困难，人们花费巨大的人力物力，强行挖断小山丘与山脉之间的联系，迫使葫芦河从挖断处直接流出。因河流不再绕盆地中的小山丘流淌，原来的河床被改造成七八亩水田，这就是当时有名的"改河造田"运动。葫芦河从此只能从镇边擦身而过。虽然河流不再流进镇里，但袁吉六先生的读书声至今仍在葫芦镇萦绕。

吕洞山的山山水水，各有各的故事，各有各的个性。就算笔走龙蛇，也是写不完的。

吕洞山苗族文化溯源　　……　　132

第三节 吕洞山名村名寨

卧在峡谷，贴在山坡，站在山顶的木柱黑瓦，是吕洞山的苗族村寨。撒在山坡河谷，岭上岭下的飞檐翘角，是吕洞山的苗族人家。吕洞山的村村寨寨，是苗族的祖祖辈辈建起来、传下来的。村寨里，传说沧桑的故事，传唱古老的歌谣，见证着生死轮回。在岁月的濡染下，这些村寨在吕洞山的怀抱里，风光旖旎，钟灵毓秀，古色古香，让人心驰神往。

吕洞村：守望苗祖圣山

吕洞村，苗语叫夯辽，夯是山谷，辽是龙家，译成苗语是"寨僚"，意为"龙家的山谷"或"龙家寨"，与夯吉组成夯辽夯吉四音格苗语地名。吕洞村靠在吕洞山下的一条峡谷的两边，由雀儿、新田、格重、排高冲四个苗寨组成，是最靠近吕洞山的一个古老村寨。

夯沙峡谷从吕洞山与高娘山相连处的山脚出发，把吕洞山脉与李树坡山脉强行分开。吕洞村的格重寨从谷底向

●○ 芭黛祈福　　龙清彰／摄

李树坡层叠，一直叠到半坡中。新田、排高冲两寨盘卧在李树坡的半坡上。雀儿寨则羞羞答答地躲藏在峡谷的另一边，隐没于吕洞山的怀抱中。现在，因为公路沿峡谷直达吕洞村，很多人家依公路、沿河谷起房子、开店子，做起游客的生意，河谷顿时热闹起来。

●○ 苗族"四月八"跳花节　　湘西州电视台／摄

●○ 欢庆四月八　　龙清彰／摄

如果说哪些苗寨最古老，吕洞村绝对是其中一个。整个村子300多栋房子，全是黑油油的木房，房顶覆盖小青瓦。大部分是五柱八挂的大房子，也有五柱六挂、五柱四挂、三柱四挂的小一点的房子。修什么规模的房子是根据屋场来决定的。百年以上的老房子，斑斑驳驳穿插其间。七八十年的木房子占据大多数，皆油得乌黑发亮。木房子能完好保存这么长的时间而不烂，全靠在板壁、柱头上刷桐油。底子厚的人家，一两年刷一次。家底薄点的人家，三五年刷一道。粘在板壁、柱子上的层层桐油，在阳光的照射和空气的氧化下，颜色变得比墨汁还黑。

从外边张望，偶尔看到几只飞檐翘角露出来，很难看清吕洞村房屋相连，拉上山坡的全景，因为这些房子淹没在古树丛中。吕洞村是古树的王国，这些古树，三五人手拉手抱不拢，五六十米高直插云空，五六百年老得皮开肉绽。由青冈、楠木、樟木、榉木、枫香等围成的古树群，一棵接一棵站在房前屋后，守护着一代代吕洞村人。有的皮子如鱼鳞般卷起，有的肌肤刻满密密的沟纹，如一个个饱经风霜的老

●○ 蚩尤拳　　湘西州电视台 / 摄

●○ 钢火烧龙　　张孝铭 / 提供

●○ 伸手下油锅　　吴心源 / 摄

人，见证了无数的风雨沧桑。这些古树，把坡土紧紧地固定，把风雨严严地遮挡。千百年来，因为这些古树，吕洞村的房屋纹丝不动地钉在山坡中，守望吕洞山，安然度过无数春秋。

　　牛角号吹起来了，苗歌唱起来了，苗族芭黛往李树坡汇拢了，十里八乡的苗族人云集吕洞山祭拜台，苗族人一年一度祭祀苗祖圣山的时间到了。吕洞村后山，此时人流如海，歌舞如潮。他们朝吕洞山虔诚祭拜，祈求先祖保佑，风调雨顺、国泰民安。

　　看吕洞山，看古苗寨，看老木房，看古树群，看祭山仪式，来吕洞村就对了。

●○　绝技绝活（组照）　　　吴心源／摄

夯吉村：千古苗疆第一寨

夯吉村是苗语村名，爱水的人翻译成"有水潭的峡谷"，种茶的人翻译成"长满茶叶的峡谷"。各自从自己的角度翻译，都对，都充满了丰富的想象。

夯吉峡谷从吕洞山东边切出，夯吉村占据峡谷中段的两面缓坡。村里的房子一栋栋从谷底的小河起势，迎着峡谷两边的山坡层层递升。近 400 栋木房子有四分之三傍在小河东边的斜坡上，其余的靠在小河西边的偏坡上。小河弯来扭去，两边的人家跟着弯来扭去，绵延五六里许。陪着小河走的，是一个个深深浅浅的水潭，以及时急时缓、时唱时静的流水。

岭下有坡，坡上有岭。九条岭夹八条沟，携十八面坡，为夯吉人家提供一大片落脚的地盘。房屋依山就势修建，建筑式样灵活。有的大房子占据宽敞的台地，四面八方游刃有余。有的小房子挤挤挨挨，拼命立足才勉强容身。有的柱子从崖上飞赴崖下，稳稳当当落地。有的房子，厢房在岭一边，正屋在岭另一边。黑瓦黑柱黑板壁组合而成的木房子，填满了山谷，撒满了山坡。"千古苗疆第一村"，夯吉村名副其实。

站在对面高坡朝村里望，山岭如波，房屋如浪，或从谷底一条条向上卷起，或从山坡一面面向下飘落，高高低低，起起伏伏，黑压压一片，与绵绵绿色形成明显的色差，强烈冲击人们的视觉神经。这种场面用宏大、壮观来形容，恰如其分。"九龙护宝"福禄地，说的就是夯吉村。

赴入村中，就算方向感特敏锐的人，也因为分不清东南西北而不知所措。一条条相同的户间道，拐向一户户相似的人家。一户户相似的人家，拥着户间道向前伸展。走来串去，一不小心又回到原地。向村里人打听，浓浓的苗语听得人云遮雾罩。走进夯吉村，就像走进了

●○ 夯吉叫魂潭　　吴心源 / 摄

一个大迷宫。没有十天半月，熟悉不了村中的路。

野胡葱发绿的时候，村里的青年男女翻过东边的山坡，来到清明堂挑葱，挑向心上人，挑向甜蜜的爱情。稻子抽穗的时候，全村人汇聚河边赶秋，赶丰收的年成，赶幸福的生活。

夯吉峡谷是黄金大峡谷的源头，黄金大峡谷因种植保靖黄金茶而得名。夯吉村自然也被黄金茶团团围住。出了村子，是茶园的天地，青绿的世界。

梯子寨：步步高升的寨子

沿着梯子步步高升，可以升到天上追云捉月。一架高高的梯子，架在一条高高的山脉上。梯子的第一级是寨子，往上依次是梯

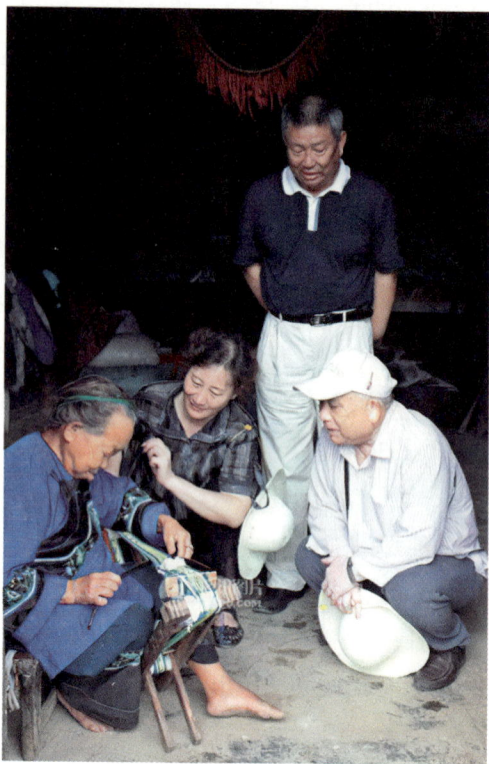

●○ 刘明武先生（中）、雷安平教授（右一）、桂林市的骆丽萍大姐（左二）观看阿婆打花带（左一）
吴心源／摄

田、桐油林，最后飞上悬崖，抵达天边。底下的寨子，叫作梯子寨。一个苗族人居住的寨子。一个被岭坎、溪沟、河流拼命分开，却又分不开的寨子。

夯沙峡谷从吕洞山脚出发，一路向南蜿蜒蛇行十几里后，被梯子寨拦截。谷底的小河不甘心被拦路，从寨边切出一条弧形通道，突围出去。然后与峡谷携手奔向远方。寨子濯着河水，年年守望，守望风调雨顺，守望福寿康宁，守望150多户、近700人的烟火气息，与岁月同行。

寨子里大部分人家住在河东。靠近河边的人家倒洗脸水时，如一不小心，脸盆就会掉进河里去。接着，一级级、一排排木房子往后退，往上叠。遇坎爬坎，遇岭翻岭，爬到再也爬不上去的坎，翻到再也翻不过去的岭为止。此时，寨子已跃上半山坡。由于人口增长，又无法再往山坡上起屋，有些人家绞尽脑汁在狭小的河西开辟

屋场。寨子逐渐发展到河两边全是房子。

站在对面的山坡眺望,望见十几条岭坎从背后的大山脉上冲下来,如一条条饥渴的长龙,一头扎进水田里或河水中。其中有四条扎进寨子里。寨子里的木房,从祖先的祖先那里,顺着岭坎兴建。凡平得成屋场,容得下房屋的地方皆竖起了房子。岭坎与岭坎之间的沟沟坡坡被房子塞得满满的。

不管从哪个角度看,都看不清寨子的全貌,是岭坎阻拦眼光,更是密密层层的参天古树遮挡了视线。最高的一棵枫香树站立在寨中的一条岭坎边,腰围五六人抱不拢,树梢直触云天,树上托着一个箩筐大的鹊巢,早已鹊去巢空。有着"植物界大熊猫"的金弹子古树群,聚集在村南的小山包上,价值连城,被当作国宝保护。弯弯翘翘、高高大大的板栗树遍布寨子,秋天的时候,落下一地通红的板栗,谁拣得归谁。高挺的楠木、樟木、栎木、青冈等,一年四季把寨子打扮得苍翠葱茏。

爱唱歌、爱鼓舞、爱赶节赴会的乡亲们,似乎有使不完的劲,退不了的热情。不管日子有多累、多苦,一有空闲,他们就聚在一起,要么唱歌,要么打鼓,要么穿上花衣花裤,披戴金银首饰,去参加四月八、挑葱会,或去赶一个热热闹闹的秋。

以前,寨里人在水田里种稻谷,在旱土中种玉米、大豆和红薯。辛苦的劳作,换来的仅是维持薪火的传承。现在,寨外全是青绿的黄金茶园。寨里人因黄金茶,把日子过得五彩缤纷。古老的苗寨焕发出勃勃生机。

大烽寨:如诗如画如仙境

这里的大烽寨,是指有许多山峰屹立在寨前寨后,如同给寨子站岗放哨。峰与崖相连,崖与峰相接,峰崖相连相接形成的两条几乎垂立的山脉,从吕洞山南边撑开群山,撑出一条险窄的峡谷。这条峡谷叫大烽冲,冲里的河叫大烽河。河水蹦蹦跳跳,磕磕碰碰,翻越岩石,撞击岩石,一路前行,不可阻挡。随着河水跃下指环瀑布,再行二三里许,在一小坝子稻田的边缘,隐约漏出一个小小的寨子,蹲在一条隆起的岭坎上,挡住了前方的视线。寨子背靠悬崖,脚踩河水,黑瓦飞檐,冲出树丛。偶有几缕炊烟升起,几声狗吠传出,愈加显得空灵。这个寨子就是大烽上寨。

寨子不大,60多户人家,挤在一条岭坎上。岭坎三四十米高,上面是一块小台地。不知从何时起,苗族人在这块小台地上建起了一栋栋木房子,连成了一个寨子。寨子很小,但很容易迷路。因为所有的木房子都建成一个形状,又被桐油刷成一个颜色,再加上家家户户相通,走来走去,一不小心又回到原地。如不服气,再走一遍,又不小心回到原地。禁不住让人怀疑,寨里是不是藏着一座小迷宫。

岭坎是一个天生的岩包,房子墩在岩头上,站得稳稳的。寨里的路,是凿开岩石辟出来的,通到家家户户门口。在石头缝里走门串户,别有一番风味。

以前,寨里人全靠耕种那一小坝子稻田过日子,生活得艰难困苦。因为大烽冲景色奇美,现在进冲里旅游的人越来越多,村民开餐馆、旅店,卖黄金茶,生活渐渐富裕起来。

从大烽上寨沿河而下,走一二里路,眼前突然开阔。两边山脉向后急退,一大坝稻田铺展开来。大烽河从稻田中穿过,为稻田提供了取之不尽的水,使得这一坝稻田肥得流油。

被稻田围在北边山脉下的那一片黑瓦是大烽下寨,寨里全是古旧的木房,木房里的苗族人在寨前的那一大坝稻田里劳作,年年丰收,岁岁丰产,千百年来衣食无忧。近几年,寨里人在田里种上黄金茶,生活水平更上一层楼。

因得到山脉的呵护,稻田的养育,河水的滋润,再配上古旧的木房,大烽下寨如同古代的一幅田园山水画。如果山腰再涂抹几缕薄雾,寨里再增添几笔斜雨,田中再来几个穿着蓑衣的农人犁田耙泥,这景象如诗如画如仙境,谁看了,谁醉!

难怪村子斜对面那家宾馆,挂了好几块各地画家协会的牌子,一年四季招待专程来画大烽寨的画家。他们怎么画也画不够,画不厌。

夯沙寨:歌声荡漾的寨子

夯沙寨赶场,也叫夯沙场。夯沙寨驻足在一块宽敞的平坝上,又被称为夯沙坪。夯沙是苗族地名,翻译过来是"歌声荡漾的峡谷"。因此,夯沙寨也成了"歌声荡漾的寨子"。

不管世间沧桑如何,夯沙寨始终热热闹闹,始终人来人往,始终是一处设立基层政权的不二治所。以前,这里是夯沙乡政府所在地,现在是吕洞山镇政府所在地。乡政府或镇政府所辖的村子全在北边,政府所在地却在最南端,看起来位置有点偏,其实此地占据了一个好口子。其一,这个地方的上头,有大烽冲峡谷与夯沙峡谷相交。下头,有夯沙峡谷与大九冲峡谷汇合。五水交汇,田连阡陌,山脉相护,上下通达,无疑是块风水宝地。其二,这里距吉首市区只有 21 千米,是离吉首市比较近的地方。山里的土特产在此汇聚后,发往吉首城。城里的百货在此落地,转运山区。一来二去,这里成了一个小小的交易中心,贸易历史非常久远。生意来自五湖四海,贸易人员来自四面八方。

因各民族杂居,镇机关、单位的驻扎,场上的房子建于多个年代,呈现多种样式。有火砖房,也有水泥钢筋楼房,大多数是黑油油的老木房。近年来,得益于吕洞山的雄奇、大烽冲的幽美,加上靠近吉首城的优势,旅游业迎风而起,寻找乡愁的人源源不断涌来,老屋旧房很是吃香。政府抓住这一商机,大力改造、修缮房屋。老木房整得油光可鉴,容光焕发。火砖房修葺一新,精神抖擞。为数不多的机关单位的水泥钢筋楼房,统统戴上小青瓦,穿上复古砖,努力做到与其他房屋格调一致。这样一来,奇峰相拥,流水环抱,原汁原味,古旧古香的夯沙寨,不知不觉间勾起了人们的回忆,撩起了乡愁。

夯沙寨因为与吉首市矮寨镇、花垣县双龙镇接壤,周边二三十公里没乡镇场。每逢农历"五、十",峡谷、坡头的人从大路小路来赶场。夯沙场从古至今,热闹非凡,生意兴隆。又因深处苗乡,风情浓郁,平坝开阔,景色壮美,夯沙寨成了举办节会的胜地。此地经常举办赶秋节、苗歌会、苗年节等苗族节会。近年来,随着旅游业、黄金茶业的兴起,还举办农耕节、采茶节、斗茶会以及祭山祭祖活动。歌声悠悠,舞姿翩翩,让各地游客流连忘返。

夯沙寨,歌到天长,舞到地久。

黄金村:黄金茶的故乡

因为村子是黄金茶的源头,黄金茶的故土,黄金茶的祖根所在,而得名黄金村。黄金村坐落的峡谷叫黄金峡谷,村前流过的河流叫黄金河。黄金上寨、黄金下寨、两岔河和冷寨河 4 个苗寨种上黄金茶,并成黄金村后,150 多户 700 多位村民如同挖开一座无穷无尽的金矿,把贫困的帽子远远抛在脑后,把日子过得像芝麻开花节节高。

吕洞山从东边凿开一条时宽时窄、时险时缓、时曲时直的峡谷,蜿蜒二十多千米绕到黄金村。黄金村除了房屋、道路、河流和陡坡上的树木外,其余的地方全是茶园。茶园从河边绿起,绿过平坝,绿上山坡,绿得村子密不透风。一垄垄、一行行、一梯梯茶园,把黄金村装扮成绿色的世界。

●○ 黄金茶树王　　　　龙清彰 / 摄

●○ 黄金村茶园　　　　吴心源 / 摄

　　截至 2019 年年末,黄金村种植黄金茶 2.2 万亩,吕洞山镇种植黄金茶 5 万亩,保靖县种植黄金茶 12 万亩,湘西州种植黄金茶 40 万亩。黄金茶不仅染绿了黄金村,还染绿了湘西州许多田土,许多村寨。这一切,皆因黄金村而起,皆是黄金村的古茶树带来的巨变。

　　黄金村有 2 000 多株古茶树,皆是明朝、清朝年间的古茶树。其中有株国宝级的茶树王,在 2020 年花开时,迎来了它的第 413 个春天。这些古茶树在时间的长河中,与黄金村特有的地形、土质、温度、湿度、气候等相辅相成,相融相合,产出了独具"香高、色绿、口爽、味浓"品质的茶叶,被茶叶专家誉为"中国最好的绿茶之一"。据载,明朝湖广贵州都御使陆杰一行路过黄金村,随从人员染上瘴病,得当地一老阿婆用古茶树叶所沏之汤饮用,治好了瘴病。陆杰高兴地赠给老阿婆黄金一锭,此茶从此得名黄金茶。黄金茶曾以"一两黄金一两茶"之价而名扬四方。

　　经农艺专家张湘生几十年的攻关,攻克了黄金茶无性扦插育苗技术,成功地把古茶树枝条剪下来扦插育苗,既保证了黄金茶古茶树的品质,又实现了大规模的推广种植。因此说,黄金村是黄金茶的祖地,古茶树是黄金茶的祖宗,走向四面八方的黄金茶就是他们撒出去的子子孙孙。

　　常言道,靠山吃山,靠水吃水,靠茶自然吃茶。黄金村家家户户种黄金茶,家家户户维修了房子,乘上了小车。村民不仅会种茶,还会炒茶。村里有州级手工炒茶传承人,有炒茶王,有种茶大户,有销茶能手,还有古老、神秘、优雅的古茶艺表演。

黄金村的故事,藏在黄金茶中。说黄金村的故事,不知不觉又绕到黄金茶上。说得再多,不如亲自去看一看。

傍海村:云海深处看山海

傍海村并不傍在海边,也看不见大海,却处在重重叠叠的群山中。四周的山脉、山峰如大海的波涛,一望无际,滚滚奔涌,把傍海村紧紧压缩在吕洞山东北方的一面朝南的山坡上。可能有人在云海茫茫之际,把山海错看成大海,给傍海村取了这么一个名字。

300多户、1 200余人的傍海村,居住在一面绵延的山坡上。村里村外找不到一块平坝,房屋却能牢牢地扎在斜坡中,坚定地搏击风雨。田土亦能迎坡而上,养育一代代苗族人。

没有人算过,傍海村民的生存成本比别的村子高多少,但谁见了傍海村,都为村民们顽强的生存本领而钦佩。先从住的地方看,他们家家户户必须在山坡中开

●○ 云山雾海　　　　龙清彰 / 摄

屋场。要开屋场就得挖坡。以前挖坡没有机械、炸药，完全靠人力一锄一锄挖，一撮一撮运。遇到缓坡、土坡还好，咬咬牙，挺一挺，花个三年五载就有可能开出来。若遇坚岩硬石，他们就要像愚公移山一样，子子孙孙接着挖下去。开一个屋场，他们要耗费一辈子积累的钱米。若把整栋房子竖起来，几代人还不得吃糠咽菜。

屋场开出来了，材料运来了，剩下就看木匠师傅的了。在山坡上起屋，木匠师傅没点能耐还真拿不下。看到有的房子墩在屋场上，没浪费一丝空隙，很多人怎么想象都想不出木匠师傅是怎么竖起来的。有的在不可能立足的地方，居然异想天开加了一栋厢房或转角楼，房子就撑起来了，着实让人惊叹木匠师傅的才华。好生了得的傍海木匠因之名扬四方。

住在坡上，自然吃坡上的饭。坡上的饭可不好吃，这难不倒傍海村的祖祖辈辈。不知从哪辈起开始挖坡，也不知挖了多少辈人，整面山坡被挖得不是梯土，就是梯田。靠这些梯土和梯田，再加上苍天的眷顾，吃着五谷杂粮的村民，居然薪火传承，绵绵不绝。

如果日子过得太苦，村民们就把苗歌带在身上，走到哪里唱到哪里，那些苦就不知不觉消失了。如果日子过得实在乏味，村民们就去赶一个秋，或赴一次四月八，或干脆在村里举行六月六，在欢声笑语中，日子重新焕发灿烂的色彩。

房屋、梯土和梯田，把傍海村祖辈的故事铭刻其中。赶这个节，赴那个会，把生动的记忆传承下来。

由于住黄金大峡谷，黄金茶从黄金村传出来后，最早传到这里，傍海村的田土从此成了黄金茶的天下。黄金茶正给这个古老的苗族村寨书写富裕、吉祥的新故事。

茶岭村：岭上人家唱茶歌

占了三条山岭，隔了两条峡谷，由张湾、五都点、立口、蜂糖、桥堡、俄梨、矮坡、黄皮八个苗寨组成的茶岭村，近 500 户、2 000 多人在吕洞山北部的莽莽群山中，洋洋洒洒地铺开了。

茶岭村这个村名，才叫了五六个年头。这个村名起得好，把吕洞山镇北边的岭上人家的生产要素和居住环境包含进来了。茶是黄金茶，岭指崇山峻岭。

八个寨子你看不见我，我看不见你，那是因为大山阻挡，峡谷阻隔造成的。茶岭村可能不是湘西州人口最多的村，但可能是湘西州面积最大的村。从村西的张湾寨走到村东的黄皮寨，隶属于吕洞山镇的茶岭村，中间还要经过葫芦镇的地盘，跨镇的村在全州甚至全省也没几个。

●○　山路十八湾　　　湘西州电视台／摄

吕洞山在方圆三五百里的群山中，绝对高高在上，鹤立鸡群。吕洞山向四周射出的山脉，破开的山谷，大小不一，宽窄不同。东、南、西三面，山脉上天生平坦台地，用于安家落户，峡谷里空出一些宽敞地段，用于安放寨子。而唯独北面的山脉如刀削，峡谷如斧凿，山顶山脚找不到一块平地，茶岭村人只好把房子建在山坡上。除了

●○　张湾苗寨　　　吴心源／摄

蜂糖寨，其他的寨子都高居山坡上，甚至山梁上，河流从谷底流过，他们连一滴河水都沾不到。

外边的人看到茶岭村的寨子贴在山坡上，房子靠在山坡上，不禁忧从心来。他们担忧村民住房牢不牢靠，喝水困不困难，粮食够不够吃。

苗族人总能在别人意想不到的地方生根发芽。给他们一块巴掌大的地方，他们就能开出五柱八挂的大屋场。给他们一口水井，他们就能安然而居。给他们一片贫瘠的土地，他们就能顽强地生存下来。

早晨，茶岭村的村民们有的上坡，有的下坡，去挖一块块人站不稳的坡地，去耕一丘丘牛转不过身的稻田。夕阳西下，村民们有的从坡上，有的从坡下回到家

●○　独树成林　　　　　　　　吴心源／摄

●○　古枫树下的土地菩萨神位　　　　吴心源／摄

●○　茶岭村主任石远彬介绍说："此枫香树发有九株、独树成林，附近八寨六姓的苗胞每年农历二月初二都来此祭拜先祖。"　　　　　　　吴心源／摄

中，袅袅炊烟随之升起，山脉山岭、山坡山谷顿时生动起来。虽然土没有一块平整的，田没有一丘方正的，粮仓没有一年塞满的，但茶岭村的烟火从未熄灭。

以前种粮，现在种茶。以前种粮不够吃，现在种茶不愁吃。与吕洞山区其他村寨一样，茶岭村抓住时机，种植黄金茶近 7 000 亩。村民的收入不断攀升，生活发生了大翻转。黄金茶不仅改写了村名，更改写了村民的精神面貌，让他们更自信，更意气风发朝前走。

岭上人家唱茶歌，唱的是幸福的歌。

西游村：齐天大圣到此一游

撒在祖婆山眼皮底下，与吕洞山北面隔谷相望的龙潭、夯龙、夯相、排沙 4 个苗寨，组成了西游村。龙潭寨站在龙潭山脉上，夯龙与夯相寨撑在龙潭山脉的西坡，排沙寨卧在龙潭山脉与排沙山脉之间的峡谷里。

虽然《西游记》中找不到唐僧师徒往西天取经，途经西游村的记载，但是大自然在此树立了一座惟妙惟肖的孙大圣西天取经的雕像，足以说明齐天大圣到此一游。五六年前，吕洞山镇把四个苗寨合并成一个村，在取新村名时，西游村这个名字得到村民们的一致同意。

西游村的风光并不比《西游记》中的美景逊色。大自然在刀切斧凿龙潭山脉和排沙山脉时，似乎遇到了岩石的阻碍，不得不反反复复切凿。结果，凿出来的山脉，陡的陡，斜的斜，粗的粗，扁的扁。切出来的峡谷，窄的窄，险的险，深的深，弯的弯。可用多姿多彩、形态万千来形容。因此，人们见到西游村时，"壮美"两字情不自禁涌上心头。

西游村的美是确凿无疑的，但是村民的生活也是艰难无比的。围着 4 个苗寨前后查看，近 300 户、1 200 多人的村子，竟然找不到几丘成形的稻田，看不到几块像样的旱土。因为两条山脉，坡度大得开不了梯土，中间的山谷窄得没法开出水田。但是，从不向生活低头的苗族人，在能辟土的地方辟土，能开田的地方开田，把土地利用到最高效率，才够勉强维持得了生计。

4 个寨子，住在 3 种不同的地形上。龙潭寨和排沙寨，一个住山顶小台地，一个住山脚谷地里。木房子在台地散开，在河谷聚拢，建造时相对容易。夯龙、夯相两寨住在山坡上，坡度几乎在 60 度以上，表层覆盖松散的沙土。在这种山坡上开出的屋场，前后是高坎，且极不稳定，遇雨水容易滑坡。为保障安全，家家户户花大量

财力修筑保坎。生存已经不易,还要修高价房,寨子的先人硬是把100多栋木房立在山坡中,创造了"人间奇迹"!

来西游村,除了看风光、叹奇迹,人们还看"齐天大圣"和他的猴儿们。西游村有座狮子山,"齐天大圣"石志安和他的100多只猴子住在山上。10多年来,石志安白天陪猴儿们嬉戏,夜晚陪猴儿们睡觉。他哭猴儿们哭,他笑猴儿们笑。护猴、喂猴成为他最重要的工作和生活。现在,前来看他养猴的人源源不断,乡亲们的旅游生意越来越好。

取经路上,不要错过西游村。

木芽寨：林深不知有人家

苗族人称木芽寨所居的那条山沟为"藏银子的山沟"。有没有人在山沟里找到银子，不得而知。光是找木芽寨，人们就得花点工夫。

吕洞山东北方向的群山中，暗藏一条很细很窄的山沟。山沟里只有一个木芽寨。木芽寨离保靖县迁陵镇至古丈县墨戎镇的公路只有七八百米。可这七八百米距离足以把木芽寨藏进深闺，没人引路，还真无人知道。

车子跨过一座小桥，越过一条小沟，转过一个急弯，向前驶去，前后也就几十秒钟。没想到这几十秒钟却错过了一个躲在古树丛中的古老苗寨。

小沟本来就窄，树木又很茂密。沿沟而上，只看到溪水和小路向前延伸。忽然，前面看不见路，正不知往哪里去，猛地转个弯，乌黑油亮的木芽寨映入眼帘。

都是那群古树遮挡了人们的视线，木芽寨才难以被人们发现。寨里老人说，从他们知事起，就没见人进入寨前寨后的树林里砍过一根柴，伐过一根木，捡过一根枝条，林子里的树木想怎么荣就怎么荣，想怎么枯就怎么枯，自生自灭，无人干涉。

树木从溪边长起，随后疯一般蔓延。走过平地，占领平地；爬上山坡，占领山坡；涌到路边，道路随时可能淹没；挤到屋边，房屋小心翼翼闪躲。如果寨里的人放任不管，只要三五年时间，寨子恐怕就会被林子吞没掉。

不管远看近观，皆看不清林中的样子。这里的树林真正做到光射不进，雨渗不透。一年四季，青青苍苍，从未变样。这里因为樟树、楠木、青冈等常绿树木占据了

●○ 傩公傩母背磨盘　　　　刘福军／摄

绝对的统治地位,让树林永不掉色。

高大、挺拔的大树,比比皆是。不过,大部分树木长得差不多高,这样长的好处是,可以让各种树木能够公平地享受阳光雨露。树高、树大、树密,最高兴的是鸟儿。这里是鸟儿的天堂,可以听到杜鹃的泣血啼鸣,鹧鸪的故作老调,画眉的动人歌唱,黄鹂的深情呼喊。十种、几十种鸟儿在林中合奏出天底下最优美的乐曲,任何演奏大师都难以企及。

这条细窄的山沟,似乎是专门为木芽寨人量身定做的。本来无以立锥的山沟,走到木芽寨时,山脉向后拱了一下,为140多户500多人腾出了落脚的地方。为世世代代住下去,寨里人将桐油往木房上不要本钱地刷了一道又一道,刷得房子又黑又亮,看不到木料本来的颜色。树木很老,房子也很老,倒也协调一致。

去木芽寨观树,赏鸟,看老木房,品原生态,是个不错的选择。

大岩村:打开吕洞山的大门

柔棱,苗语村名,就是大岩村,因寨子后面有一块巨大的石头而得名。全寨300多栋木房子占据吕洞山东北部一条峡谷的南坡。峡谷幽深而逼窄,谷底有条小河,费力地扭动着身子,艰难地向前钻探。河边要么窄得容不下房子立足,要么被开辟成无比宝贵的水田。苗族人家的房子只好沿坡而建,一栋顶一栋,一排顶一排,向坡上密密麻麻潮涌而去。一岭两坡,由此涂满了古朴的青黑,也涂满了岁月的沧桑。

水田只存在于村子下游的小河边,顶多百来亩。旱土,只能寻找缓一点的山坡开垦,东一块、西一块不成形状。这点田土,对于近1 500人的村子来说,远远不能满足生存的需要。但是,苗族人还是顽强地在灰绿岩生成的山坡上,扎根伸枝,散叶开花。于是,人们非常好奇,大岩村有着什么样的历史。

不查不知道,一查不得了。吕洞山的大门居然是从这个村子打开的。村里,出了吕洞山苗区第一个举人石明山。石明山于清同治二年(1863年)获童试冠军,同治三年(1864年)中举。此后,他在村中创办私塾,广收门生,传道授业,鼓励苗族人读书。中年,入仕为官,当知县,任教谕。他廉洁奉公,博学多才,为人随和,备受苗族人推崇,被当地苗族人公认为开吕洞山区文化之先河的人物。

"财为国家之命脉,不生之,财源不开;不欲之,则款不齐,则用不度。"这是石昌松在《理财论》中所写的几句话。《理财论》是财经领域的不朽名篇,闪烁着智慧之光,影响深远。清光绪二十五年(1899年),大岩村人石昌松考中秀才。光绪二十八年(1902年)石昌松中举。他历任广西苍梧检察长,湖南沅陵政府顾问官。石昌松理财方面的思想,为自给自足、自闭自封的吕洞山区打开了一条财经通道,苗族人从此在更广阔的天地里创造财富。

秀才石绍莹,执教于保靖、花垣、吉首、古丈,才华满腹,声名俱佳,桃李遍天下。儒生石昌礼,执教一生。他于1951年9月2日,作为少数民族代表赴京参会,受到党和国家领导人毛泽东、周恩来、朱德等接见。石昌庆,国民党军队的一名文书,他于1944年参加衡阳保卫战,打得英勇顽强,立功受奖。没读一天书,不识一个字的石四光,居然把苗歌、山歌唱遍省城,成为传奇。这些人,把大岩村的历史照耀得熠熠生辉。

保靖黄金茶种进田地里,歌声、鼓声、笑声飞到山岗上。今天的大岩村,在传承历史文化中,与时俱进,生机勃勃。

葫芦寨:一个读书的好地方

被山脉包围的葫芦寨,怎么看都像装入葫芦中。虽然山脉阻隔四面八方的气流,但并不影响葫芦寨的灵气在青山绿水间接连不断地传播。

葫芦河、菩萨冲河、黑塘河手牵着手,缠绕盆地中间的小山包,葫芦寨的房屋逐水而起。当一幅山中有谷、谷中有山,山抱着水、水环着山,山水之间房屋错落有致的美丽画卷,展开在人们面前时,谁不为之心旌荡漾,彻底沉沦。

吕洞山向北同时切开两条峡谷,七弯八拐二十几千米,与向南奔来的黑塘河峡谷在葫芦寨会师了。三条峡谷,三条河流,在大山深处轻而易举开辟了一个宽敞的盆地。盆地里的葫芦寨,因为能够从容接纳居住在峡谷里、山坡中、山顶上的人群前来赶场,逐渐兴盛、繁华起来。中华人民共和国成立后,上级政府看中

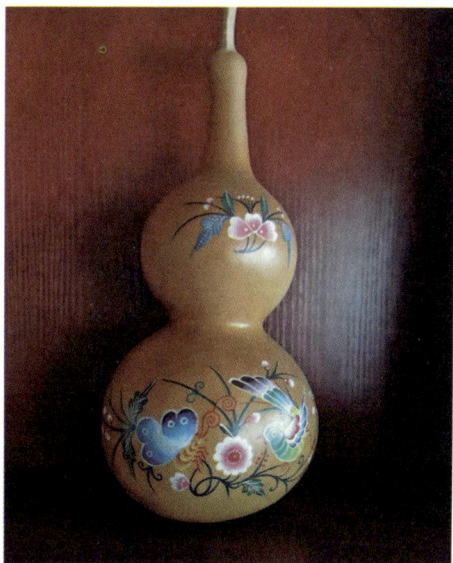

● ○ 葫芦造化救人类　　　　吴心源/摄

葫芦寨得天独厚的位置以及繁荣兴旺的前景,在此设立葫芦乡政府,后来升级为葫芦镇政府。在此之前的执政者,也在此地设立基层治所,管理周边七八十千米的村寨。

菩萨冲河将葫芦寨巧妙地分开。河东,一条长街在盆地东边的山脚下拉伸,街道是葫芦寨赶场的地方,也是当地的交易中心。以前,街两边木房、砖房杂陈,木房是民居,砖房是机关单位用房。现在基本上是水泥楼房。房屋的变化虽然缺少了许多古韵,但反映出居民的生活水平有了很大的提高。河西,跨过几丘稻田,抵达小山包。这座小山包居于盆地中央,虽然身子低矮,但顶子宽大。葫芦中学设在小山包上。20世纪90年代以前,办有初中、高中,称为保靖二中,规模很大,仅次于保靖县民中。现在高中撤了,只办初中。前几年,镇政府也从河东搬到小山包上,与葫芦中学为邻。小山包上的人气更旺了。

葫芦中学往下不远,有一栋很有名气的木房。开国领袖毛泽东的国文老师袁吉六先生,在这栋木房里出生、成长、中举。此后,从这里走出家门,来到长沙,执教意气风发、指点江山的青年毛泽东。寨里的老人回忆说,袁吉六先生非常喜欢读书,常常坐在河畔朗读诗文,抑扬顿挫,引来很多人围观,他毫不在意。他经常给村民们讲述书里的故事和做人的道理。如今,房子还在,袁先生却早已仙逝,再也回不到他的故乡。

袁先生走了,但他的读书声至今在河畔回响。葫芦中学的莘莘学子,以他为榜样,刻苦攻读,出了很多才俊。浓浓的书香,在葫芦寨荡漾,经久不散。

葫芦寨是一个读书的好地方。

金落村:仙女下凡的村子

凡来金落村做客的人,迎接他们的是一棵树。这棵树像一座高耸的绿塔,在峡谷中招摇,很远就能看到。看见有人来做客,树就迫不及待地挥起无数的手,招呼客人的到来。走到近前一看,原来是棵大樟树,树干老得青苍斑驳,树皮裂成沟沟坎坎。村里人说大樟树活了上千年,成精了,三四个大汉抱不拢它的腰杆。樟树后面是黑瓦相连的金落村,村里住着穿苗服、讲苗语、打苗鼓、唱苗歌的苗族人。

100多栋油黑发亮的老木房,在石板路两旁列队,迎接人们进村参观。钻进村中,左邻右舍,檐抵角碰;前后人家,通道相隔。青石板路忽南忽北、忽东忽西,串起一户户人家。置身其间,好似陷入木海瓦浪中,只能任由高高低低、曲曲弯弯的青石板带路。不过,只要一心一意朝前走,小小的村子是困不住人的。三五十步的样子,就能走出村子。

村前,就是金落河,财神爷掉落金子的河流。河水跟随吕洞山西北坡下的一条峡谷,气喘吁吁跑了十几公里来到金落村。可能想把河水留下来做客,河道中突然冒出几块大岩石,阻拦河水。谁知被一心一意赶路的河水一个俯冲,撒下一河白花花的珍珠,掀起欢快的波浪,高调而去。金落河,给村里带来了生机,给村民带来了快乐。

跨过河流,村子对面的山脉长出一根根石柱,好像跟天有仇似的,狠狠地刺向天空。其中两座雄峰,一动不动矗立于半坡上。前面是威猛的将军峰,后面是高大的元帅峰。他俩在为金洛姑娘站岗放哨。村里人说,很久以前村里有个叫金洛的苗族姑娘。她走在路上,娉婷、婀娜;映在水中,清丽、妩媚;站在村边,纤秀、飘逸。河里的清流,将她的肌肤揉搓得光滑细嫩;山里的阳光,把她的脸儿抚摸得白里透红。她的一对明眸,纯得连微尘也舍不得沾染;她的一头长发,黑得连月亮也不敢出来巡游。她是下凡到金落村的仙女。她的美丽,在吕洞山区无人不知;她的美名,在吕洞山的村寨四处传扬。她经常在不远处的河湾里浆衣、濯足、洗发、沐浴。将军、元帅是她的忠实护卫。有将军、元帅把关,谁也闯不过去。那些慕名而来,想与金洛姑娘约会的人,只听其歌,始终不见其人。

虽然看不见金洛姑娘,但看这里的风景也不错。站在村前,两边山脉骑龙而来,气势雄浑。座座山峰拔地起,惊心动魄。层层梯田跃上山坡,令人遐想。古老的金落村,如同世外桃源,总是那么静谧、安详。

山美、水美、村美、人美,金落村处处是美。

白合寨:文武双全的寨子

沿吕洞山投向西北方向的一条山脉走去,路过格如、翁科、马尾、孔坪等苗寨后,来到一处三座大山环抱的山窝。白合寨的200多户、1 000多人就在这处山窝边居住,与岁月为伴。

那三座大山分别叫喇叭让山、太德山和主人山,传说是吕洞山的三名武功高强的战将,接到吕洞山的命令,赶来保护白合寨的苗族人。许多年过去,三名战将没接到吕洞山撤回的命令,最后,化成三座大山,永远守护白合寨。期间,白合寨的先人拜三名战将为师,学到很厉害的武术。从此,白合寨习武成风,世代传承武术,武功高手辈出，民风十分彪悍。

白合寨苗语叫"摆阔特"，意思是"别有洞天的盆地"。盆地中有一条小河，小河的源头离寨子一公里许。受神秘远方的诱惑，河水在寨前毫不犹豫地跳下三丈高的"鸠嵝笃（苗语的笃是瀑布之意）"，形成一道竖立的白河。寨子由此得名白河寨。至于为何成了白合寨，据说以前向上申报寨名时，打报告的人是一名外地人，一不小心把白河写成白合上报了，上级在发文确定寨名的时候，成了白合寨。至于是不是真的，没人刨根问底，反正叫起来都一样。

河的北岸是寨里的木房子，顺着盆地边缘向山坡一级级攀爬，黑压压一片，分不清谁是谁家。许多房子因为地盘狭窄，在主房边另起厢房，厢房无处立足，就把柱子延伸到坎下。由此，厢房吊脚遍布寨子。走进寨中，相似的场景，很容易让人迷路。寨子的先民们考虑到这一问题，预先在寨中设了四个十字路口，房子在十字路口两边依次排列，相互连通，秩序井然。十字路口也成了村民茶余饭后聚集的场所。

尚武的白合寨，武师闪耀。民国年间，寨里的梁家兴从父辈那里习得一身高强的武艺。因爷爷、父亲被土匪头子杀害，他被迫投军，来到凤凰县加入国民党师长陈渠珍的队伍。因拳脚十分了得，被陈渠珍任命为连长兼武术教官，一身功夫闻名湘西。后来，陈渠珍得知他家的遭遇，派两名士兵随他回寨，把土匪头子杀掉，老百姓拍手称快。抗战爆发，他随陈渠珍北上抗日，杀死许多鬼子，右胸被手枪子弹击中，转回寨里养伤。1965年病故于寨中。

寨里另一名武功高手梁德全，也投在陈渠珍的队伍里。陈渠珍手下有名十分厉害的武师叫蒋义唐，能一拳击破十厘米粗的楠竹。梁

● ○ 吴心源（右）与梁德颂（中）及夫人（左）探讨苗画合影
吴芙蓉 / 摄

德全与之上台打擂,只一回合,就击倒蒋义塘。陈渠珍见状大喜,任他为营部武术教官。1940年,梁德全患鼻咽癌逝于凤凰,年仅38岁。

白合寨人苗拳、策手、暗劲,好不了得;刀、枪、棍、叉,样样精通。1964年,保靖县政府在水田河场上举办赶秋节。白合寨200多人表演武术,刚劲有力,整齐划一,气势恢宏。县政府为其颁发"武术村"的锦旗,声名远扬。

不要以为白合寨武风盛行,就不重视诗文书画。寨里有精通四书五经、开办私塾的文人梁永成;有考入国民党陆军军官学校、任职国民党少将秘书的梁永祥;有苗画大师、国家级非物质文化传承人梁永福;还有在苗画技艺上青出于蓝而胜于蓝的梁永福的儿子梁德颂。

文武双全的白合寨,山清水秀,古意悠悠,是一个人才辈出的神奇之地。

中心村:清明挑葱来相会

上有箱子岩,下有渔翁撒网,前有仙人指路,后有鲤鱼飙滩。当地人眼中的中心村,美得像天上人间。

吕洞山往北偏西有一条如梦如幻的峡谷。峡谷从吕洞山脚起步的时候,还有点不知所措地东奔西突。越往下走,越从容淡定地把一座座山峰、一面面绝壁错落有致地排列在两边的山脉上,呵护着谷底的小河,滋润稻田,滋润村寨,滋润苗族的祖祖辈辈、子子孙孙。这条小河就是闻名遐迩的金落河。

金落河路过金落村时,并没有被雄奇突兀的山峰、古色古香的房屋和阵阵苗歌迷住,而是一头扎向下游七八里远的中心村。河水为何那么步履匆匆?那是因为要去中心村赶一年一度的挑葱会。中心村东面的翁柏坡是苗族挑葱会的发源地,挑葱会是吕洞山苗族特有的节日。每年清明时节,翁柏坡上野胡葱发得漫山遍野,村村寨寨的青年男女,往翁柏坡赶去,他们表面去挑葱,实际上是去挑心上人。从古至今,不知有多少人在翁柏坡上找到了人生伴侣。

以前的中心村叫老鼻子寨,那是因为有一条岭坎,像鼻子一样从寨子西边的悬崖上伸出来,寨子就在岭坎底下铺开,从而得名老鼻子寨。老鼻子寨坐落在峡谷底部的金落河边,扼吕洞山西北部交通要冲。从保靖县城行至这里,往左,朝保靖县葫芦镇、古丈县墨戎镇翻山而去。往右,向保靖县吕洞山镇、吉首市区越岭而来。往前,是从天上飘下来的翁柏坡。沿河而下,通长潭河,汇入酉水,达更宽阔的天地。由于处在保靖、古丈、吉首三地的中心位置和必经之路，老鼻子寨改名为中心村。

因为扼吕洞山西部门户，中心村历来为朝廷所重视，设有重兵把守。民国年间，残暴的军阀与当地贪官污吏勾结，抽取繁重如山的苛捐杂税，闹出了人命。看不到希望的苗民，在"苗王"石生富的带领下，在此举起抗捐大旗，掀起了一场轰轰烈烈的民国抗捐斗争，震惊全省、全国。

中华人民共和国成立后，党和政府在中心村设置公社、乡政府。并对村子重新进行了规划。一条笔直的公路穿村而过，公路北边，油黑的木房子沿公路排开。公路南边是主寨子，一条条竖巷从公路边向寨中插去，中间设有几条横巷与之交叉。巷子两边，木房子一栋连一栋，与城市纵横交错的街巷一样，只不过规模小一点罢了。

前几年撤乡并村，中心乡被撤销。中心村也与周围的几个村子合并，名字还叫中心村。不过，现在的中心村是由原来的中心村与周边的排塘村、翁柏村、新寨村合并而成的新的中心村。

分分合合，那是时代的变化和管理需要。不管设不设乡镇，中心村依然处在中心位置，依然是苗族年轻人赶来挑葱的地方。

水田村：有场有酒有友谊

水田村，有很多水田傍在村边，有很多苗族人住在村中，还有水田河镇政府和镇直单位设在村里面。

水田河浇灌的那一坝宽敞的水田，把水田村围困在喇叭坡下。喇叭坡是吕洞山伸向西北方的一条大山脉，奔腾三十几千米后，朝水田河抛下一面宽阔而陡峭的山坡。喇叭坡脚田连阡陌，一马平川。喇叭坡头，山脉驰骋，一望无边。喇叭坡是两种不同地形的分界线。一条公路在喇叭坡中拐来拐去，拐了半天突然一头扎进水田村。然后在村里画了一道弧线，再向北方驶去。村里的房子、镇里的单位沿着弧形公路，一家接一家排开。一个木房、砖楼混杂的300多户、10多个单位、3000多人的水田村，在公路边排开三四千米，呈一派烟火兴旺的景象。

平时，这段三四千米的弧形公路承担着交通运输的重要功能，是保靖县城通往古丈县墨戎镇、古丈县城、吉首市区的交通要道。每逢农历"五、十"，这段公路还担负起赶场的任务。遇到水田村赶场，过路车辆想通过人山人海的场上，没有半天时间是走不出来的，急也急不出办法来。

水田河是水田河村的母亲河。河水是从吕洞山西部的一条窄得不能再窄的峡谷中流出来的。没想到在快要望见水田河村的时候，两边的山脉不知受到什么力量驱使，突然向后退却，退出一大块平坝。不知何年何月起，苗族人在平坝上开田。一丘接一丘，丘与丘之间，连接得天衣无缝。灌水炼田后，仰在天底下的田坝，把天上的云彩映照得清清楚楚。

●○ 八镑锤打鱼　　　吴心源 / 摄

水田河虽然深不过膝，但一年四季哗哗流淌。河水源源不断地灌到坝子上，灌得田泥又深又软，又黏又细。秧苗一插下去，像打鸡血一般，疯狂生长。春华秋实，田里的稻子从未让村里人失望

●○ 水田河洞藏酒　　　龙志华 / 提供

过。得益于田里丰盛的粮食，千百年来，水田村人过着衣食无忧的生活。

水田村场上，历来贸易活跃，生意兴隆。山里的土特产品种繁多，琳琅满目。米粉、耳糕、米豆腐等小吃，异常美味。大名鼎鼎的水田河酒，产自村中的水田河酒厂。酒厂酿酒的时候，酒香飘出，村子里的人醉了。酒卖出去的时候，外边的人也醉了。

位于吕洞山苗区与汉族聚居区交界处的水田村，两个民族一起赶场，一起做生意，交易频繁，往来密切。苗族、汉族在村里融合交汇，你中有我，我中有你，民族团结亲如一家。

水田村，有河、有田、有场、有酒、有友谊。

说不尽的村寨，讲不完的故事。吕洞山的名村名寨，只有亲自去，才能真正体会到：那美，销魂蚀骨；那情，缠绵不绝。

第四节　吕洞山名人名家

文得山水清气,武出山水雄浑。久居山水如画、景色奇美、生态完好之地的人们,往往受灵秀浸染,获天地造化,机缘际会之时,自当龙飞凤舞。此地,从此才俊风起,人杰云涌,气象一新。

傍吕洞山而居,依吕洞山而耕,世世代代环吕洞山生息繁衍的苗族人,早已将吕洞山的雄奇、壮美和灵秀,融入血液之中反复酝酿,历经岁月沉淀,只待破空而出。

自清以降,吕洞山名人麇集,名家荟萃。聪敏、好学、果敢、诚实的苗族英才,层出不穷,谱写了一曲曲璀璨夺目、自立自强的壮歌。吕洞山因他们而名动四方,光耀长河。

石明山:走出吕洞山第一人

120多年前,满腹经纶的石明山,带着苗族人的期盼,从吕洞山东北坡下的一条山谷里走出去。

清道光二十年(1840年),第一次鸦片战争爆发,中华民族开始陷入了百年苦难。鸦片战争结束后的两个多月,清道光二十二年十月初九(1842年11月11日),石明山(字云廷)出生在今天的保靖县葫芦镇大岩村的一个苗族贫苦农民家庭。清咸丰元年(1851年),太平天国起义。清咸丰六年(1856年),第二次鸦片战争爆发。石明山出生、成长的年代,正是国家灾难深重,社会动荡不安的年代。尽管吕洞山苗区交通闭塞,信息不畅,不问世事;但是外界正在发生的列强入侵,遍地狼烟,国家和民族遭受的强烈屈辱,还是通过各种渠道传了过来。让身处吕洞山东北侧深山老林里的石明山无比愤慨,夜不能眠。他立志刻苦攻读,增长才干,走出大山,报效国家。

早年，因家庭经济极度困难，石明山求学之路断断续续、坎坎坷坷。他天生聪颖，记忆力好，爱动脑筋，喜爱读书，又特别能吃苦耐劳。为供他读书，家里东拼西凑，欠了很多债。为供他求学，家里变卖了家产，生活更加拮据。有时没米下锅，只好吃野菜充饥。生活再苦再难，也改变不了他读书的决心。没钱买书，他到处借，村里的书读完了，他到外村借，向亲朋好友借。上不起私塾，他就贴在私塾外的门板上，听先生讲学。

石明山边读书，边耕种。书越读越多，知识越来越丰富，事理越来越明了，认识问题越来越深刻。十五六岁时，他提笔为文，洋洋洒洒，笔走龙蛇，得心应手。大岩出了个知诗书、懂道理的石明山，在周边村寨到处传扬。随着他的声望越来越高，乡亲们遇到难题，相互之间有了矛盾，常找他解决。他也很乐意帮助解决。

附近寨子有个人，打骂老爹老娘，极不孝顺。他的老爹老娘找到石明山，请他教育一下不孝子。对这种不上道的人，一般的说教难起作用。石明山沉思了一下，叫几个人把不孝子捆了起来，交给他的老爹老娘说："他打骂你们，不孝顺你们，今天我给你们做主了，你们狠狠打他，攒劲咬他。回去以后，如果他死性不改，继续打骂你们，你们给我讲，我再找几个狠角色，亲自教训他。"老爹老娘看着五花大绑的儿子，举了半天的手落不下去，哭着说："他再怎么样，也是我们的儿子，我们怎么忍心打他、咬他。"不孝子听了，浑身震颤，跪到父母前大哭说："爹娘，我错了，我以后一定孝敬你们。"回家后，这个不孝子像变了一个人。从此孝顺爹娘，家庭和睦。乡亲们说，还是石明山办法多。

清同治二年（1863年），石明山参加县考，获童试第一名。同治三年（1864年），他乡试中举。随后，改名换姓，来到长沙继续攻读三年。此后，回乡创办私塾，着手发掘吕洞山文化，思考民族命运，写作很多诗文和治世之篇。

"我为天下奇男子，岂肯安心守故乡。"清光绪二十四年（1898年），56岁的石明山吟豪壮诗句，负家国情怀，离开家乡，赴江苏任知县。清光绪二十六年（1900年）正月，改任湖南衡州府耒阳县教谕。光绪二十八年（1902年）农历十月初九逝于任所。

"学识渊博，才智迈众。"任耒阳教谕期间，县长对德高望重的石明山作出很高的评价。他去世后，县长和民众抬棺游城三日，以示悼念。保靖县葫芦镇名师袁吉六，率一百余人，亲赴耒阳，把石明山的灵柩运回大岩安葬。

"驱车北上志轩昂，身背囊空向众山。三十六元捐相助，万千百姓看行装。"石明山开吕洞山读书报国之先河。在他的影响下,吕洞山读书之风盛行,人才辈出,勇闯天下。

袁吉六:教天下英才

走向共和之际,学识渊博的袁吉六先生,从吕洞山北面的一个山窝里跨了出来,因曾执教新中国开国领袖毛泽东,成为"教天下"的一代名师。

清朝初年,有一袁姓人家,从湖南省新化县孟公乡白莲村袁家凼,迁到保靖县葫芦寨定居,入籍保靖。清同治七年(1868年),袁吉六在这个袁姓人家降生,又名士策,号仲谦。其父早先以卖豆腐为业,后来苦读诗书,考中秀才。袁吉六天资聪颖,勤学好问。自幼其父手把手教他断字识文。书一打开,他很快全神贯注,物我两忘。他读书兴趣广泛,博闻强记,尤其古文,展现很高的天赋。得到本寨的罗芳城和大岩寨的石明山等人的资助,免费入馆受教。20岁出头,他参加县考,名列前茅,得以入泮。29岁参与乡试,中丁酉(1897年)科举人。后因病未能入京参加会试,遂在家乡设馆教学。

袁吉六为人正派,不畏权贵,爱打抱不平。曾有某道台巡视葫芦寨屯务,夜宿客栈。隔壁农家猪叫,道台难以入睡。命随从训斥农户,将猪赶走。袁吉六得知,来到农户家高声夜读,书声琅琅,道台无可奈何。天明,唤袁吉六来客栈,见他穿一袭旧衫,却不失精神。想为难他一下,出一上联"小学生蓝衫扫地",令其对下联。袁吉六出口便答"老大人红顶冲天"。说得道台心情舒畅,连连称赞,赠书一部与他,叹说:"莫道苗乡人愚昧,平生少见此奇才!"

他不与人品低下的人为伍,贪腐之人,他更是不与其交往。损公肥私的行径,他深恶痛绝,坚决抵制。光绪二十八年(1902年),代理四川布政使黄海楼,因贪污事发,被罢官回乡。黄海楼不思己过,常设宴请客,笼络人心,显摆财力,附庸风雅。才华横溢的袁吉六成了他网罗的重要对象。每次派人来请,袁吉六托词不往。黄海楼欲扩宽花园,想高价收购傅公祠。袁吉六闻讯,拍案大怒道:"一个革职贪官,竟敢染指傅公祠学产,如此嚣张之徒,我袁某定将其控告到底。"为此,他写一首打油诗,贴在黄家门口:"远看一座庙,近看无神道。有朝要发卖,穷嫌富不要。"黄海楼十分羞恼,不敢再提收买傅公祠一事,言行有所收敛。

袁吉六关心疾苦,平易待人。面对贫困百姓,他平等相待,尽力接济。石廷哥、石本哥是邻村两名穷苦轿夫，遇到无米下锅时，袁吉六常解囊相助。平民百姓非常喜欢与他来往。

身在山中，心系山外。袁吉六渴望拥有一展才华的舞台。1911 年 10 月 10 日，武昌起义，推翻帝制，建立共和。1912 年元旦，孙中山就任中华民国临时大总统。中国社会发生巨变。袁吉六热血沸腾，决定走出吕洞山，闯一条新路。

民国元年（1912 年），袁吉六携家眷迁回祖籍。当地苗族人沿路相送。民国二年（1913 年），安顿好家眷的袁吉六，步履匆匆来到长沙，入湖南第四师范学校任国文教员。次年，第四师范并入第一师范，袁吉六转入第一师范执教，与刚考进一师的毛泽东结下师生缘，执教毛泽东国文达五年之久。他非常欣赏毛泽东的才华，常把好书借给毛泽东阅读。他对毛泽东的国文水平的提高和国文写作的影响非常大。民国二十五年（1936 年），毛泽东在延安同美国记者埃德加·斯诺谈及自己在湖南第一师范读书的经历时说："这里的一个中文教员，学生们替他起诨名叫作'袁大胡子'。他嘲笑我的作文，说它是新闻记者的手笔。他看不起梁启超，认为他是一个半通不通的文人。可是梁启超曾经是我的模范榜样。我只好被迫着改变我的文章作风。我就阅读韩愈的文章，学会了旧的古文辞藻。所以，敬谢袁大胡子，今天我仍然能够写出一篇可观的古文，假如需要的话。"[①]"袁大胡子"就是袁吉六先生。

袁吉六在一师与杨昌济、徐特立、王季范等人共事执教。期间，一师发生反对校长张干一事。张干决定开除领头的学生毛泽东等 17 人。他与杨昌济、徐特立在张干面前据理力争，张干被迫收回开除成命。

袁吉六一心教书，没有接受同榜举人、湖南省省长谭延闿的邀请，出任省府机要秘书一职。他还执教过省高等师范学堂、省立一中、明德中学、长郡中学。参加过湖南大学的筹建工作，并任该校专职教师，直至民国十九年（1930 年）退休。

袁吉六一生著述丰富。撰有《文字源流》《文学史》《书法必览》《分类文法要略》《国文讲义》等。退休回乡后，专心写作《说文初义章》，积劳成疾，未竟而逝。

民国二十一年（1932 年）农历四月二日，袁吉六在乡下家中去世，享年 64 岁，葬于现今的隆回县孟公乡白莲村。中华人民共和国成立后，省人民政府为袁吉六修墓。1952 年，毛泽东亲笔题写碑文"袁吉六先生之墓"。

---

① [美]埃德加·斯诺.红星照耀中国[M].胡愈之，胡仲持，译.北京：人民教育出版社，2018：108.

袁吉六还执教过陈天华、罗学瓒、周世钊、周谷城等著名人物。1965年春,毛泽东在中南海与郭沫若、章士钊、王季范、周世钊等人叙旧,毛泽东忆起袁吉六先生。章世钊说:"此老通古今文史。"郭沫若说:"斯人教天下英才。"毛泽东说:"英才过誉,但'教天下'则符合袁老身份。"

师表天地间。袁吉六先生是吕洞山永远的骄傲!

石生富:扛起抗捐大旗

民国年间,苛捐杂税多如牛毛,重如大山,苗民的苦难像山路看不到尽头,像河水流也流不干。保靖学者龙顺成先生在《吕洞烽火》长诗中写道:"山里的黄连枝丫压着枝丫,苗民的生活苦难重着苦难。""官府屯官添斤加两强征屯粮,区保甲长无休无止摊款派捐。""这样要税,那样要税,挖个火坑也要收缴火坑税。这里要捐,那里要捐,官兵过路次次摊派草鞋钱。"被苛捐杂税压得喘不过气的吕洞山老百姓,在石生富的带领下,点燃了一场声势浩大的抗捐烽火。

清同治十二年(1873年),石生富(又名石绍权)出生于现今保靖县吕洞山镇排沙寨的一户贫困农家。据说,石生富生下来,又哭又闹七天七夜,惊动整个山寨,哄也哄不好。他的阿婆捡来一根白鹤羽毛让他握在手里,他立马安静下来。

年少的时候,石生富去赶秋,看到几个恶少调戏一名苗族姑娘。他看不下去,挺身上前阻拦恶少。恶少纠集地痞把他围拢,不由分说一顿拳打脚踢,把他打倒在路边,奄奄一息,半天爬不起来。从此,他潜心习武,炎炎烈日面对吕洞山击拳踢腿,雪花纷飞傍在排沙河边舞刀挥棒。三年过去,他练得七十二路苗拳。三年又过去,他十八般武艺样样精通。

民国时期,保靖县把吕洞山西北部设为七区,在七区的鼻子寨设墟场。民国七年(1918年)8月17日,七区团总向昌梁,伙同县警备队,在鼻子寨一带横征暴敛,与不满苛征的苗民发生械斗。同年9月20日,向昌梁与他的侄儿七区区长向明喜,勾结绥靖总镇的一名叫余正南的连长,向周边村寨强摊强征"军队过路费"。新寨张猷安、张长庚两家交不出派款,向明喜派人将两人捆到鼻子寨,并给两家人带信,拿钱赎人。穷得家徒四壁的两家人拿不出钱,请族长出面求情。官军见来者两手空空,不由分说朝张猷安、张长庚砰砰放枪,两人当即命丧黄泉。苗族人龙生秀上鼻子寨讨公道,亦被凶兵乱枪打死。鼻子寨的枪声震动苗乡,抗捐大旗在苗山飞扬。

"杀人偿命,血债血偿。"第二天,石生富在排沙河边振臂高喊,抗捐的烈火立刻熊熊燃烧。十四个寨子、两千多苗民拿起杉刀火枪,迅速朝鼻子寨汇拢,围攻征捐官兵。石生富手持大刀,冒着纷飞子弹,冲锋陷阵,一马当先。起义苗民随后如潮水般冲杀上来。这一仗,杀死官兵、团防十四人,活捉一人,缴获长枪九支,打得敌人四散逃命。这一仗,打出了抗捐士气。抗捐的烽火从此越烧越旺,烧到永绥、古丈、乾城和镇竿等地。抗捐队伍越来越壮,"绥保联合抗捐团"威名赫赫。

石生富竖起抗捐大旗,被穷苦苗民称为"苗王"。绥保总镇第二军副司令官宋海涛惊恐万状。为独霸湘西,扩大地盘,他大肆摊派军饷,搜刮民脂民膏,手段极其残暴。石生富带头抗捐,打破了他的黄粱美梦。为此,他多次派兵镇压,均被石生富率领抗捐团队伍击败。

民国八年(1919年)初,宋海涛调乾州军清剿抗捐团。石生富率部伏击于永绥羊毛寨(羊孟坪),全歼敌军先头部队,迫使乾军畏缩不前。宋海涛急调保靖第三、四团前往增援,又被石生富率部阻击于水荫场(今水银),被打得溃不成军。几次失败,宋海涛凶性大发,从贵州、凤凰等地借来人马,会同绥保两县团防,疯狂围歼义军。长潭寨两名义军士兵遭枪杀,永绥十六名义军士兵遭伏击,激起抗捐团的强烈愤慨。同年春末,绥保六十余座苗寨吹号聚兵,石生富率队杀向永绥,吓得宋海涛连夜逃至卫城。他带几千人马随后追击。宋海涛沿路设卡埋伏,石生富受到百姓支持,一路勇不可当。接近卫城的时候,队伍壮大到三万多人。宋海涛和他的守城官兵吓得魂飞魄散,慌慌张张弃城而逃。卫城落入义军手中,老百姓夹道欢迎。

石生富打仗有勇有谋,为人轻财重义。三年抗捐中,他不私藏一文钱,不置一丘田。他对义军及家属给予优待,对老百姓秋毫无犯,对勾结官军的人毫不留情地严惩。

石生富带兵有方,应敌有策。官兵多次武力镇压,皆以失败告终,于是改用蚕食缓进,许以高官厚禄引诱,收编和诱降一大批义军,严重削弱了抗捐队伍力量,想方设法孤立石生富。

民国十年(1921年)8月,官府派绥、保两路官兵向石生富部队发动进攻。保靖参将田应卿开进排家糯,收降同,石生富旧部梁成文。梁成文是原八区区长梁国昌的侄子,梁国昌当年为保家产与石生富结为兄弟,一起抗捐。一年前,他暗中投靠官府。受伤躺在山洞养伤的石生富,听梁成文说义军遭到毁灭性围歼而无比痛切,又为自己受伤无法上阵杀敌而感叹。梁成文见时机已到，劝说他离开山洞到梁国昌家养伤，以图东山再起。并发誓，若说假话，断子绝孙。石生富相信了，同意出洞养伤。梁成文雇来轿子抬他下山，走到孔坪寨时，埋伏已久的官兵一拥而上，把他捆住。他知道受骗，却无力回天。被压到保靖县城惨遭杀害。死时，年仅48岁。

抗捐汉子虽然倒下了，但抗捐的精神世代传唱，就像吕洞山的头颅永远高昂。

余化南：顺势而为大丈夫

审时度势，乃贤明之举。顺势而为，是大丈夫所为。余化南，在中华人民共和国成立之时，选择与人民、与正义、与进步站在一起，为湘西的解放做出了卓越的贡献。不失为贤明之举，大丈夫所为。

余化南，又名焕元。清光绪二十六年（1900年）生于现今的保靖县水田河镇。幼时进私塾启蒙。民国十二年（1923年），考入永绥县（今花垣县）简易师范学习。民国十六年（1927年），县政府委任其为水田乡乡长。他处世老道，善于应酬，做事变通，不拘小节。受到历届县长赏识，连任乡长二十年。乡民称之为"苗王"。

余化南虽然身居吕洞山西北一隅，甘居深山当一个比芝麻还小的官，不谋求更高的职位，但他非常关注全国形势，对国家前途和民族命运感到担忧。在当时的基层官员里，是一个比较有思想的人。

官小何所为？官再小也要全力保境安民。余化南时刻告诉乡丁们，养你们的是乡里的老百姓，手里的枪不是用来对准老百姓，而是用来保护老百姓的，不然老百姓就会反对你。在乡长任上，他努力平衡各方关系，做事如履薄冰，下善待乡民，上争取权益，使水田乡在动荡不安的岁月里，获得了相对的安稳。

全国解放的脚步越来越近。余化南隐隐觉得中国将要发生大变化。公事之余，他常与解职在家的省第八行政区田粮管理处原督察专员梁海仙谈论时局。见多识广，思想开明，对形势发展有一定预见的梁海仙，给他分析当时的政局，要他认清形势，做好转变立场的心理准备。与梁海仙谈论，他的眼界进一步拓宽，对即将到来的全国解放有了思想认识。

1949年初，湘西国民党内部矛盾重重，国民党、三青团、土匪及军阀势力，组成两大集团，由暗中争斗，升级到大打出手。当时的湘西政治中心沅陵成为双方争夺中心，整个湘西骚动不宁。双方极尽手段拉拢各方势力。有百人武装的余化南成为双方拉拢的重点。对国民党统治已经看透,心中已有新想法的余化南,虚与委蛇,想方设法不参与,不得罪争斗双方。一心一意维护辖区秩序,保护苗民的生命和财产安全。

1949年10月,中国人民解放军进军湘西。闻讯后,余化南立即派副乡长余培盛前往所里(今吉首),找到解放军首长,表示愿意接受共产党领导,欢迎解放军进驻水田乡。同时,开放公仓,动员苗民筹集粮草,支援解放军进军大西南。

1950年1月,余化南把所有的枪支弹药上缴人民政府,并说服吕洞山区的葫芦、朗化两乡乡长,与自己走相同的道路。同年2月,他跟随县长检查葫芦乡工作时,得知古丈县西英乡代理乡长石海廷,带10多人枪逃到朗化乡(今葫芦镇大岩村一带)境内,主动请缨,前去说服了石海廷向人民政府缴械投诚。期间,余化南积极协助县、区工作队,走村串户,宣传党和政府的政策,动员苗胞支持人民政府开展剿匪、缴枪工作,为苗乡的安定团结做出了显著成绩。

吉首军分区首任司令员、湖南省军区原副司令员陈炎清将军,在湘西军事会议上,对余化南积极、主动协助党和政府开展工作,给予高度评价。1950年,推荐余化南作为首批"湘西少数民族国庆观礼代表团"的成员,登上天安门,荣幸地受到毛泽东主席的接见。回来后,余化南作了一联:"承蒙领袖一握手,但愿报答'四字香'(指毛泽东主席说的'代表们好')。"

1951年,余化南被分配到湘西沅陵行署民族科工作。1952年,调到湖南省民委第二科工作,被聘为省政府参事室副参事。1950年,陈司令员批准他读中学的小儿子余培查入伍,在军分区门诊所当卫生员。因工作积极,不怕吃苦,1952年余培查被推荐到北京第十五军医中学接受正规医学教育。余化南得知非常激动。

1956年,党的八大召开,余化南将毛泽东主席在开幕词中的名句"虚心使人进步,骄傲使人落后"写成条幅,连同国庆观礼后所写的对联,一并寄给余培查,要他"谨记教诲,永跟党走"。

1957年12月12日,余化南病逝于长沙,享年57岁。

余化南走对了路,人生因此而精彩。

龙英棠:苗鼓打进北京城

鼓声,带着苗族的呼喊,从远古传来;鼓声,撼山震谷,铿锵有力,催人奋进;鼓

●○ 第一代苗鼓王龙英棠　　向民航／摄

声，飞出苗寨，飞出崇山峻岭，飞到北京城。龙英棠，苗族人，又名龙桂香、龙成英。是她第一个把苗鼓打到北京，让全国人民认识苗鼓的魅力。

很多文章这么写，龙英棠出生于吉首市已略乡龙舞村，这是不对的，但是龙英棠生前并没有对此特别声明，其中原因，恐怕只有她本人清楚。真实的情况是这样的：民国十七年（1928年），龙英棠出生于保靖县夯沙乡梯子寨的一户龙姓人家。龙英棠呱呱落地，就引起婆婆的不快，"重男轻女"的婆婆要死要活地逼着龙英棠的亲生父亲休了她母亲。她的母亲万般无奈，只好抱着还在吃奶的龙英棠返回已略乡娘家。龙英棠是在已略乡长大的，她记忆里最早的人和事也是在已略乡。龙英棠没有对她的出生地予以说明，可能不愿面对那些辛酸而苦难的往事。在这里重提这些往事，只不过是还原一下历史的真实。不管是在梯子寨出生，还是在已略乡长大，还是后来嫁到矮寨镇坪年村，龙英棠的一生都是在吕洞山生活。她是吕洞山的优秀女儿，吕洞山的骄傲。

吕洞山的苗族是一个十分热爱鼓舞的民族。鼓槌握在手上，生活的苦，日子的难，统统忘掉。打鼓的技艺是祖辈传下来的，村村寨寨都有人打鼓。他们农闲的时候打，节会的时候打，来人来客的时候打。鼓舞的种类有数十种。把苗族说成是一个鼓舞的民族，一点也没错。

龙英棠的继父是一个善良的人，待她如亲生女儿，给她缝新衣服，送她上私塾。上学的头天晚上，她的母亲在桐油灯下熬了个通宵，给她打了一双漂亮的绣花鞋，她非常喜欢。第二天上学，她把新鞋挂在脖子上，光着脚走到先生家。这双新鞋成为她心灵深处最柔软的回忆。

打开了书，就像打开了另一个世界。龙英棠的聪明、机灵和眼界，在书中节节生长。她的身体也像苗岭上的花朵，迎风绽放。为见识外面的精彩，她赶几十里路，去树儿寨看有钱人家"吃牛合鼓"。几十面红边大鼓竖起来，几十个鼓手踩着边鼓，整齐划一舞动鼓槌，看得她如痴如醉。她翻山越岭去赶秋，她跟随人流赴四月八。哪里有热闹，她赶到哪里。哪里有人打鼓，哪里有她的身影。

苗寨里的鼓舞好像是专门为龙英棠准备的。看到别人打鼓，她的手就痒痒，想握住鼓棒，挥动一番。遇到鼓手进寨表演，她缠着人家教，没学得几手，她是不会放人家出寨的。别人在台上打，她在台下学，哪一招好看，哪一式漂亮，她牢牢记住。上山守牛时，她把背笼倒过来放在地上当鼓，捡两根棍子当鼓棒敲打。上私塾时，她突然想到几招鼓式，一时忘情，把书桌当鼓面敲，手心少不了挨先生的板子。苦也好，挨板子也好，都阻不住她学鼓、练鼓。看到她如此痴迷打鼓，鼓手们都愿意教她几手，点拨她几下。在传统鼓舞招式的基础上，她博采众家之长，常常把自己的新想法融进鼓舞中，创出新的、难度更大的、更具观赏性的鼓舞招式。

常言说，"水滴石穿""铁杵成针"。日子一天天过去，龙英棠的鼓越打越好看，越打越精彩。在本寨、邻寨的喜事上，在本乡、邻乡举办的节会上，她翻转轻盈的身姿，敲击万马奔腾的鼓点，做出眼花缭乱的动作，常常博得满堂彩。为此，她的鼓声越传越远，她的名气响遍四方。

1950年，湘西解放。翻天覆地的新社会，让22岁的龙英棠格外期待。村里组织农村俱乐部，她头一个报名。她是俱乐部的"红角"，各地演出争相请她。近到吉首城乡，远到龙山、桑植、大庸等地，都留下她翩翩的身影和激越的鼓声。每次表演完毕，台下掌声如潮，经久不息。

1957年，新成立的湘西自治州人民政府点名调龙英棠，随湖南省歌舞团赴北京演出。在中南海怀仁堂，她有幸参加为毛泽东主席等中央首长进行的专场演出。走上舞台，她看到坐在前排的毛泽东主席，慈祥地朝她点头微笑，拍手鼓劲，她的心情十分激动，表演的时候，使出浑身解数，把鼓打得行云流水，淋漓尽致，发挥出最好水平，获得了阵阵掌声。晚会结束，毛泽东主席走上舞台，接见演员，握住龙英棠的手，亲切地问她是哪里人。龙英棠红着脸告诉毛泽东主席："我是湖南湘西的。"旁边的一位首长插话说："还是毛泽东主席的小老乡哩。"毛泽东主席轻拍她的肩膀和蔼地笑了笑，拉她一起合影留念。那是一个美好而难忘的夜晚，每次想起，她浑身洋溢着幸福。

龙英棠的鼓舞全国有名。1958年，中南民族学院艺术系特聘她去武汉教鼓。

回到湘西,她被招进州民族歌舞团,成为专业演员。1960年代,精简下放,她由州民族歌舞团安置到州京剧团。鼓舞与京剧搭不上界,让她感到十分迷茫。与其如此,还不如回苗寨打鼓,照顾母亲。不久,她与吉首市矮寨镇坪年村农民杨秀富结了婚,育有二子一女。女儿杨贵妃聪明美丽,她把一身的鼓艺传给女儿。在女儿鼓艺精进,有望承接她的衣钵时,谁料天有不测风云,她的女儿遇了难。那是1985年春,矮寨镇恢复百狮会。她的女儿登台表演跳鼓,快到高潮时,舞台突然垮塌,杨贵妃被柱子击中头部,不幸早逝。

横祸飞来,龙英棠一夜之间白了头,好几年不碰鼓槌。随着岁月的流逝,她的创伤慢慢抚平,重出教鼓,直到2013年2月5日病逝。

龙英棠的一生,鼓舞遍天下,学生遍天下。

花老虎:民族音乐创作佼佼者

山水隽秀,必将龙腾虎跃。人杰地灵,只待文运天开。吕洞山的雄奇壮美,历经岁月沉淀,一大批多才多艺的俊才,于政通人和之时,喷薄而出,在不同的领域,取得了很高的建树。花老虎就是其中的一位佼佼者。

花老虎,本名吴荣发。因其笔名花老虎影响很大,本名倒是没几个人知道。他是苗族人,民国二十三年(1934年)出生于现在的保靖县水田河镇。他在音乐创作上,特别是少数民族音乐创作方面,精品迭出,风云一时,留下了许多脍炙人口的作品。

1954年,花老虎从永顺师范初七班毕业,直接升入永顺师范中师10班学习。1956年,转入吉首师范继续学习。1957年,考入上海音乐学院理论作曲系。1961年毕业,分配到中央专业文艺单位工作。不久,调入湖南省歌舞团任专职作曲员。后来,调到湘西自治州文艺创作研究所任二级作曲家兼副所长,期间任过湘西州政协副主席。此外,他拥有中国音乐家协会会员、亚太民族音乐学会会员、中国少数民族音乐学会会员等头衔。他还担任过世界苗族文化经贸协作促进会主席兼秘书长、贵州省苗学会顾问。他是国家一级作曲家、教授、音乐理论家、电影剧作家,享受国务院特殊津贴专家。在创作上,他是一个多面手,且取得不俗的成就。

花老虎醉心研究苗族文化,对苗族的历史和传统有独到的见解。1994年,他呈报国家批准,成功组织"中国湘西国际苗族研讨会",并担任大会主席兼秘书长。同年,应邀前往美国讲学3个月。生命不息,创作不止,他的一生作品颇丰,先后创作了100多首(部)大中小型音乐及电影作品,在国内外刊物和出版单位发表、出版和发行。其中,《土家族摇篮曲》《苗族舞曲》等10首(件)在全国和省音乐大赛中

● ○ 1985 年,花老虎在吉首市德夯苗寨搜录苗歌时和苗族青年歌手留影　　吴文炼 / 提供

获奖。有 3 首歌曲和乐曲在美国、日本和香港等地演出。10 多篇论文及数十条苗族音乐条目,在国际国内音乐学术研讨会上宣读和在有关刊物上发表,并入编各种论文集和《中国大百科全书·音乐舞蹈卷》《中国少数民族艺术词典》。

著作丰富的花老虎,把不同作品收拢成辑,出版了《花老虎民族艺术新歌集》,配套发行盒式磁带,部分歌词译成英文,远销美国、日本、法国等。还出版《花老虎大中型音乐作品选集》,电影文学剧本《苗疆烽火》(与人合作)。他创作的《民族团结大合唱》、大型民族清唱剧《武陵山狩猎》等演唱作品以及《中国民歌主题复调钢琴组曲》《吹管与打击乐协奏曲·将军打马过山寨》《苗族舞曲》等演奏作品,特色鲜明,风情浓郁,具有很高的艺术价值。著名歌唱家关牧村、蒋大为、朱逢博、宋祖英、张建一、高曼华等,演唱过他创作的数十首重唱、小合唱等歌曲。他与人合作创作的故事片《血鼓》在中国放映后,译成英文在美国放映。

花老虎的成就和影响,引起各方关注。作曲大师贺绿汀、丁善德,作曲家沙汉昆、王安国以及多位专家、记者,撰写评论花老虎及其作品的文章 30 多篇、10 多万字,在多种报刊上发表。中央、省电台、电视台,美国明州电视台(17 频道),播放评论花老虎及其著作《花老虎音乐专题》等 200 多分钟。他入编《中国音乐家大辞典》《中国当代文化艺术名人大辞典》《世界名人录》《世界著名华人社团领导名人辞典》等 30 多部国际国内名人辞书。

2001 年,花老虎因病去世。他的成就和作品,至今仍被人们津津乐道和传唱。

向艳梅:一"举"成名天下知

吕洞山中美凤凰,一"举"成名天下知。世界举重冠军向艳梅,从吕洞山中的一个小山寨,走上世界舞台,被许多年轻人视为励志的楷模。

向艳梅,1992年6月13日出生于现今的保靖县葫芦镇国茶村阿着寨。中国国家女子举重队队员。2008年11月,在全国举重冠军赛女子75公斤级的比赛中,向艳梅以总成绩255公斤,获得了个人的第一个举重冠军。从那时起,她在全国运动会举重比赛、全国举重锦标赛、国际举重超级大奖赛、全国城市运动会举重比赛、全国举重奥运会选拔赛、世界举重锦标赛、亚运会举重选拔赛、亚运会举重比赛中获得了10多个冠军。2016年8月11日,里约奥运会女子举重69公斤级决赛,她以261公斤的总成绩获得金牌,走上了世界举重的巅峰。完成了她的全国举重锦标赛、全运会举重比赛、亚洲举重锦标赛、亚运会举重比赛、世界举重锦标赛、奥运会举重比赛金牌大满贯。

一连串耀眼的成绩,看得人眼花缭乱。成绩的背后,向艳梅付出了常人难以想象的努力。

2016年8月11日凌晨4时许,向艳梅在里约奥运会举重比赛夺得金牌的一刹那,守在电视机前、心一直吊到嗓子眼的父母,看到女儿夺冠,激动万分,喜极而泣。往事历历,又一次浮现在她的父亲向光四的眼前。

向艳梅6岁时,天微微亮,种田人向光四就叫她和她的姐姐起床。然后,带着她俩在乡间的小道上来回跑3千米。姐姐有时半途折回,向艳梅每次坚持到最后。在乡亲们看来,跑步是城里人的事,是一些精力过剩的人干的。在田土刨食的人,一天到晚用力,哪还需要跑步?向光四带女儿们晨跑,一下子成了寨里的稀罕事。有人问向光四,是不是嫌田土少,没事干。他笑着说:"锻炼身体呢!"人们笑着摇了摇头,表示不解。其实向光四读小学时很有跑步天赋,获得过县里举行的小学百米跑步比赛第三名。可惜家里经济困难,他辍学回家,无法实现梦想。因此,他就把梦想寄托在女儿们的身上。

向艳梅跟父亲一跑跑到小学五年级。父亲鉴于她学习成绩一般,想给她找其他的学习门路。听说古丈县玉玲举重运动学校是一所专门培养举重运动员的学校,很适合身壮、力大、能吃苦的向艳梅进一步学习。2003年9月,向光四带着向艳阳、向艳梅姊妹俩来到这所学校学举重。

除了举重、跑步，向艳梅还喜欢打篮球。2004年国庆，古丈县举行中学生篮球赛，向艳梅报名参加本校参赛队。比赛中，她与别人抢球撞到一起，手腕骨折。她的教练龙玉萍吓了一大跳，她的眼泪也禁不住流下来。到医院检查，医生说没什么大碍，简单动下手术，可以继续练举重，她才安下心来。

●○ 青春阳光的向艳梅　　　　保靖县档案馆／提供

别人休息，她在练。别人睡觉，她在练。冬练三九，夏练三伏。向艳梅流下比别人多好几倍的汗水，终于有了收获。2005年11月，她如愿以偿，成为湖南女子举重队队员，更宽广的舞台向她敞开。

人生之路坑坑洼洼，哪有什么一帆风顺，其中的滋味，向艳梅最清楚。2015年全国女子举重锦标赛，向艳梅6把成功，破全国纪录，超世界纪录。她感觉整体状态都在往上走，快达到运动生涯最高峰了。可是，在梦想接近时，她突然状态低迷，并在一次训练中髋部意外受伤，根本无法训练。回首2012年伦敦奥运会，当时20岁的她在济南全国锦标赛上摘得69公斤级举重冠军，却在出发去伦敦的最后时刻丢掉了奥运门票，令人扼腕叹息。但她没有沉沦，瞄准了下一届奥运去苦练。眼看又一个奥运年到来，此时受伤，她怎不心急如焚。坚强的她，每天带伤出现在训练场上。在她的顽强坚持下，她收到了里约奥运会的门票，久违的笑脸重新爬上她的脸庞，直至摘取里约奥运会举重金牌。

不骄傲，不气馁，没有什么跨不过去的坎。向艳梅为这句话做了很好的诠释。

江山代有才人出，各领风骚数百年。吕洞山的名人名家，不是天生的，而是用他们的刻苦、努力、拼搏、勇毅铸就的。以他们为榜样，吕洞山英才俊杰必将源源不断地涌出，创造出更辉煌的成绩。

●○ 吕洞山日出　　　湘西电视台 / 摄

吕洞山五行苗寨

吕洞山周围奇山连绵，瀑水相叠，村寨错落有致，传统文化保存完整，人文弥足珍贵。

06

第六章

第一节　吕洞山是苗族远古太阳历的传承圣地

　　吕洞山位于湘西保靖县吕洞山镇境内，山势险峻，雄峰高耸，主峰海拔 1227.3 米，峰顶巨石壁立，因峰间有双穿洞呈"吕"字而得名，绘就一方与世无争，人与自然和谐的湘西奇景。吕洞山周围奇山连绵，瀑水相叠，村寨错落有致，传统文化保存完整，人文弥足珍贵。

　　夯沙峡谷里的古老苗寨依山傍水，百年老宅相连成片，古朴别致，且神秘奇异。

　　吕洞水寨　位于夯沙乡吕洞山麓。由格重、雀儿、新田三个依山傍水的苗寨组成，是湘西乃至湖南省最具原生态的苗族聚居村落。吕洞苗寨所在地形为典型溪河谷地，清澈诱人的吕洞河穿寨而过，苗寨的主体位于河流两侧的坡地上，树木参天，梯田层叠，相得益彰。数千年来苗族环山开辟出大片梯田，形成浓郁的农耕文化与优美的田园风光。

　　夯吉金寨　峒夯吉是苗语音译，意是居住在山间河谷里的村落。在夯吉苗寨东边 1.5 千米之处，有地名为"塘称明"，是一座山岭坪地，绝对高差约 650 米，方圆约 1 000 平方米。此山有数处地点，清明前后人站在上面，用脚蹬踏，山体便发出"咚咚咚"般的响声。坪地脊下十余米处，有一甘泉，泉水潺潺，终年不涸，是为"塘"。"称明"即农历二十四节气之一的"清明节"。"塘称明"意译就是"清明坛"，这里是古代感知清明时节的地方。由于"送春"技艺的专业化，集中感知清明节的活动，便慢慢地变成了青年男女们对歌恋爱的集会场所。

　　布重木寨　是望天坡脚下的一个古老苗寨。寨子对面的山谷里，有一道光滑自然形成的石板阶梯。苗寨与石板阶梯对应，"布重"意译便是"梯子寨"。民间说那"梯子"就是上天门、入仙界的途径。

　　吕洞山苗族传统习俗有祈雨、接龙、舞狮、刳芲、四月八、赶秋等活动，内容丰富多彩；刺绣、苗画等工艺，蕴含历史文化。

祈雨　相传吕洞山神特别怪异。每当遇到天旱时节，当地的苗族民众就会请"芭黛雄"到吕洞山下设坛做法事祈雨。在祈雨期间"芭黛雄"不能吃盐，只能用糖来替代。哪怕法事要延续十天半月也得坚持，直到下雨为止。

夯辽嘎，最早的名字叫夯辽，意为龙家寨（峡谷），夯吉夯辽为典型的四音格苗语地名，省去夯为吉辽（僚），吉首记音为已略，凤凰讹变记为奇梁洞、奇梁桥。

从前吕洞山周围的苗族，每当遇到大旱之年，临近县如吉首、泸溪、凤凰甚至沅陵，就会派"芭黛雄"到吕洞山来"拿龙"，即悄悄进入主峰的雷公洞中捉一只小动物，如螃蟹、青蛙都行，带回当地挖一个小坑把它们安放在里面，并用石板镇住。这样一来，雷公洞中的龙王怕它们渴死，就会赶去那里下一场大雨。

在来"拿龙"之前，他们还要举行一个神秘的占卜活动，把选派来"拿龙"的人的名字分别写在鸡蛋上，放入碓臼中，然后放下碓椎，写有谁人名字的鸡蛋破碎了，谁就不能去，生怕遭遇不祥之祸。

祈雨时，必须在吕洞山下的谷底小河坪坝，杀鸡敬山，隐喻为告诫雷公：你得听话，及时下雨，不然本"芭黛雄"就会像修理雄鸡那样修理你雷公！

●○ 苗家染戒接龙　　　吴心源／摄

●○ 接龙舞　　　吴文炼／摄

●○ 苗家舞狮　　　龙清彰／摄

吕洞山苗寨,龙姓为原住民,又是大姓,每当知道有外地的"芭黛雄"来"拿龙",他们便会在夜晚燃起蜡烛,告诉"吕洞山龙"尽快携幼躲避,免得被擒。

接龙 吕洞山苗家接龙可分为大型的村寨接龙和家庭接龙两种,其活动仅是规模大小有别,其过程基本相同。一般要选3女2男象征东西南北中五方龙神,端坐于堂屋中。苗巫师则身穿法袍,手摇铜铃,作法诵经,先祭龙、问龙,然后巫师带领众人到有水井处取水接龙,最后安龙。"寨龙"一般安在寨子背后,"家龙"则安在主人家的堂屋里,即在堂屋中央挖一个小洞,在洞里放置一个小土罐或一个小瓶子,瓶内放一点朱砂,灌满水后用石板盖上,安龙仪式就结束了。把"龙"接回了家里或寨中,此后便可保佑全家或村寨无灾无难,年年五谷丰登,六畜兴旺。

中国远古有龙历,历元为公元前5301年冬至日正午。若用天文历法的眼光审视接龙,当为远古圣人敬授民时,传授龙历仪式的遗俗。

舞狮 舞狮有象征二虎戏珠的动作,可理解为具有虎历意义的行为。虎历以冬至日后,在正月初一和前日子时下半时起始的历法,称为"太昊虎历",是为阴阳合历。农历的许多物象,源于太昊虎历。

苗画 苗画是吕洞山区苗族文化艺术中的一朵奇葩,现已被列入国家级非物质文化遗产名录。苗画是在单色传统绣花样稿的基础上发展起来的一个独特的画种。原是画师用白色粉浆把绣花图案绘于布料上,以供苗族妇女们按图刺绣。后来一些苗族画师直接在布料上绘画,由此而发展成现在的苗画。

苗画构图饱满,笔法细腻,其丰富艳丽的色彩具有强烈的视觉冲击力。苗画的题材多为民间传说、神话故事以及隐喻喜庆、吉祥的象征物。如麒麟送子、鲤鱼跳龙门、双凤朝阳、凤穿牡丹、鸳鸯戏荷、蝴蝶伴寿、喜鹊闹梅等。苗画反映了苗族人民的审美情趣和对幸福生活的向往。

双凤朝阳,从天文历法的角度去理解,这就是凤历的图画。凤历是少昊氏的历法,由龙历演变,是为太阳历。两只凤嘴之中的绿色五棱花象征太阳,双凤朝阳,阴阳对称为值日。凤脚尾下花开蝶舞,龟行相迎,情窦顿开,寓意凤历以立春为历元。双龙朝阳的则为龙历图画。

徽标 吕洞山苗族屋脊心图徽有昆仑(日月)符、连山符、玄鸟合雄符、太阳符、太阳阴阳符等。墓碑顶冠图为葫芦连山冠、太阳冠、蝴蝶冠等。

刿茻 汉译"挑葱会",是年轻人谈情说爱的聚会。每年清明时节,莺飞草长,野葱鲜美,该地区的青年男女穿上节日的盛装,成群结队来到吕洞山下的山坡上挑葱对歌，以葱为媒，以歌传情，寻觅意中人。

赶秋 是湘西苗族的大型传统节日之一。每年"立秋"这天，苗族举办祭吕洞山神或祭天神活动，这就是远古四时八节祭祀中的立秋祭。立秋这天及之后，是苗族青年男女相互交往的大好时机，一年一度的赶秋节也成了当地苗族青年男女谈情说爱、寻觅佳偶的盛会。苗族群众身穿节日盛装，从四面八方涌向秋场，举行盛大的文娱活动。包括唱苗歌、舞狮子、跳鼓、爬花杆、上刀梯、荡秋千等活动。

重阳节 苗族同胞在农历九月九日，庆祝稻谷丰收，打粑粑祭祖，感恩姜央到天上取谷

●○ 坐僚环荡秋千　　　龙清彰 / 摄

●○ 又是一年赶秋节　　　吴心源 / 摄

种，故也叫姜央节。民间有俗语："重阳不打粑，对不起他老人家。"其热闹气氛仅次于苗年。近年来，吕洞山重阳节祭山祭祖已经成为传统节庆活动，各地游客前来参加节日活动，感受苗族传统节庆文化氛围。

上古中华历法实行时空一体历，是时间空间统一的历法。这种历法由天文观测者、观测地点、观测对象、观测仪器、观测结果、制历授时、传承系统集成，分为枫树历、天索易历、连山历、信风历等。

1. **枫树历** 吕洞山窝瓢苗寨，寨中有高大挺立、饱经风霜的两棵千年古枫。居住在这里的苗族，把枫树当作始祖枫树妈妈。枝繁叶茂的枫树是苗族远古的家园，也直接用树表土圭观测日影星象，观察枫叶生长变化知物候，因而苗族把它当作妈妈树，有苗寨就有枫树，枫树是苗寨的标志。用枫树观测日影星象，观察枫叶物候，是为枫树历。

2. **天索易历** 燧人氏结绳纪历，其历法名天索历。其法有二：一为博，二为

●○ 妹妹应声问阿哥,糍粑吃了几坨坨?

吴心源 / 摄

●○ 节日合影　　　　吴心源 / 摄

幂。博法立挺木为主表于中,其上有相风旋机,自主表顶端系绳索八根,与地面上八个方位上的游表相连,称为天维地绳或天维地维,又名天地准绳,为八方来风标准,观看相风所指准绳方位,定八风来向。东西南北为春分、秋分、夏至、冬至,为四时、四正。东南为立夏,西南为立秋,西北为立冬,东北为立春,为四隅。中央八方为柱中心,加绳为采,隶作采,其法名番,即博,又名悉名申(审),审悉天下至理至法,包罗一切。以此法教化为"播化"。播者,转旋弘扬。"十"为四正,"∷"或"×"为四隅,为八纮八维八绳。初为东西二维,为卯酉,候春气为卯,行春秋二季历;次为东西南北四维,为二分二至四季历;次为八方八维,为启(立春、立夏)闭(立秋立冬)二分二至,为四时八节。燧人氏天索历今传世者《河图》《洛书》,创于公元前 13000 年前后。①

3. **连山历**　又称博山天齐历。它是以大山为日月出入的坐标山制定的历法,也称大山历。此历为燧人—魁隗氏在祁连山、合黎山时代创立的博山天齐历,发展为氐羌西番民族和昆仑夷的白石、石主、卑、碑、石柱纪历。仰韶文化和大汶口文化的大山纪历、蜀文化的大山纪历,是其传承。

陈久金、张明昌著《中国天文大发现》②说:《山海经》记载的太阳出入之山均为六座:

---

① 王大有.上古中华文明(修订本)[M].北京:中国时代经济出版社,2006:189.

② 陈久金、张明昌.中国天文大发现[M].济南:山东书画出版社,2008.

大荒东南隅：

大荒之中，有山名曰大言，日月所出。

大荒之中，有山名曰合虚，日月所出。

东海之渚中：

大荒之中，有山名曰壿摇君页羝。……一日方至，一日方出。

大荒之中，有山名曰壑明俊疾，日月所出。

大荒东北隅：

大荒之中，有山名曰明星，日月所出。

大荒之中，有山名曰鞠陵于天……日月所出。

西北海外：

大荒之中，有山名曰丰沮玉门，日月所入。

大荒之中，有龙山，日月所入。

西海渚中：

大荒之中，有山名曰日月山，天枢也，吴姬天门，日月所入。

大荒之中，有山名曰鏖鳌钜，日月所入者。

西海之南：

大荒之中，有山名曰常阳之山，日月所入。

大荒之中，有山名曰大荒之山，日月所入。

其中大荒东北隅下两条，原在大荒东南隅中。但《大荒西经》中的西北、西、西南各有两座日入之山，而《大荒东经》东南日出之山有四座、东方日出之山有两座，东北则没有，而在东南隅后两座山旁又有幽之国。幽常与北相连，故知东南方的后两座日出之山，应在大荒东北，错置于东南隅下。

这六座日出之山和日入之山明确地告诉人们，《山海经》所记载观测日出、日落的主人公使用的正是一岁十个时节的太阳历。因为从东南最南方的日出之山所对应的，正是冬至时节，它与第二个山头之间对应太阳所经

●○ 刘明武（右一）先生讲解蚩尤五行十月太阳历

吴心源／摄

●○ 大鹏展翅　　　吴心源 / 摄

●○ 芦笙一曲颂圣山：从雷公山回雷洞山
吴心源 / 摄

●○ 合鼓祭祖祭山　　　吴心源 / 摄

过的日期,确为一个阳历月,以后第二至第三、第三至第四、第四至第五、第五至第六也均为一个阳历月,合计正为五个阳历月。直至东北的第六个山头,正是夏至时节。夏至以后,太阳又从东北返回东南,也正好为五个时节。而如果实行的是一岁十二个月的历法则不是这样,在《周髀算经》中所讲的是农历推算方法,它所介绍的是自冬至到夏至为太阳运行的七条轨道,所谓七衡六间,就是指此。半年六个朔望月,当介于七个山头之间。故五行历与农历的判别方法泾渭分明。有据于此,故对连山历重新定义:典型的连山历是地域东西各有七座山头对应为坐标观测太阳升落的太阳历。那么,只以一座山头为坐标观测太阳或升或落的太阳历称为大山历。

吕洞山主峰在数亿年大自然的雕塑之下,鬼斧神工般的悬崖峭壁,迤逦峥嵘,险不可攀。从东北往西南面向吕洞山主峰望视,突兀的山体,可分为左中右三部分。左部像脱尾羽的母鸡,孵蛋状极目西天。右部像燧人首,靠近中部吕字枕头,注目北斗七星。在位于新田村背后第一条下村小道与公路相交路口观看吕洞山日落,冬至,太阳在南落;春分秋分,太阳在顶落;夏至,太阳在北落。四至抽象组合,形成自然的吕洞山博观表定规(圭)成卦时大山历图。若有摄影之人在春分秋分之日傍晚,遇见红日从吕洞山对穿洞上方下落而摄成佳作,肯定就是他摄影的福分与荣耀。

4. 信风历 信风历是以信风,即季风到来的时间方位为纪历标准,是中华文明最早的历法形态之一,由天皇燧人氏创立,始创年代不详。以观测八方风为观测物件。八风即八节之风:立春,条风至,东北方;春分,明庶风至,东方;立夏,清明风至,东南方;夏至,景风至,南方;立秋,淳风至或凉风至,西南方;秋分,阊阖风至,西方;立冬,不周风至,西北方;冬至,广莫风至,北方。

十字坪是吕洞山主峰北面的一处高山台地,四周高山护卫,形成一个高山盆地,盆地中间,有一座独立突兀山峰,把盆地分划大致成为两个东西向、南北向的"十字"形状,吕洞山主峰溶洞的泉水,就是十字坪高山溪流的水源,十字坪整个区域大约为200公顷。十字坪,是历史上苗族重要的祭祀集会地。由于是高山,人置身于此,首先能感受到的是信风。此外,置身于望天坡,极目所望,一览众山小,最能感受到的也是信风。故推测,十字坪是古人敬(祭)授信风历的圣地。

2012年8月6至8日,有机会参加苗祖圣山吕洞山太阳历学术研讨会,并到吕洞山周围苗寨实地考察,所见所闻自然景观与人文建筑,蕴含天文历法之古典。作为从事中国古代苗族天文历法研究的我,有感言:

大山历,立秋祭,赶秋节,湖南吕洞山苗寨是中国远古太阳历的传承圣地!

第二节　吕洞山五行苗寨探幽

张家界的山，九寨沟的水，吕洞山的苗寨天下最美。美在吕洞山，美在苗家，美在五行苗寨。起初，有的人对此颇有微词，以为五行苗寨不合"理数"，其实这是对苗文化没有深入的了解所致，情有可原。

不少的人以为吕洞山五行苗寨是"汉文化"平面五行的简单套用和误用，以致招来非议。因为从汉五行来说，东方木西方金，南方火北方水。吕洞山的苗五行锁在深闺人未识，千呼万唤始出来：东方金寨峒夯吉（矶，苗语为仡柔仡矶，即金石之物），水寨吕洞寨，木寨梯子寨，火寨大烽冲苗寨，土寨十字坪。从苗文化密码解读，各寨名含有金、水、木、火、土平面之物，以物名寨，合情合理。

吕洞山是中国苗族太阳历的传承地，以吕洞山为中心，定日出日落，在清明坛演算太阳历，峒夯吉位于吕洞山之东，是最先看到日出的苗寨。五行苗寨的命名其实与蚩尤五行太阳历是密不可分的，合天地之数，万物之根，万物生长靠太阳。《管子·五行》篇："昔者黄帝得蚩尤而明于天道，得大常而察于地利，得奢龙而辩于东方，得祝融而辩于南方，得大封而辩于西方，得后土而辩于北方。"《管子·五行》篇记载了一个研究天道，且高明于黄帝的蚩尤。《管子》告诉世人与后人，是蚩尤帮助黄帝认识了天道，是蚩尤帮助黄帝制定了五行太阳历。因此，五行之说最初是源于金星、水星、木星、火星、土星、日、月"七曜"（七星高照）的认识，是天文的立体五历五行，详见《苗族古历》一书。

苗族先民对金星的运行有独到的认识，清晨时刻，东方微白之金星称为巴都岁，汉人称启明星；暮晚之时的金星称巴道玛，以金星纪年称之为金星历。金星随日出日落运行，见于东方，没于西方，这是相对于太阳而言的方位。东西本身是名词，不是方位词。买东卖西、各奔东西、或各奔西东，方有方位的含义，由此可见，东西可以互换,以物易物就是最早的买卖关系;南瓜也叫北瓜,南北互易。最早的方位词是以人为中心,左手指向日出之方叫勾乃旦,右手指向日落之方为勾乃暮,背(背后演化为北,北为读音,月为肉身之形)后称勾答(勾溯),前面叫勾觉,指北石叫柔勾答,后演为指南针。民间故老相传,峒夯吉远古时有一口水井,流出沙金,苗语金石一体,统称仡柔仡矾,"金""井"易理谐音,以物名寨,峒夯吉称金寨不负盛名;古籍记载蚩尤主西方,采葛山之金,发明兵器。由金生水,吕洞水寨,取洞之"氵",谐音而名,水生木,故吕洞水寨古木参天;同时,吕洞山处于寒武纪金钉子地带,山脉、水脉合称龙脉,是山南峒河武水水系与山北酉水水系的分水岭,盘瓠洞称小龙洞,在花垣排碧十八洞之地,《水经注》记为:"武山(苗语称武腊山)在泸溪县西(县址在洗溪)七十里,山北为酉阳(今永顺王村)之地。"构"木"为梯,梯子寨为仙家登天之道,称天梯为格重;木有竹木之称,巫家(芭黛雄)剖报木为答,芭黛雄扎削竹笐为卦,演算天数,八卦为易,八八六十四;九卦为难,九九八十一。木生火,雷劈古木,天火点燃地火,六十甲子纳音五行有戊子己丑霹雳火,苗寨如果发生雷劈树木之事,便以为不祥之兆,要延请芭黛雄作法化解,驱邪避灾。木生火,大烽苗寨取烽火之"火"意,水火相济,火寨有指环瀑布,为苗家男女以歌为媒,赶边边场的好去处。土寨十字坪,取坪之土,土能生万物,地可载千祥,故称土地菩萨为土地公公,而土地菩萨是蚩尤之子,称为后土。十字坪上有兴隆寨,古称占求占怕,是苗族第七次大迁到吕洞山定居后椎牛合鼓的圣地,然后陆续向大西南迁徙。

诗云:"横看成岭侧成峰,远近高低各不同。不识庐山真面目,只缘身在此山中。"要想认识吕洞山之美,请你到热情好客的吕洞山苗家来;要想知道五行苗寨的奥秘,请你上清明坛来演算蚩尤五行太阳历。

第三节 雷洞山——天下鼓山

东汉时期应劭所著的《风俗通义》云："鼓谨按：易称：'鼓之以雷霆，圣人则之。'不知谁所作也。鼓者，郭也，春分之音也，万物郭皮甲而出，故谓之鼓。周礼六鼓：雷鼓八面，路鼓四面，睾鼓、晋鼓皆二面。诗云：'击鼓其镗。'论语：'小子鸣鼓而攻之，可也。'"① 由此可见，连圣人都不知鼓为谁人所作。

据苗族《古老话》记载，鼓是苗族祖先共工所发明，共工即蚩尤，时为氏族联盟长。《古老话·上天门篇》② 有歌云：

(61)

Ad leb nhol ghaob Gongb gongd rux
一 个 夔 鼓 共 工 蒙，
Gongb gongd njant janx nhol ghaob deud
共 工 钉 成 夔 鼓 皮，
Nguix yanb leb leb deit beux ghuat
姑娘 愿 个 个 都 打 过，
Max nend chad lieas dand wel beux
现 资 才 轮 到 我 击。

---

① 应劭、崔豹.风俗通义古今注(民国二十六年初版)[M].北京：商务印书馆,1937:148.

② 湖南少数民族古籍办公室.古老话[M].长沙：岳麓书社,1990:402-405,443-444.

（62）

Lol dand doub gangs ghaob doux beux
来　到　就　送　鼓　槌　打，
Doul chot doux soub hend nggiangd nggiangd
手　拿　棒　钢　沉　甸　甸，
Ghaob lax ghaob shangt jid sheib beux
鼓　慢　鼓　快　不　会　打，
Ghaob mianb ghaob nzat jid sheib nangd
鼓　猴　鼓　庄稼　不　会　的，
Jid guant rut jad beux oub doux
不　管　好　坏　打　两　棒，
Ghad ndanx doub las mangd neized mangl
莫　谈　凡　间　的　后生　无能。

（63）

Bloud ghaob doub nib ub shot nongs
亭　鼓　就　在　水　屋　檐，
Doub nib shot nongs beux ghaob nhex
就　在　屋　檐　打　鼓　响，
Beux jel oub mianb jongs ghaot ghaob
打　了　两　面　七　方　鼓，
Npad rut njid bleid sub das nex
女　美　梳　头　醉　死　人，
Ghot sob nghet bleid nghet mloux dongt
仡　索　抬　头　伸　耳　听，
Ghot ndeat nched gheb nched gheb nkhed
仡　大　开　眼　开　眼　看。

(64)

Nanb huand khoud nzhad beux ghaob xit
小　心　敲　边　打　鼓　卉，
Beux blongl ghaob benx nhol xit lol
打　　出　鼓　花　鼓　卉来。
Beux nkhoud ghaob deud mes nes rut
打　　脱　鼓　皮　有人　蒙，
Beux bal maot tongt maot jangb chud
打　坏　木　桶　木　匠　做。

(65)

Ghaob had nhol loul ad poub jinb
鼓　　规鼓　矩　祖　传　定，
Ad poub Jangt Wongt jinb guit git
阿　濮　姜　　工　定　规　矩，
Jinb janx Lioub doub zent ghunb das
定　成　流　斗　祭　鬼　死，
Ghaob niex ghaob nbeat dand teat nend
鼓　　水牯鼓　猪　到　今　天。

(66)

Xib ngangx ghaob yul nongs nex nongt
古　时　夔黄牛　吃人家　小米，
Xib nius ghaob niex nongx nex reud
从　前　夔　水牯　吃　人家　高粱，

Doud wud ghaob deud rux ghaob nbot

剥 他 皮 蒙 皮 鼓 响，

Ghaob nbot shob shob yangl nzat deul

鼓 响 声 声 多 粮 增。

打鼓又叫擂鼓，打鼓比赛，叫打擂台，胜出者即为鼓王。苗语把"打雷"称为大索博略 Dat sob Beux nhol，意为雷公打鼓，也叫响天鼓或响天雷。苗民敬雷如神，有许多禁忌，有祭祀法事为 xit sob 戏索，汉意为祀雷；有民谚云"民怕官，苗怕雷"之说。 苗族三簋九卦中，三簋为雷、龙、夔，其中雷为○音，奶索、玛索，加上雷的 7 个儿子，共有九索九音，用以预测官之大小。

关于鼓的种类有许多种分法，最早的鼓是手鼓，即鼓掌，击掌为号，以示友好，鼓掌欢迎，隆重者鼓予雷鸣般的掌声；也有孤掌难鸣之说。因鼓的不同材质，又分为木鼓、陶鼓、皮鼓、铜鼓等，鼓的音质最好的是用枫木做的皮鼓，苗语叫略堵芈，意为妈妈鼓。出土文物中最早的是陶鼓，出土量大且艺术价值最高的是铜鼓。文献记载苗族祖先蚩尤最早冶铜，铜头铁额；"其文环以甲士"，贵州麻江式铜鼓面上有青蛙（苗语叫大蛄）、飞鸟、船等几何饰纹图案。文化内涵极为丰富且尚未为人所识的是"建鼓"。鼓的制式有单面鼓、双面鼓、四面鼓，八面鼓等，有腰鼓、手皮鼓、萨满鼓、军鼓、蛇皮鼓（二胡）等。侗寨有鼓楼却无鼓。铜鼓上的大蛄即盘古（蛄），比文献上盘古记载要早得多，至少可以追溯至汉代初期。

我国最早的鼓可以追溯到仰韶时期的陶鼓，是当时的一种乐器。龙山时代的鼍鼓形体硕大而且都出土于大型墓葬，已经具有礼乐器的功能。商周至汉代的鼓称建鼓，是宫廷祭

●○ 甲骨文鼓字　　　吴心源 / 摄

祀等活动的重要专用乐器。

建鼓的历史悠久,三千年前的商代至西周之际已有此鼓,是我国出现最早的鼓种之一,战国时代已广泛应用。《国语·吴语》中有:"载常(常:旗名,画日月于其端。)建鼓,挟经秉枹(经:兵书,枹:鼓槌),万人以为方阵。"韦昭注:"鼓,晋鼓也,《周礼》:'将军执晋鼓'。建,谓为楹而树之。"《礼记·明堂位》载"殷楹鼓"注曰:"楹,贯之以柱也。"战国时期铜器上镂刻的花纹图案和山东沂南汉代画像石中均有敲击建鼓的图像。汉代建鼓多以流苏羽葆为饰。汉代张衡《东京赋》:"鼓路鼓,树羽幢幢。"羽葆以翟尾(野鸡尾毛)做成,羽葆中间的幢上有流苏,用丝帛之类制成,可随风飘扬。《隋书·音乐志》载:"建鼓,夏后氏加足,谓之足鼓。殷人柱贯之,谓之楹鼓。周人悬之,谓之悬鼓。近代相承,植而贯之,谓之建鼓,盖殷所作也。"《旧唐书》与《隋书》所记相同。建鼓在壁画中较为少见,敦煌石窟唐代156窟壁画中有建鼓图像,但奏法完全不同,是一人背鼓在前面走,随后一人双手执鼓槌边走边奏,曾用于出行仪仗队和天宫伎乐中。此法至今仍在甘肃省河西广大地区的民间社火活动中沿用。明清两代宫廷一直使用建鼓。在明代中和韶乐和清皇朝祭祀乐中,建鼓均为开典领奏乐器。沈阳故宫博物院也将此鼓收藏于历代宫廷乐器中。

为何叫建鼓?从古到今无人能说个明白,只有从湘西苗族的文化习俗中才能得到合理的解释。东部苗语方言区远古时使用太阳历,用以指导水稻生产。过年过节叫瓜冬瓜建,瓜是过的意思,冬是冬至,即冬至过大年,建是年建年节之意(有年建月建日建时建和十二建直之分),或叫瓜建瓜就,有的也叫过载,如拜年叫拜年建。所以,建鼓实际是年鼓,也就是调年鼓舞、载歌载舞,也是年歌年舞之意。

在湘西,鼓被奉为神物,除了用于祭祖外,鼓还当作战鼓,击鼓上阵,鼓舞士气,故有"一鼓作气,再而衰,三而竭"之说法;在战事中,苗民用羊蹄鼓,蒙蔽敌人;击鼓踏歌,前师后舞(史称"巴渝舞"),吹牛角调兵,运筹帷幄;寺庙暮鼓晨钟,报日落月出,四季交替,年复一年。

苗语童谣唱道:云里头,天边边,有座高高的吕洞山。它是苗家敬奉的神,它是苗家祈福的仙。千年说,万年传,美丽的故事在人间……

这是苗鼓的山,这是苗歌的家,神奇的吕洞山笑口常开,那是阿公阿婆在说话……

第四节　苗疆天门山——吕洞山实证考

面对《苗防备览·卷一》中的苗疆全图,我们始终有一个心结,苗疆的天门山到底在哪里?

从《苗疆全图》局部放大看,天门山与吕洞山着实间隔有一些距离,匪夷所思。于是,准备从天门山与天门汛考证入手,探一个究竟,弄一个明白。我把这些想法和图片拿给吉首大学张文炳教授,向他请教,他说:"这要有考古史料作证,不能想当然,这些图仅仅是近两百年的记载,请冷静思考。"他热心地为我复印《苗疆全图》,同时指出:"这些图是从《苗防备览》书中的图演画而来,图中的方位与其相反,更易看懂,更详细,因该书(指《湖南苗防屯政考》)的主编是旦湘良,曾是辰永沅靖兵备道的道台,常驻凤凰,后升为二品官。"

《苗防备览》中的苗疆全图距今有 198 年的历史,当时陪同严如煜踏勘 148 个苗寨的苗官是乾州厅三岔坪人吴廷举,严后来根据所收集到的资料,并参照其他相关资料,亲手绘制苗疆全图。作为二百年前的先人,完全没有必要像今天的某些人那样为旅游炒作而伪写天门山,一定是实指实说,或另有所暗示。

根据当地传说,天门山一说是姊妹峰,相传有傩神自天上降至人间,故亦称傩神岩或落神岩,有的也记音称洛塔岩;峰下附近有小山洞一个,或天然形成或人工开凿,但没有洞穿,因此不能视为天门,此山至多可叫天神山,而不是天门山。

沿着盘山小径继续上行至矮寨(苗语街扎,沉潭伫扎的地方)镇家庭村,当地苗民说,村寨后山上有一块坪地,空旷开阔,像是营地地基,可驻扎数十人,周围附近还有石墙、哨卡遗迹,对照史书记载,便知是昔日天门汛的遗址。此地,过去为中黄村上天门汛,西南下至凤凰冬吉,西北上至永绥大兴粮仓,抵达永绥厅卫城的必经关口,居高临下,瞭望极远,易守难攻;从中黄营北行,经吕洞山,可到达保靖。站在家庭村山顶,吕洞山耸立眼前,一览雄风。我突然醒悟道,天门汛是不是有所暗指和寓意呢? 就像苗族传说《乃嬷玛苟》那样,不能明说代雄代扎的父亲是狗,只有水牛说了出来,于是被杀以祭祖,说明在某些环境条件下,说实话是有杀头危险的。联想当时陪同严如煜堪舆苗寨的吴廷举,自然也不能明说吕洞山就是天门山,更不能写在纸上,记入书中。只能在同一山脉上标明天门山、吕洞山,确实是有心之作、无奈之举。

如今,当你走近苗疆天门山——吕洞山时,山花烂漫的步行道穿越天门(当地苗语称为窟融窟明,直译为龙门洞,意思是明亮的天门,苗族古歌指路经中简称为天门),步步登高,直达望天坡。

那么,矮寨附近还有没有别的天门洞呢? 功夫不负有心人,在雀儿寨至凤凰冬吉的盘山小路边上,还有一个天然洞穿的山洞,当地人叫穿洞,不叫天门洞或天门山,此处因有山洞无数,号称九十九洞,乾嘉苗民起义时,义军首领吴八月曾在洞内设立兵工厂,制作兵器。今天,作旅游开发的唐乐洞(意为打铁洞)便是胜景之一。新溪口村后山上也有一穿洞,但口径较小,不太容易引人注目,号称不了天门山。同时,吉首西口附近的高坡,也有叫天门山,但无天门洞。九十九洞之一的穿洞或新溪口村的穿洞,离苗疆全图的天门山都远,至少在三五十里开外,不是地图上的天门山。从乾州往西南方向走二十多里,凤凰县地屯粮山也有一个大的穿洞,当地人叫象鼻山,离苗疆地图上的天门山更加遥远。

我们把这些考证告诉凤凰县苗学学会会长、资深的苗学专家、清史研究学者吴羲云先生,他表示认同和赞许;《清代中衰之战——乾嘉苗民起义研究》一书作者、清史研究专家盛天宁先生表示,这是一个重大的学术考证与发现,也是考证者谙熟当地风俗民情和历史的必然结果。

正当文章撰写之际,张家界市的朋友询问,是不是写的他们那边的天门山,我回答说:不是的,写的是苗疆天门山。关于天门山,是有迹可循。湖北省天门市是三苗故地,此处有天门山,但无天门洞;河南等地也有几处小型的天门山,也无天门洞,是苗裔迁徙带去的记忆中的母语地名。

"放驩兜于崇山,以变南蛮。"驩兜为颛顼之后,苗民之祖。其未到崇山前,崇山为南蛮(羋)之地。此处崇山在湖南花垣县吉卫镇夜郎坪村,上有驩兜墓(苗称仡岑麻廖剖,汉称大公坡大公墓),附近有排大坝(汉意为天子坪),经千百年后,苗民又回迁至大庸,崇山之名也带去那里,此山为独山,上有墓坟。周朝时,周赧王延岁

（公元前 314 年—前 256 年），相传葬于张家界永定区丁家溶。朝廷为追其下落，一直究查到此，方知驩兜后裔苗民聚居此地，但此地非"放驩兜于崇山，以变南蛮"的崇山。之后，不断有人考据此地为"放驩兜于崇山"，本末倒置。明万历年《慈利县志》载，周赧王墓在张家界县西十里，"周赧王五十九年，秦攻周，赧王惧而朝秦献地，遂以蝇年卒，周亦亡。盖秦忌之，不欲其葬内地故也"。此说倒是自有一番道理。唐代王维诗云："蛮烟荒雨自千秋，夜邃空余鸟雀悉，周赧不辞亡国恨，也怜孤墓近驩兜。"（按：周赧王墓与崇山驩兜墓遥遥相对，故谓"近驩兜"）

此处崇山后来叫云梦山，苗语叫仁云仁梦，再后叫嵩梁山，苗语叫召嵩召梁，公元 263 年，因山壁崩塌，而使山体上洞开一门，南北相通，孙休以为吉祥，赐名"天门山"，苗语叫"仁大坝"。《永定县·山川志》载："天门山在城南三十里，发脉自永顺府阴凤山，百余里蜿蜒至此突兀险峻。旧称嵩山，又名壶头山。《水经注》云：孤峰高耸，素壁千寻，望之有似天炉。吴永安中，洞开如门，高三十丈，宽六丈，孙休以为祥，而天门之名，从此而起。"它与吕洞天门形成于寒武纪之时相比，实实在在是小巫见大巫，晚了很多年。天上有南天门，根据星野对应，天门山在南方，毫无疑问，对应的是吕洞天门山。南岳衡山无天门，也不叫天门山。

至此，苗疆天门山——吕洞山尘埃落定，实至名归。

●○ 保靖黄金茶　　马燕／提供

吕洞山传统饮食

苗族的先民们依靠大自然的恩赐和劳动生活的智慧，发现和发明了众多美食，经过千百年不断提炼加工，最终形成了独具特色的苗族饮食文化。

第七章

07

第一节　稻作民族的农耕饮食

苗族的先民们在与大自然和谐相处的漫长时光中,依靠大自然的恩赐和劳动生活的智慧,发现和发明了众多美食,经过千百年不断提炼加工,最终形成了独具特色的苗族饮食文化。

苗族饮食文化的形成,与农耕稻作生活息息相关。历史研究证明,苗族是世界上最早进行人工栽培水稻的民族。大米作为传承了8 000年的主食,在苗族人民生活中占有重要地位。先民们用大米开发出了很多风味独特的美食,如米粉、糍粑、粽子、油炸糕、米豆腐,等等,至今仍是本地老百姓餐桌上不可或缺的食品。在湘西各个城镇,生意最好的小吃店、小食摊,都是卖米粉、米豆腐和炸油粑粑的。尤其粑粑,在苗族社会里占据着十分重要的地位,祭祀神灵用作供品,祭拜祖先用作祭品,起新屋上梁用作喜庆食品,过年走亲访友用作礼品。按照苗族传统生活习惯,生、老、病、死,凡是生产生活中举行的重要仪式活动都少不了糍粑(楚辞中称罢为粑)。

还有粽子,苗语叫作"粃粑",翻译成汉语意思是"五月果",即农历五月端午节才制作的食品,用来祭祀伟大的爱国诗人屈原。屈原是楚国人,据说有苗族血统,他本姓芈,而湘西苗族龙姓的苗姓就是芈。另外屈原先祖楚国第六代国君熊渠和后来的楚武王熊通,都说过"我蛮夷也"之类的话,间接承认了他们的苗族血统。屈原流放沅湘时,以苗族巫傩文化为素材创作了《九歌》等不朽名篇,其中有不少关于苗族祭祀时所用美食的描写,如"蕙肴蒸兮兰藉,奠桂酒兮椒浆"等句。苗族粽子制作历史悠久,味道独特。制法即直接用箬叶包裹白米水煮而成,剥开雪白如玉。还有一种方法是加上一点碱水煮熟,颜色艳黄似金。吃时沾上白糖,极是香甜可口。

除了大米制作的系列食品，湘西苗族在悠久的农耕时代，还充分利用本地特产食材，开发出了众多美食，可以说天上飞的、地上走的、水里游的、土里生的，都无所不包，应有尽有。湘西苗族饮食的主要特点，归纳起来有三个字"鲜、腊、酸"。

这个"鲜"字，是指苗族饮食所采用的食材，十分注重绿色、原生态。在烹饪方法上去繁化简，除了必需的油、盐等佐料，基本不添加多余调味品，因此食物保留了原始的鲜嫩、清香味道。如土鸡、岩鸭、河鱼等，无论炖、炒、煮都原汁

●○ 米饭喷香　　　　湘西州电视台／摄

●○ 刘明武先生（右）与雷安平教授（左）打糍粑

吴心源／摄

●○ 插秧忙　　　　向民航／摄

●○ 吕洞山苗族首届农耕文化艺术节　吴心源／摄

原味,极其鲜美。苗家人传统食用的年猪肉,真正是养了一年才杀,期间纯喂以苞谷、米糠、蔬菜以及具有中药功效的各种野生猪草,肉质肥厚鲜嫩,炒食时特别香。经常是哪家炒菜时放猪肉,周围邻居都闻得到香味。苗家特色菜里有一道葛巴虫,是生在葛藤里的一种虫蛹,需剥开藤条才能抓到,此蛹吸食草木精华,天然无污染且富有蛋白质,用油炸熟而食最是美味。还有苗家桃花虫,一种水生动物,每年春季桃花盛开、涨桃花汛时大量繁衍,苗家妇女用竹箕、网兜下河捕捞,回来用热锅烘干可放上许久。食用时先用油炸,再以辣椒配炒,吃起来香脆可口,令人回味无穷。

另外最能体现苗族美食新鲜特色的,就是生长于山林中、种类众多的各种野菜山珍。如山笋、菌子、蕨菜、鱼腥草、野芹菜、香椿叶、鸭脚板、糯米菜等。湘西本来生态环境非常好,这些野菜生长于深山密林,更是没有任何污染,采摘回来清炒味道格外鲜美,不仅下饭,且营养丰富。千百年来,这些都是苗家人桌上的常见菜,如今更成了大酒店里深受食客欢迎的特色菜。

腊味食品的开发,为苗族先民们解决了肉食不能长期存放的难题。回看人类

●○ 收割稻谷　　　湘西州电视台／摄

文明进步历史,可以推断出,苗族先民们掌握腊味制作工艺的历史比掌握粮食种植技术更悠久。在原始洞居时代,先民们最先学会的生活技能,就是捕猎和采摘,种植因技术难度更高,经过漫长时间才真正得以掌握。他们用石器、木棒作武器,与各种野兽殊死搏斗,捕猎的肉食收获大时,一时吃不完就要挂起来进行存放。这种做法,无心插柳中却使肉食通过自然风干慢慢变成了腊味。还有先民们在掌握了用火方法后,生活中许多活动都是围绕火堆举行,最频繁的举动就是在火堆边饮食,吃不完的肉也会挂在火堆之上保存,经过烟熏火烤,这些鲜肉迅速完成脱水成为腊肉。这种生活中无意得到的经验,丰富了先民们的食品种类,提高了饮食品质,促进了饮食文明的形成。

　　湘西苗族食谱中腊味种类较多,有腊肉、腊肠、腊鱼、腊鸡、腊鸭、腊兔等,可以说凡是饮食中常见的肉类,都能制成腊味。最有名的是腊肉、腊肠和腊鱼。腊肉以年猪肉为原材料,这猪养了一年,到冬至日才杀,也有腊月二十日以后杀的。把肉割成长条,撒上食盐和茴香、花椒、大料、桂皮、丁香等五香大料,放在缸里腌上几天入味,然后拿出来用绳索穿好挂在火架上,每日做饭、烤火时都接受柴火熏烤,这样熏上一个月左右,腊肉就熏制完成了。熏腊肉最好的木柴是橘树、樟树、柏树、桐树等,熏出来的腊肉金黄鲜亮,不仅品相好,还含有木质的清香。腊肠和腊鱼熏烤时间要比腊肉短一些,只要沾染一下烟火气让肉质带有腊味即可,熏烤时间过长,肉质脱水严重,变得干硬,反而影响口感。火候到位的腊肉可以存放一年以上,过去是苗家人待客的主菜。腊肉炒黄鳝、腊肉炒冬笋、腊肉炒莴苣、腊肉炒蒜薹、清蒸腊肉,做法有许多种,每种都别有滋味,令人垂涎欲滴。

除了腊味,酸菜也是苗族食谱中的主打菜系。苗家有俗语"三天不吃酸,走路打翻穿",形象地说明苗族人爱吃酸菜的嗜好。还有一个笑话,说是某位新媳妇刚嫁进夫家,第二天帮婆婆一起做饭,婆婆让她去杂物间舀一碗大头酸菜炒来吃,新媳妇走进杂物间一看,里面摆满了酸菜坛子,她东摸摸西看看,找了很久还没有找到哪个坛子里装的是大头酸菜,婆婆在厨房等得不耐烦,跑过去准备责骂几句,却看到新媳妇正在到处翻坛子,才想起自己没有交代清楚,于是一笑作罢。虽然是笑话,却反映了苗家人对酸菜的热爱。

酸菜的特点,一是耐保存,二是能开胃。湘西山区因地理位置偏僻,交通极其不便,在古代食盐供应严重匮乏,尤其苗区长期被中央王朝歧视为化外之邦,受到不公正打压,吃盐问题更加得不到保障。为了解决缺少食盐的困难,苗家人大量腌制酸菜,用酸味刺激味蕾,化解饭菜无盐的清淡无味,促进食欲。就像肉食在苗家都可以熏制做腊味一样,凡是菜蔬、瓜果在苗家也几乎都能腌制成酸菜。什么酸萝卜、酸白菜、酸豆角、酸胡葱、酸蕌头、酸辣子、酸苞谷、酸黄瓜、酸笋、酸鱼、酸肉……种类丰富,数不胜数。

到苗家做客,饭桌上都少不了一碗酸菜。吃多了大鱼大肉,夹几筷子酸菜下饭,感觉油腻之气一扫而净,整个人神清气爽。或者吃完饭后舀一碗酸汤喝下肚,胃胀不适感顿时消除,浑身舒坦。说起在野外劳作,苗家人自己去山里干活,有时离家远,就带午饭到现场吃,饭盒里放的多半是大头酸菜,中午休息,坐在溪流边用山泉水泡饭吃。泉水的甘甜,米饭的清香,炒菜的酸辣,混合一起入口格外刺激味蕾,尤其经过一上午的劳作,正好觉得饿了,更加让人胃口大开。

第二节　吕洞山区传统美食

　　吕洞山地区的苗族同胞在历史长河中，创造了灿烂独特的饮食文化。特别是根据当地出产的原生态食材，开发出种类丰富的特色美食，为苗族文明添上了浓墨重彩的一笔。

　　作为酉水和武水两大流域的分界线，吕洞山具有丰富和独特的生物多样性资源，为世代居住在这里的苗族同胞提供了源源不断的食材保障。作为保靖黄金茶的原产地，吕洞山"中国黄金茶谷"在国内外享有盛誉。如今在吕洞山地区，黄金茶

●○保靖县县长杨志慧(中)网上直销黄金茶　　　马燕／提供

种植面积有 10 余万亩,成为当地苗族群众脱贫致富的"摇钱树"。地方志书对吕洞山黄金茶的记载最早见于明代,当时朝廷一队官员路经此地,随从人员中有人身染瘴气性命危殆,刚好遇见一位苗族阿婆,摘下门前古茶树叶煎水给他冲服,病人迅速痊愈,感激之下官员当即拿出一两黄金酬谢阿婆,自此黄金茶有了"一两黄金一两茶"的美誉。

在苗语里,茶叶称为"吉"或"给",这个词的原义有救命的意思。传说炎帝神农氏尝百草,一次吃到一种药草含有毒性很重,当场中毒痛得直打滚,刚好身旁长有一棵灌木,满树绿叶散发清香,炎帝不加思索摘下树叶吃下去,毒性很快得到缓解,救回了性命。他把这种灌木取名为"茶树"。《华夏同始祖 天下共连山》[①] 一书的著者认为,炎帝早年生活区域在大湘西一带。苗族把具有救命含义的词语作为茶叶名称,应该与炎帝尝百草用茶叶救命有关,从中可见湘西苗区产茶历史悠久。至今苗区还有许多古地名以茶命名,其中吕洞山最为典型,有夯吉、排吉、茶岭、茶坪等。茶叶在吕洞山地区不仅是一种古老饮料,更被苗家奉为神圣之物,在祭祀祖先和神明的仪式上,都要用茶叶作为献礼。生活中,茶叶更被广泛应用到饮食里面,苗家人以此开发出了许多特色佳肴,如茶叶炒鸡蛋、茶叶炒桃花虫、茶叶煲汤、茶叶炖肉等,还有茶叶制作的糕点、茶树熏制的腊味……到吕洞山游山玩水,体验采茶乐趣,自己动手泡茶,再吃一顿茶叶宴,成为当下城里人时兴的一种休闲娱乐方式。

琴棋书画诗酒茶,在古代被视为文人七大雅事。除了茶叶,美酒也是吕洞山地区的一大特产。苗家人以热情好客、豪爽大方闻名,款待客人最热情的表达方式就是大块吃肉、大碗喝酒。能喝酒、善酿酒,酒文化在吕洞山源远流长,湘西有名的几大白酒品牌都集中在这一片区,如酒鬼、湘泉、水田河、十八洞、酝匠等。酒鬼和湘泉两大名酒的水源来自吕洞山,水田河酒更是在吕洞山核心区酿造。酒鬼酒独创的馥郁香型,是中国白酒 12 大香型之一,兼容了浓、清、酱三大白酒基本香型的特征,是"中国十大文化名酒",国家地理标志保护产品。著名国画大师黄永玉亲自给酒鬼酒命名并设计酒瓶包装,加上题诗"酒鬼喝酒鬼,千杯不会醉;酒鬼背酒鬼,千斤不嫌赘",被公认是中国白酒文化的"三绝"而享誉海内外。水田河酒因出产于吕洞山的水田河镇而得名,被誉为"湘西的五粮液",已列入湘西州非

---

① 王震中,赵婉玉,杨陵俐.华夏同始祖 天下共连山[M].郑州:大象出版社,2010.

物质文化遗产保护名录。众所周知,盛产美酒的地方都是文化和文明昌盛之地。因为酿酒需要大量的粮食作为原料,能够出产美酒,说明这个地区粮食供应没有问题,由此可以推断出历史上吕洞山地区的农耕文明比较发达。

酸鱼,是吕洞山地区一道有名的苗家美食。腌制酸鱼是当地苗家人的传统习俗,每年农历金秋八月,稻谷丰收,蟹黄鱼肥,就是腌制酸鱼的大好时节。腌制酸鱼选用的是从春天插秧时就放养在稻田里的

●○ 吕洞山美味稻花鱼　　　　王胜/摄

本地特产紫尾红鲤,俗称"岩鱼"。在它们最佳生长期,刚好是水稻扬花时,这些鱼儿每日以漂浮在水面的稻花为食,整个放养过程没有投喂任何鱼饲料,纯天然环境下生长,所以肉质特别肥美细嫩。

酸鱼腌制以三指宽的鲤鱼为佳,必须是刚从稻田里捉来的活鱼,先放在清水里养一两天让它吐净泥垢,然后剖开取净内脏,在阳光下稍微晒一会儿,再把磨成粉的糯米、小米或玉米灌进鱼肚里,用食盐、花椒粉均匀涂抹在鱼身上,放入土坛子里密封好。等二十天后开坛将鱼取出,再放入另一个洁净干燥的土坛中,密封住坛口,两个月后,就可以食用了。酸鱼烹饪之法以干煎为主。往铁锅里倒入少许菜油,烧热后把鱼放进去,用小火慢慢煎至颜色变成金黄,把切好的青椒倒入锅里一起翻炒,再洒上姜丝、蒜末等佐料紧炒几下,即可出锅。煎好的酸鱼外焦里嫩,味道酸、咸、辣、麻相宜,十分可口且开胃。酸鱼制作从放养到开坛,中间历经大半年时间和几十道工序,所以十分珍贵,不是贵客登门,一般很难品尝得到。所以到吕洞山区的苗族同胞家中吃一次正宗的苗家酸鱼,喝一碗自酿的苞谷酒,再泡一壶黄金茶慢慢品尝,那味道让人一辈子念念不忘。

吕洞山还有一道美食叫九香虫。这种虫子生活在河滩的岩石下,身体椭圆形,

外表紫黑色并带铜色光泽，长有翅膀可进行短途飞行。《本草纲目》记载："九香虫，大如小指头，状如水黾，身青黑色。至冬伏于石下……至惊蛰后即飞出。"《中药大辞典》则载说，九香虫对于神经性胃病，精神忧郁而致的心口痛，脾肾阳虚的腰膝酸软乏力、阳痿、遗尿等症有显著疗效。李时珍说它"咸温无毒，理气止痛，温中壮阳，久服益人"。除了药用功效，更是食补美味。每年冬春之时，本地苗民就下河滩翻捉九香虫，用瓶子装满带回家中，先放在温水里浸泡，让它把体内的臭气排放干净，然后捞出以本地出产的茶油或菜油炒之，再加上切碎的青椒一起翻炒，吃起来又香又脆，令人大快朵颐。还有一种做法是直接用油炸得半焦，放一点盐和干辣椒快炒几下即出锅，另有一番独特风味。因这种飞虫只在吕洞山地区才有出产，所以特别珍贵，市场上卖到几百元一斤还有价无货。

吕洞山出产的一种黄豆酱，做法、味道与其他地方的有很大不同，也是当地有名美食。这种黄豆酱以水田河镇新寨村出产的最为有名。据传具有苗族血统的爱国诗人屈原在《楚辞·招魂》中写有"大苦咸酸，辛甘行些"之句，后人有注释说这个"大苦"就是豆酱，侧面反映了苗族制作豆酱的历史悠久。吕洞山地区的苗家人制作黄豆酱采用的原料，都是当地栽种的大豆，成熟充分、颗粒饱满、皮薄肉厚。大豆清洗干净后，要在白酒里滚浸一道，经过蒸煮冷却，再拌上食盐，放进坛子里发酵，并在太阳底下曝晒，需要许多道工序才加工而成。炒时配切碎的青辣椒，倒少许清水在锅里闷一小会儿，汤汁浓郁，格外清香，好吃又下饭。这种黄豆酱都是老百姓做一点自己吃，只有在吕洞山地区才能品尝到，市场上都没有销售。

在吕洞山行走，经常可见山崖底下放有一个个方形木箱，那是本地人用来招养野蜂的。这里野生蜜蜂很多，每年要分出许多蜂群，当地苗民十分熟悉这些蜂群习性，自古就掌握了养蜂方法，每年通过培养野蜂采集野生蜂蜜，成为主要的创收方式之一。野生蜂蜜也是吕洞山的一大特产。这里森林植被好，草木繁茂，一年四季有不同花树开放，为蜜蜂采集花蜜提供了良好的环境。桃花、梨花、枣花、野菊花、枇杷花、猕猴桃花、五倍子花……吸收了这些植物精华的野生蜂蜜颜色如琥珀、玛瑙一样纯净透明，滋味甜润，具有蜜源植物特有的清香，营养价值非常高。

世界上任何美食，只有在原产地其风味才最正宗。想要品尝到真正的吕洞山特色美食，一定要亲自去当地现场体验。这片神奇的山水，还藏有许多美味，在此无法一一尽述。只要你肯来，一定不虚此行。

第三节 食药同源万年根

在民间有"千古苗医,万年苗药""三千苗药、八百单方""百草都是药,只要用得着"之称,用百、千、万表示苗族医药数量众多、历史悠久。至于苗医苗药的神效奇功是有目共睹、妇孺皆知的,如原民国总理熊希龄亲眼看见苗医治疗后曾感慨不已,惊叹"子弹无足自退出,全凭苗医华佗功"。[①]

苗医在使用苗药上有其独特的方法和特点:一是"现采现用",平时不备药,忌讳"备用",认为备了就要用;二是采药要"留种",有利于药草药物"嘎芮嘎勾"的再生利用,可持续发展,不做断子绝孙之事;三是治病之前根据患者的病情进行"医算",认为能治好的就治,不能治好的就坦言相告,不浪费病人钱财,也不损害医者的荣誉,同时也能算出疾病(苗语"毛病")治愈的快、慢进程;四是治病坚持"先救命保命、再保功能、兼顾外形"的原则;五是将病治于未病之前,特别是注意传染病的隔离和预防,是"上医";六是病好后,要"送药",将药渣寄放在山洞中或在溪河边焚烧,并供以香纸,而不是像中医将药渣倒在路口;七是苗医平时以农耕生活为主,行医为辅,遇到患者求治时,不论平时是否有过节,都要先去行医,"救人为本、救急为先";八是苗医在传承上有自己的一套严格的择徒标准,"择善而教,无德者不教",以防损害社会或他人。

武陵山区地处亚热带季风性湿润气候,冬暖夏凉,四季分明,降水充沛,有丰富的生物资源,号称"生物基因库",史称"苗疆""苗岭"。仅以湘西州为例,药用植物达 2 461 种,占全国药用植物的 22%,约占全省药用植物的 2/3,比较典型的有青蒿、五倍子等多种名贵药材;全州拥有动物药材 147 种,比较珍贵的有牛黄、蛇

---

① 中共湘西自治州委宣传部.湘西读本[M].长沙:湖南人民出版社,2011:35、200.

胆、穿山甲等40余种;拥有矿物药材23种,湘西州被誉为"华中天然的药库"。在州内也拥有湖南湘泉制药有限公司、华立(吉首)青蒿制药有限公司、湖南本草制药有限公司等14家成型的生物医药企业。2011年,湘西州生物医药产业实现工业总产值6.878 8亿元,销售产值6.7亿元,营业税金及其附加税345万元。药产品共计130余个品种,其中获国家准字号生产的共52个品种,产品远销德国、法国、美国、英国、瑞士等国家①,深受消费者的好评;另一方面也说明了武陵山区的生物制药大有潜力可挖。在贵州省,苗医苗药已经成为重要的特色产业和重要的支柱产业之一,其经济价值和社会价值得到较好的展现。

当前,武陵山区区域发展工作正在进行,我们要充分利用这一大好时机,发展苗医苗药产业,特别是政府和相关职能部门要用政策引导扶持,资金投入重点支持,技术注入作后援保障,让苗医苗药散发出其药效神功,造福人类。一是在实现中华民族伟大复兴的进程中,结合中医的振兴,大力发展苗医苗药产业;二是在中央民族大学、中国中医药大学、中南民族大学、贵州民族大学等高等院校设立民族医药系,培养大量的高等民族医药人才;三是通过国家中医药管理局尽快制定苗医苗药标准,进行认证考试和考评,解决行医用药的合法性,如贵州省已有部分苗药由地方标准升为国家标准;四是将湖南省湘西土家族苗族自治州医疗制度改革和民族医药综合试验改革试点,将苗医苗药消费纳入国家医保体系,加大国家对少数民族地区民族医药发展的政策、资金、技术扶持力度;如2011年7月1日颁发了《湘西土家族苗族自治州民族医药保护条例》(以下简称《条例》),颁布实施以来,州、县财政每年投入资金,确保《条例》的贯彻落实,取得了良好效果;五是加大苗医苗药的传承、保护和开发利用工作,充分保护苗药献方者的合法权益,鼓励苗医苗药的自我传承和发展,从而开发出一批既有利于社会,又有可观经济利益的苗药产业,如开发白芨生产"创口贴",青蒿素产品的深度开发利用,用银杏、茶叶、七叶参等药草资源开发茶饮料系列产品、开发豆奶或豆饮料苗药保健食品,进一步调整农产品结构,提高农民收入等;六是在吉首乾州古城百业坊开设苗医苗药一条街,在武陵山区城市设立苗医院或苗医苗药特色专科医院,如苗医骨科、烧伤科、结石专科等医院;在苗区乡镇设立苗医专科门诊,方便群众看病就医,减少医疗成本,提高健康保健的幸福指数;七是组织医学科技人

---

① 麻正萍、张永亮.湘西州生物医药产业发展战略研究[J].湘西研究,2013(2):17、19.

员应用苗药对癌症、心脑血管疾病、禽流感、艾滋病、其他疑难杂症等进行攻坚克难应用研究,不断提高人们享有健康快乐的生活水平。

我们坚信,在不久的将来,民族旅游和苗医苗药将成为武陵山区经济发展的两大支柱产业,苗医苗药也在21世纪散发出耀眼的光芒,为人类的健康美丽增添福祉。

●○ 黑瓦房　　　吴心源 / 摄

吕洞山民居建筑

随着社会的发展,苗族人民把自己的文化融入生活中,在建筑里融入本民族的审美和信仰,然后形成了各式各样的苗族建筑风格。

08

第八章

第一节　苗族传统民居简述

一部古经——述说苗族民居的发展史

苗族是中华大地上最古老的民族之一，湘西苗族是中国苗族之重要一部；其历史悠久，源远流长，居住集中，支系繁多。

在漫长的历史发展过程中，湘西苗族先民与天斗辉映星辰，与地斗气壮山河；为了生存和发展，他们战胜多少艰难险阻，经历了一次次艰苦卓绝的斗争，用自己的血和汗谱写了光辉灿烂的历史，创造出独具特色的民族文化，极大地丰富了人类文化艺术宝库。其中，建筑文化就是这艺术百花园中的一枝奇葩。

苗族建筑是一门艺术，更是一门技术学科；建筑的初衷是先民们为遮风避雨，求生而居。随着社会的发展，苗族人民把自己的文化融入生活中，在建筑里融入本民族的审美和信仰，然后形成了各式各样的苗族建筑风格。建筑和诗歌一样，每个时代都有它的代表和形式，这种建筑形成又与社会发展息息相关。但它与诗歌不同就在于，诗歌在那个时代达到一种登峰造极的文艺形式，而建筑则越发展越进步，越实现超越。从坚固程度上讲，古代不如现代，但从建筑艺术的角度来看，古代的苗族建筑同样有许多可以借鉴之处，现代建筑是在古代建筑的基础上发展起来的，有很多值得参考的地方。

一部苗族的迁徙史记载了这个民族的深重灾难与历史负重。我们从传唱千年的苗族古歌中就能看到一个民族为了生存和发展而进行的抗争，全程记载苗族大迁徙实况的著名苗族古经《涉水爬山》中这样唱道：

在那很久很久以前，

在那久远久远的过去，

天底下人世间一帮代熊代夷，

生活在水边肥沃的地方；

大地上世间里一群代稣代蒙，

生活在水边美丽的村庄。

他们是开田开土的聪明先人，

他们是开河开坝的带头先驱；

天下五谷良种他们样样俱全，

凡间仁义道德之礼他们样样都有；

粮食丰收，房屋居住崭新，

合族人缘旺盛，亲戚朋友丰厚；

名声扬扬震撼四方八面，

丰碑赫赫树满广庭天际。

天有不测风云袭击，

地有不测凶祸作祟；

端端庄庄反被别人随意诬陷，

堂堂正正却被他人任意妒忌；

千载百年富有家产尽遭别人霸占，

万载千秋久安住所尽遭他人焚毁；

一帮代熊代夷代稣代蒙代来代卡，

从此大祸临头灾难济济……

勤劳勇敢的苗族为了寻找更好的发展空间，驾起钢船铁船沿着河岸行走，顺着水流下滩；男的破竹作套，女的撕裙作缆；开拓者们奋力地拼搏。"一锹搬走一座石山，一锄挖通一条河谷；一钻打得满天星斗坠落，一斧劈开万丈悬崖通途。"

从此走出层层屏障，跨过道道激流险滩。来到一个新的环境，古歌才有"来到占楚，才开始成家；来到占菩，才开始立业。树房盖着茅草，树屋盖着树皮；才铸锅子拿来炒菜，才造鼎罐拿来煮饭；才用竹筒拿来担水，才择地洞拿来装米。"奋力地创造自己美好的家园，出现了"人数越来越多，队伍越来越坚；生活越来越好，房屋盖瓦砌砖。女的戴金戴银，男的穿绸穿缎；牛马满坡满岭，猪羊满栏满圈。"但好景不长,一场突如其来的灾难从天降临,"加嘎钻进苗寨,加狞钻进苗村;钻进寨来吞男,钻进村来吞女;九坪九岭才郎,吃了只剩一坪一岭;九谷九冲美女,啃了只剩一谷一冲;一朝破了鼓社,一夕破了鼓会;鼓社变成了魔社,鼓会变成了鬼会"。于是,又一次进行大迁徙,他们热情似火,他们斗志高昂,"又扶老携幼上移,又拔船漂水上迁;水路沿着河坝河滩上来,陆路顺着悬崖峭壁上来;七宗一起上划,七族一同上搬。男女相跟一齐来到泸溪峒,老少相随一齐来到泸溪岘;来到泸溪峒立了泸溪峒,来到泸溪岘立了泸溪岘;男的又来成家立业,女的又来绩麻纺纱;又来种田种地,又来立村立寨。开了九十九岭,立了九十九寨"。苗族先民在一次次斗争中成熟,在一次次建设中发展,出现了"女的穿罗穿裙,男的穿绸穿缎;大大的银珈银圈满胸满颈,大大的耳环吊起碰面碰肩;大大的银镯戒指戴满左手右手,大大的头巾围了一圈又围一圈"①。

星移斗转,社会进步。人类社会由母系氏族社会进入父系氏族社会,先民的生活格局也随之发生重大变化。人们开始由蒙昧时代跨入血缘关系的时代,在潜意识中,先民把图腾物作为自己的徽标。

我们从湘西苗族自称中就能发现图腾命名的遗迹。在苗族古籍《休巴休玛》中道出湘西苗族(东部方言)自称为"仡熊仡鹭",说明苗族先民的图腾为熊,为熊氏族。据汉族历史记载结合苗族历史传说和出土文物证明,湘西苗族在古代是以仡熊仡鹭为主体,融合三苗、盘瓠等部落,构成湘西苗族的原始初民。由于地域广大,人数众多,其自称各不相同,有"仡熊仡鹭""仡索仡爽""仡庸仡爨""仡猫(读犸)仡狗"等。仡猫后来被放于崇山而变南蛮,仡狗在武王伐纣后与南蛮中的仡芈结合,组成楚族。这四个古代部落部族,历史上被称为"苗民",或被概称为"南蛮""黔中蛮""武陵蛮""娄中蛮""澧中蛮""西溪蛮""黔阳蛮""辰州蛮"之中。以上全指居住在湖南西部的苗民集团。现今湘西苗族服饰仍有图腾物的遗迹,如龙头皱纹手圈、龙头耳环、凤凰银发髻簪、银花蝴蝶髻簪等,妇女衣在胸部、袖口、裤口等处均绣有龙、凤、蝶、爨等花纹图案,连绣花围腰也称围腰颊和围腰熊。此外,还有昆虫图腾。苗族古籍《枫木歌》说:从蝴蝶生出的蛋孵出了苗族的祖先和其他动物。这就表明,苗族中的蝴蝶图腾是比其他动物图腾高一级的图腾。以上说明,苗族亦是一个曾以动植物为图腾名称的民族。

---

① 苗青.东部民间文学作品选[M].贵阳:贵州民族出版社,2003:177-197.

图腾和姓氏有着密切而直接的联系。中国俗语"百家姓"其实何止百姓,据阎福卿等人统计,中国有姓氏5 730个。湘西苗族姓氏就有仡熊、仡鸶、仡颥、仡菜、仡恺、仡鲶、仡芈(十二支)、仡沙、仡骦、仡轲等,习惯称为五宗六族;历代封建王朝赐汉姓有吴、龙、廖、石、麻、田、杨、贺、包、唐、白、王、刘、李、张等共148种。初民时代的图腾名称即是现代人说的所谓"姓"。我国古代的学者对姓氏和图腾的关系极为关注,《说文》云:"姓,人所生也。"《白虎通·姓名篇》曰:"姓,生也,人年禀天气所以生者也。"《论衡·诘术篇》谓:"古者,因生以赐姓,因其所生赐之姓也。若夏吞薏苡而生,则姓苡氏。商吞燕予而生,则姓予氏。周履历大人迹,则姬氏其立名也。"他们认为的"姓"就是"生人之物",也就是指现代人说的"图腾"。从而演变成湘西境内苗族的五宗六族。

随着社会的发展,苗族人数的不断增多,先民开始觉得洞居的采光度不及平地建房方便和舒适,于是又从洞中搬到野外,用木头树枝造房。集结众人,白天一同出门狩猎,晚上一起群居在原野上。苗族最原始的屋顶是"人"字形,便于导水,后来科学技术与艺术美学在建筑上得到充分运用,反檐飞翘,打破传统的"人"字形,创造了崭新的视觉艺术。苗族民居建筑屋顶的"人"形造型应是深居大山而受到启发,雨水下山峰的水迅速往山下流的翻版。从此一步步发展成现在具有民族特色的民居。

这些不同时代的苗族文化,全部镶嵌在苗家的房前屋顶上,融化在古街栈道里,汇集在千百年来传唱不尽的古歌里,表露在特色浓郁的苗族风情中。

苗族建筑以适应当地气候,维护自然生态环境平衡为原则。有的寨落一般建在山势中部,层层向上,层层叠叠,如蜜蜂造窝,为蜂蝶式寨落;沿河或在较平坦的开阔地带,寨落较为分散,称散居式寨落。保靖苗寨多为依山傍水,达到人与生境的天然合一。

诚然,特色民居建筑是民族文化的有形载体,建筑风貌是民族文化的真实再现。一个古香古色的苗寨,可以让人迸发创新与幻想的浪漫激情。

我们每次走苗寨的石板路都有新的韵味,有新的感受;这是什么样的路?是有灵性的路,是有风意骨格的路,是有物化精神之路;它昭示苗家从远古走到现代,从现代走向未来。苗族现代建筑之路遥遥茫茫,任重而道远,从这里开始,一代一代永远走下去……寻找一条既是民族的又是世界的建筑风格之路,锻造一代代世界级的建筑大师。

我们漫步在吕洞山苗寨时，不缺我国建筑学家梁思成先生发现佛光寺的过程那样的兴奋与激动人心。当年梁先生骑着驴，萦回环绕于崎岖的山崖小道上，那种险境有时连毛驴都吓得光喘气不肯走。就在黄昏时分，人困驴乏的时候，突然看到了远处的佛光寺，缥缥缈缈中幻若蜃楼。他万分惊喜，在建筑师的想象世界里盼得太久了，所以，他们一旦来到了真正的唐代建筑面前竟担心是不是真实的。我们踏进吕洞山苗乡，就被无数的民居建筑所惊叹和折服。如建在悬崖之底的吕洞山苗寨，一条石板路从崇山峻岭中通向外界；建在山脉中麓的梯子苗寨，一条深深沟壑连接远古；建在群山中的夯吉苗寨，三面环抱大山，独特地貌；龙江苗寨，溪环寨旁，天然开造旷世盆景。这些似银河繁星撒落在山山岭岭中的苗寨，不正是苗族人民共同创造的杰作吗？

一部古经，述说一个民族灿烂的建筑文明史，它洋溢着无限的诗情画意，字里行间跳动着鲜为人知的民族文化的精灵，是苗族人民不可多得的物质财富和精神财富。

一个寨落——见证苗族民居的变迁

追溯苗族建筑产生的年代，历史悠久，流长源远。从原始洞穴，进化到巢居，到简易的茅草居，到木质结构的瓦居；发展自流灌溉水利，战争防御工事，民间桥艺，各种雕刻艺术……其间经历了漫长的发展过程。它随社会的发展变化和生境的改变而改变。这些不同的风格，不同模式的建筑都是人与大自然的完美结合，无不打上社会生产力和经济发展的烙印。

在古代，苗族先民是以血缘为纽带而集合起来的氏族统一体，随着社会的发展，氏族人员增多，形成胞族，尔后又慢慢发展成民族。以图腾物为群体标志，有固定的宗族支系为村寨或生活点在当今仍分布广泛。以姓氏为村寨不胜枚举，遍及花垣苗乡。

从苗族的民间传说和史料记载中得知，苗族古时候的转移是由南到北，又从北而南，至东而西的大迁徙，主要形式就是以姓氏为单位而迁徙的。我们从苗族古歌中就可以找到答案。现居保靖的吕洞山苗族中，绝大部分还保留这种姓氏居住的原始风貌，如梁家寨、龙家寨、石家寨等的寨名就直接用苗姓来命名。这种以姓氏为单位的居住寨落在苗族地区十分普遍。

在这漫长的历史发展过程中,不同的地域,不同的姓氏,对建筑的要求有所区别;在建筑材料、造房的式样、屋内装饰及祖先灵位安放上都不相同,这从客观上就形成了苗族建筑的丰富性与多变性。如石姓和时姓(民间说的大小石姓)的火坑方位则相反。

吕洞山区苗族先民是以图腾为群体的名称,有固定的宗族支系且不多不杂,在当今的分布情况仍以宗族为村寨或生活点。同一姓氏为村寨遍及苗乡。先民以氏族为独立生活单元,这个氏族就是现在的姓族,先民们过着族居生活。这一时期先民们的劳动生活结合形式是血缘为纽带而集合起来的氏族统一体;随着社会的发展,氏族人员增多,形成胞族,尔后又慢慢发展成民族。

诚然,散居为原始先民的栖身形式,群居是原始先民生存唯一的选择,族居是人类社会进步的体现,寨居是民族发展的重要标志。

苗族建筑是吕洞山区苗族人民精彩生活的舞台。从古到今,世代相袭,它不断见证了苗族社会的发展与时代变迁。从散居—群居—族居—寨居,清晰可见湘西苗族建筑的发展轨迹;从洞穴—树丫—树皮—茅草房—瓦房,完全展示材质的变化从而推动建筑形式的革命。苗族建筑在不断满足苗族人民生产生活的同时,也

●○ 大烽苗寨　　　　吴心源 / 摄

定格一定时期的苗族文化,是苗族建筑发展的见证、文化的标志和心灵的寄托;浸透了历史阶段中苗族人民的审美情趣和艺术追求。它又是湘西苗族生产力发展的量度和尺码,不断丈量着苗族社会经济发展的进程,把勤劳勇敢、富于探索的民族精神、民族性格和文化特点表现得淋漓尽致。这些附着在建筑中的文化因子,深藏着鲜为人知的艺术真谛,它的神秘的面纱,它的奥妙之秘,未能破解的文化密码,有待人们深究解答。只可惜岁月沧桑,随着岁月流逝,有些建筑历史文化在飞舞的云烟中飘向远方。

苗族建筑——一部不朽的文明史

在千百年的社会发展进程中,苗族人民创造出许许多多无愧于时代、无愧于民族的建筑杰作;这些杰作随着时代的发展融合到各民族的建筑之中,各民族的建筑同样影响着苗族建筑的发展。岁月流逝,潮起潮落。不满足于现状的苗族人民在与大自然为伴中,创造出特色各异的苗族建筑。其中,远古的建筑只能留在先民的记忆里,近现代建筑正以特有的张力创造和发展着。苗族建筑文化也以它特有的方式无声无息地生存着,显示苗族建筑文化的生机与活力。多年来,由于种种原因,丰富多彩的苗族建筑文化被闲置而无人问津,研究文稿更是寥寥无几。没有成功的规律可以遵循,更没有现成的资料来参考运用,全面系统地研究苗族建筑文化的著述尚属首次,一切在研究探索中,要准确诠释千年来的苗族建筑文化,其困难程度是前所未有的。在这里,我们只不过留下寥寥数语,远不能全部描述整个苗族建筑艺术与建筑文化。

我们知道,记载几千年中华文化的典籍浩如烟海,然而,关于建筑技术的书籍只有北宋的《营造法式》和清代的《工程做法则例》两部;我们不能不为此留下一种深深的遗憾。在封建社会里,记载帝王宫廷建筑的书籍都如此稀少,少数民族的建筑记载就可想而知了。直到 20 世纪 30 年代初,梁思成先生创建了中国的营造学社,它的创建在中国建筑史上具有极其重要的价值。梁先生从那时开始潜心研究中国建筑发展史,创建了中国建筑学,因此他成了中国建筑学的开山鼻祖。

我们没有看到古代有关苗族建筑的记载,但这不等于苗族就没有建筑。在中国建筑历史上,我们所看到的总是帝王宫殿,而且是破碎而美丽的皇宫。如中华民族建筑象征的万里长城,八百里秦川中咸阳的那片麦地里,浮现在视野中的一个个小土丘，就是被项羽一把火焚烧之后的阿房宫。虽然它早已被历史所吞没，但杜牧笔下的《阿房宫赋》花言锦句至今让人激动不已。"六王毕，四海一。蜀山兀，阿房出。覆压三百余里，隔离天日。""五步一楼，十步一阁。廊腰缦回，檐牙高啄。各抱地势，钩心斗角。"同时还记载了皇帝的奢华生活。"雷霆乍惊，宫车过也。辘辘远听，杳不知其所之也。一肌一容，尽态极妍。……燕赵之收藏，韩魏之经营，齐楚之精英，几世几年，剽掠其人，倚叠如山。一旦不能有，输来其间。鼎铛玉石，金块珠砾。弃掷逦迤，秦人视之，亦不甚惜。"多么气派，多么宏大。连绵三百余里，博大的空间让人难以置信。这等场面与辉煌早已烟消云散，只有"鼎铛玉石，金块珠砾"，全埋在这座荒丘下。还有气势磅礴的大明宫，国人饱受耻辱的圆明园。无情的大火烧毁了一栋栋精美的建筑，烧毁了一个个帝王的梦，但这大火也唤起了一代代优秀中华儿女的觉醒。

我们站在湘黔群峰中，举目远眺，浮现在我们视野中绵延百里的山脉，其间镶嵌着似蟒蛇过江、蜿蜒曲折、忽闪忽现的中国南方长城——苗疆边墙；它被愤怒的苗族人民一次次推倒又一次次重建；望着那孤独的碉楼与残缺城墙，多像世纪老人残缺的牙齿，讲述着民族惊心动魄的辛酸史；仰望着那一颗颗豁牙毗连的山脊线，狰狞的荆棘爬满每块残垣断壁，厚宽不一、大小各异的土砖石块接受着岁月的洗礼，锈迹斑斑的铁门也打上历史的封条。这一切都迫使我们长时间地回味起那刻骨铭心的历史，心田里总是浸润种种的历史情绪，留给后人却是一种历史的遗憾和空缺，让我们迫不及待去填补、去沉思。我们无须去考证南方长城的设计者与建造者，它与阿房宫一样，只留下一段辉煌，更留下一段遗憾。正如《南长城之歌》中唱道：

你耸立在巍巍武陵，

你遥望着日月星辰，

一支古老的歌呦，

从古唱到今。

啊！南长城，

几多风花雪月，

几多残垣断壁，

你带走千年遗憾，

留下一片神奇。

你横卧在神州大地，
你深藏于崇山峻岭，
一段不朽的往事哟，
已化作永恒。
啊！南长城，
几多春夏秋冬，
几多哭笑人生，
你带走千年遗憾，
留下一片神奇。
…………

　　吕洞山区苗族建筑是现今湘西州境内苗区建筑保存最为完好的地区，它集中连片，规模宏大，风格独特，保持完整；它的建筑历史和建筑文化同样博大精深，它与雍容华贵、璀璨无比的苗族服饰一样，被世人所仰慕。随着岁月流逝，这些层层叠叠的建筑历史文化在飞舞的云烟中飘向远方。这些镌刻着厚重历史文化的不朽建筑，汇集成一部部厚实无比的人类文明史。

第二节　吕洞山传统民居特色

白云生处是苗乡

　　吕洞山苗族民居建筑素以用料讲究、构图精巧、造型典雅、纯朴自然、技艺精湛而著称。苗族村寨一般建在山势中部,层层向上,重重叠叠,如蜜蜂造窝,为蜂蝶式寨落;沿河或在较平坦的开阔地带,民居较为分散,称散居式寨落。这些苗寨多为依山傍水而建,达到人与生态环境的天然合一。

　　吊脚楼与黑瓦房为苗族民居的主要形式。湘西苗族多居山区,受地势地貌影响,民居多建于山间丛林或依山傍水处,下衬木柱,架高底部,以防潮湿;有的因山势陡峭,为增加实用空间,把柱头前部分挑出,形成回廊;上面可以习文绣花,纳凉闲谈;这种建筑称为吊脚楼。一眼望去,依山而建,高低有致的一栋栋吊脚楼,形成别具特色的苗族建筑风格,构成一道亮丽的风景线,是苗族人民智慧的结晶。

　　黑瓦房是吕洞山苗族民居的又一风格。通常分五柱六挂、五柱七挂,多者达五柱十一挂,少有四柱三挂。木板房上盖小青瓦,板壁全用桐油反复涂抹,风吹日晒,乌黑发亮,干燥舒适,防潮防震。一般苗家民宅坐南朝北,通风向阳。正是群山苗寨,可谓天地合一;溪河苗寨,正通阴阳灵气;台地苗寨,便是风物实话了。

　　湘西苗族民居建造具有浓厚的民俗文化内涵。宅地选择讲究风水秘术;建造前要请屋神,敬奉鲁班仙师;架屋梁时,礼仪复杂,经典苛刻;上屋梁为民居建筑过程中最精彩部分,抛抢梁粑,木匠师傅吟诵秀美华章,热闹非凡;亲朋好友前来道贺,吃排家饭,理辞对歌,通宵达旦;尔后安龙谢土,人神共居;最后营造大门,企求吉祥安康兴旺。

苗家民居结构具有一定规律,一般吞口屋进大门,左边为火坑,后面是长辈房,中间为堂屋,后面是晚辈房或客房,右边是厨房,后边是粮仓。根据姓氏不同,布局有所区别。

绿水青山间,是美丽的苗寨,古老的垣墙,精细的石门,规整的石阶,无不述说着寨子的古老与富足。寨中高耸的建筑物就是湘西苗族典型的绣花楼;姑娘们站在楼上,望着古老的苗寨、青青的山、绿绿的水就是一幅绚丽的画卷,美不胜收;难怪苗家姑娘能绣出栩栩如生、鸟语花香的绣品。

吕洞山苗族建筑是就地取材的典范。苗寨多数民居装木板,室内装修极为讲究,称天楼地板;人居其中,身心愉怡;绿水青山,满目碧翠,是展现在大自然中的活画卷。

吕洞山苗族建筑处处显露出鲜明的民族特色,主要表现在:它拓展空间,极限运用;奥在个性。它构成一格,雄霸一方;特在风格。独树一帜,亘古千年;贵在艺术。它物化风流,朴实典雅;精在工艺。它集智汇贤,慧眼绝艺;厚在文化。它土厚文博,根深叶茂;好在实用。张扬人性,理居周正。目及所至,无不惊叹折服。

吕洞山苗族建筑艺术博大精深,璀璨无比,具有匠心独运的构建艺术、精巧朴质的构图艺术、意境独特的幻想艺术、以人为本的色彩艺术、内涵丰富的哲理艺术。

吕洞山苗族建筑是建筑美学的运用典范。它具有依山傍水的环境美、天然和谐的自然美、建筑格局的形式美、特殊构建的形态美、优雅别致的曲线美。每一座建筑都是实地取材造就的艺术珍品,是用料考究的重组工艺,是运用独特的色彩文化,更是人神和谐的艺术再现。

吕洞山苗族建筑是苗族人民精彩生活的舞台。在苗族建筑师们的斧头下洋溢着无限的诗情画意,墨斗里跳动着鲜为人知的民族文化的精灵。这些镌刻着厚重历史文化的不朽建筑,汇集成一部部厚实无比的人类文明史。这些不同时代的苗族文化,全部镶嵌在苗家的房前屋顶上,融化在古街栈道里,汇集在千百年传唱的古歌中,表露在特色浓郁的苗族风情里。所以说,苗族建筑是一幅绚丽的画卷。

吊脚楼

吊脚楼为湘西苗族民居的主要建筑形式,有"吊脚楼"和"吊脚半边楼"之分。根据地势,架高底部,装上穿枋,穿好横梁,上垫木板,上为房屋,下为猪牛圈,或存

●○ 美国苗胞在吕洞村吊脚楼前合影留念　　　　宋星星／摄

放杂物。房屋又分两层:第一层住人,上层装杂物。屋顶盖瓦或盖杉树皮,屋壁用木板或砖石装修。这类房屋上下浑然一体,非常美观,称为"吊脚楼"。另一类是建在空阔、向阳、宽敞的地基上。"吊脚楼"布局合理,相互对称,美观大方。这两种形式的建筑都是竖装板壁,堂屋正面面壁都往后退一柱装封,形成"吞口","吞口"正中设"大门",两边均留窗户,普遍装木质窗橼。

　　在中国史书上有"北人穴居,南人巢居"之说。吕洞山苗寨吊脚楼正是古老建筑工艺的典范。苗家吊脚楼飞檐翘角,三面为走廊,悬出木质栏杆。栏杆上雕有各式各样的花纹图形。如万字格、亚字格、喜字格等象征吉祥如意的图案。吊脚楼一般分为两层,上下铺楼板,壁板油漆发光。楼上向阳开窗,鸟语花香。窗形千姿百态,有双凤朝阳、喜鹊闹梅、狮子滚球等。吊脚楼的悬柱有八棱形、四方形,下垂底端,常雕绣球、金瓜等造型。吊脚楼的下层多作贮藏粮食的谷仓或摆放家具农具。楼上则为主人居屋或客房。楼外长廊为妇女们绣花挑纱、打花带、晾纱、晾衣的场所。

　　富裕之家把房屋向前延伸,形成院落称"四合院",有的还向外扩展形成对称的小"天井",有双开"天井"和四开"天井"。整个建筑占地面积大,气势宏伟,堂屋宽敞,居房众多,构思精巧,雕龙画凤,华丽无比;更有甚者,整个建筑均建二至三屋,凭栏画栋,栩栩如生,犹如皇宫。屋内大厅门上、柱上,镶着镀金匾联,金碧交辉,气派壮观。

　　一个民族的民居建筑是其经济、文化、艺术、家庭、社会和宗教观念等历史积淀的集中表现。它以传承的物质形态方式表达其文化内涵。我国著名的建筑学家梁思成曾说过:"建筑是人类一切造型创造中最庞大、最复杂的。所以它代表的民族思想和艺术更显著、更强烈,也更重要。"湘西苗寨吊脚楼是研究苗族民居建筑历史与文化的"活化石"。

黑瓦房

　　湘西苗族多居山区,山高林密,就地取材建造民居极为普遍。木屋房、青石墙、黄土墙、黑瓦房和古色古香的吊脚楼是湘西苗族民居的主要风格。

　　吕洞山苗族民居以黑瓦房为主,木板房上盖小青瓦,板壁全用桐油反复涂抹,风吹日晒,乌黑发亮。屋前多用青石板砌成坪场,现在也有用水泥砌成地面;坪场主要用于休息或晒谷物。屋前后栽有凤尾竹或枫香树。

　　吕洞山苗族住房方位有一定的习俗。跨门进堂屋,正中埋有"龙宝",后边用木板装为房间,为主人房间,其他为客房或收藏东西的房间,中间叫堂屋。堂屋的左右,有一间多铺地板,称为"行果",即祖先的方位,是房屋中最神圣的地方,是主人家祖先神灵的集中地。因此,这个方向的座位是长辈和老人的座位,年轻人不允许坐这个地方。苗家的堂屋与火塘屋,是苗家住宅室内的中心空间,它充分显示了苗家的民族意念和虔诚的信仰。苗家对于火塘有着特殊的感情,各地民居不论哪种样式的住宅,都设有火塘,而且是不分昼夜、季节、长年不熄,以象征苗家兴旺发达。它培育了苗家亲切、温爱、安全的特殊感情和群体精神空间的共识心理特征。火塘上悬有坑杆,挂满了熏黑的腊肉、野味。火塘中间立有生铁铸的三脚架,供劳作归来的苗家人围着火塘煮饭炒菜。如有亲朋好友来访,大家围在火塘边饮酒放歌,唱一曲曲古歌,情动远古;唱一曲曲生活,情趣无限。火塘内放的三角铁架象征祖先,故不能踏脚;一家人围坐在它的周围,充分体现出家的温暖。实际上苗家人对三脚架的崇拜,应看成是一种原始的图腾,即对"天地人"象形模式的崇拜。上面圆形的铁圈象征着天,下边的方形火坑象征着地,有"天圆地方"之意。三只着地的铁架象征地柱,三根连接铁圈支撑锅鼎的铁柱象征天柱。"天"之下,"地"之上,两侧分布着世俗凡人;三脚架里蕴含着丰富的苗族原始哲学。对于火塘的设置很讲

●○ 四合院　　　吴心源/摄

究，通常用条石镶成之后，又用椿木在周围围成正方，然后在火塘周围用硬木铺成离地面约一尺的"地楼"，苗家称之为"班众"。有的还用桐油将火塘、地楼上油，平时擦得明光闪亮。火塘的安置要与中柱屋脊相对为标准，偏前偏后俱非相宜。极边一排中柱下方，是安家神的位置，苗家人称之为"行果"。平常供祭时，在该处烧香纸，以酒敬之，所以在围火塘烤火时，主宾有别，坐规有序，立规以循；即以中柱一边为上方长者座位，下方坐主家晚辈，其他两方不论。火塘旁的祖先灵位处是神圣的地方，因此不准生人随便上去。

四合院

　　四合院是苗族建筑的最高形式，是苗族传统居住建筑的经典之作。苗族四合院的建筑装饰具有极高的艺术价值和观赏价值，它反映出苗族传统民居建筑艺术的成就。造此房的多为富甲一方的苗族地主官僚。在构造形式上可分为两种：一种是较为简单的一层式四合院，分前屋后房，两边加上两个厢房构成，前后向外排水，屋中呈天井，屋里四面倒水于天井中，再由阴沟流出。在用料方面，多为前部分为木板装饰，左右后三面多为马头墙，墙高出屋瓦，有飞檐翘角，鳌鱼头飞出，十分气派壮观。另一种是双层四合院。结构与前者相同，所不同的是，它为双屋，即平常人们所讲的二层楼房。在装饰方面极为讲究，楼上设有回廊过道，有雕花栏杆。内有若干房间，有小姐绣房，有东家卧室，有眺望台，有会客厅等。功能齐全，美观大方。在四合院的建筑装饰中木雕装饰得到广泛的应用，从而推动了木雕物件与建筑装饰的紧密结合，并在雕饰风格与技艺上达到高度的和谐统一。

苗族四合院的建筑木雕，主要是各式大门、门窗、栏杆等；室内部分有分隔空间的纱隔和花罩，还有形式多样、雕工精美的室内陈设家具。由此可见，苗族建筑木雕装饰是木雕工艺与建筑构架、构件的完美结合，充分运用木制材料进行雕饰加工，从而丰富了建筑空间的形象内容，创造出雕饰门类，形成了苗族建筑内外环境装饰中的一种重要装饰形式与装饰手法，成为苗族人民世代相传的建筑风格，是长期积淀于民间的民族文化的又一体现。

择宅"神术"

湘西苗族民居多为依山傍水，构成空间形态独特，文化韵味深厚的特色。我们纵观湘西苗乡建筑，不论是蜂蝶式寨落或是散落式村寨，多选在山环水绕、群山环抱的地方，主要信奉靠山即安、依山而稳、傍水而活、傍水而美的重山水理念。这些寨落大多采用集大山之灵气、纳天地之精华、融山水之脉搏、依民俗之哲理。村子的选址与家居的选址同出一辙。其中，主要讲究前低后高，即门前山环水绕，后是群山巍巍，也就是常说的"龙脉"，多选"左青龙右白虎"，均需齐全，其道理都不言自明。

●○ 苗乡接龙桥　　　吴心源／摄

苗家人确信,地气有灵,顺其则昌,逆其则凶。苗寨环境千差万别,总的看来可以分为四类,即河边、平地、山腰和山顶。住在河边的苗胞多择避风暖和处落寨,就是民谚常说:"鱼住滩,人住湾。"寨脚一般有河,河上搭有板凳桥或跳岩。河畔建有成群的水车和水碾。寨后有山,山上竹木葱茏,一派郁郁葱葱。有的苗寨建有鱼塘。各村头寨尾都种有树,石板小路四通八达。

民居建筑选址的风水观念反映了苗族对建筑环境的审美选择。苗族民居建筑选址原则是:有山靠山,有岗靠岗,有溪依溪,有池塘依池塘。表达了上应苍天,下合大地的吉祥祈求,体现了人居环境的人性化。可谓"阳宅须教择地形,背山面水称人心。"在自然适应性上,充分适应气候、地理、地形特点。

苗乡建筑"聚族而居"的居住模式和建筑文化是通过"点""线"围合的构图法则和组合关系来体现的。"点"所讲的是以堂屋为核心的公共活动空间,堂屋供奉着家先,代表着至尊和永恒。"线"是指围绕堂屋布置的居住用房,表现出对祖宗的敬仰和尊崇。

天然和谐的自然美是苗族人民长期生产生活的经验总结,是苗族人民智慧的结晶,择宅神术是苗族人民对大自然生态系统的认识、开发与运用的诠释。

繁多的建房礼仪

吕洞山苗族造房前必须请当地有名的木匠师砍树备料,平整地基,做好前期准备工作。主要程序有:

第一,选屋场。一般为东家选地,地理仙看屋向。多选在寨内或紧靠寨子空旷向阳的空地上建房。

第二,备料。一般在盛夏或农闲时备料。备香、纸钱、酒、肉等物品,祭天地树神等。

第三,发墨。木料备齐后,请小工抬进屋场。敬鲁班仙师仪式结束,木匠师傅举行发墨仪式,总木匠师傅将金墨放进墨斗中,穿上新墨线,端新墨斗,将山羊角一端交主东拉墨线站在另一头,用力一弹,墨线笔直均匀,则示吉利,否则重发。总木匠师傅一边弹墨一边朗诵贺词:"墨弹一根线,金钱进万贯,墨弹一线天,主东发财万万年……"木匠师傅在木头上来回弹墨三次结束,接着木匠师操起丈篙下料造房。丈篙一般长为一丈八或二丈四尺两种。中柱高一般为一丈八尺八、一丈九尺

●○ 苗寨殷实人家　　　　吴心源 / 摄

八、二丈零八三种,造房图纸在丈篙中,在木匠师的心里,造房需要柱子数量、凿孔位置,连接处小眼等木匠师傅用鲁班字码标识,一一记录在各处,专用符号一般人无法识别。

第四,施工。按照木匠的墨纹,锯成节,斧砍成型,凿眼打榫,美屋横梁。

第五,树房。树房当天,全族人聚集相助,齐心协力把新房立起来。亲朋好友前来庆贺。

第六,上梁。备办各种祭祀,上梁抛粑。

第七,安龙谢土。新居落成在堂屋中要建龙窝,安龙神,龙神与土神和睦共居。同时,新房装神龛也是一件很严肃的大事,装神龛讲究要求高于大门框架,俗话说:"神龛高过堂屋门,子孙发在自家门。神龛低于堂屋口,荣华富贵往外走。"

第八,立大门。企求安详。

木匠使用的相关工具有:斧头、凿子、墨斗、墨线、锯子、刨子、木马等。

梁辞声声贺吉祥

苗家上梁,风趣独特,仪式隆重,热闹非凡。要在上梁的先一天,请人打糍粑,捏成比桐球大的粑砣,备做抛梁粑用;捏团的散粑,用来打发前来道贺的亲朋好友。上梁当天,全寨的男人们都来帮工,全寨的老老少少都来观望。有的站在新屋场中,有的站在附近园地,各自选好位置守梁粑。在众人的期待声中,两名苗家壮汉抬着屋梁进场,放在木马上;在场的观众自动肃静。由木匠师傅攀梯上屋顶,每上一级唱词一段,直到中柱顶端。这时由两个帮忙砍梁的人,分别从正堂两边中柱顶处抛下两匹红绸青罗,由地面的人拴住屋梁的两端,静听工匠宣唱上梁歌。听至升梁之词,鸣响鞭炮,吹奏唢呐,负责帮忙上梁的人扯布提梁上屋顶,直到把梁搁稳于堂屋两边中柱顶处方才礼毕。

苗家上梁辞版本众多,内容丰富。如在上梯时,木匠师傅唱道:"一进堂屋四四方,主家请我来上梁,脚踏云梯步步高,登上新房亮堂堂,仙桃堂中累累挂,主家富贵万年长。一上一步人气吐,二上二步子孙强,三上三步家豪富,四上四步状元郎,五上五步五子登科,六上六步六畜兴旺……"在抛粑时,边抛边唱:"一抛东,子孙落到广寒宫;二抛南,子孙代代中状元;三抛西,子孙代代着紫衣;四抛北,子孙代代兴家业。"抛粑过程极为有趣,东南西北都抛完后,接着遍地开花。糍粑抛向各方,站在地面的观众,先是伸手跳跃到空中去接,接不住就拥挤到地面上捡,你推我挤,吆喝连天,笑声一片,极为热闹,满堂喜庆。有的人为了逗趣,你争我夺如抢花炮,扭成一团;一旁观众,偶尔从中轻易捡去一两个,大家热烈赞扬。抛粑结束,出场时,起屋东家给所有观众,每人散发糍粑一个,大家感谢主人,高兴而归。

整个上梁仪式经过序幕、问梁、登高、盘根、祭神、抛梁粑、尾声七个程序,每个程序都内容丰富,感人至深。

第三节　吕洞山传统村落保护

　　1. 加强传承性保护,增强可持续发展活力。苗族历史悠久,文化厚重,文物众多,遗迹丰富,民族建筑、民族节日、民族习俗等物质、非物质文化遗产极为丰富。随着市场经济的迅猛发展,这些优秀的传统文化在急速消失,且数量之大、速度之快,令人痛惜。因此,抢救保护刻不容缓。在搞好非遗名录项目保护的基础上,对吕洞山苗族节日、服饰、技艺民居等进行全方位、多层次的传承性保护,实现苗族文

●○ 湖南省苗学学会在夯吉村召开村寨保护与发展座谈会

吴文炼 / 摄

化资源的持续发展。

2. 实行活态保护，增强自主创新力。政府引导、企业唱戏和民间自发相结合，开展民族节庆活动，大力宣传民族文化，在创新发展中提高知名度，借势推动苗族各项产业发展；着力支持黄金茶基地建设，培养人才，提高质量，壮大队伍。

3. 实施开发式保护，增强市场拓展力。吕洞山民居要以大气派、大手笔、大项目，迎接大挑战，实现大发展。以思想出思路，以思路出项目，以项目出产业，以产业出效益，以效益求发展，增强市场拓展力。

4. 实施共享性保护，激活全民传承自觉性。民居保护必须遵循"外观民族化，里面装饰现代化"，有价值的活态保护的原则。民族文化根植于民，兴盛于民，服务于民。只有让广大苗族群众从保护民族文化中受益，在传承民族文化中改善民生，将民族文化的传承保护变为群众的自觉行为，才能实现在传承中保护，在保护中发展。

热烈欢迎北京香

●○ 2015 年 8 月北京香山苗胞省亲英雄
吴天半的故乡——凤凰县腊尔山镇苏马河村
吴恒忠 / 摄

吕洞山文化苦旅

吕洞山,是一座充满灵性的苗家祖山,苗族后裔敬仰它,追寻它;千山万水穿遍,祖山如明灯伫立,守护着后人,照亮着苗族的美好明天!

第九章

第一节　北京香山苗胞寻根湘西

●○ 拜谒石三保墓　　　　吴心源／摄

2003 年 12 月 11 日，莲花山头白雪皑皑，山下冰雪消融，寒风冷冽，一对年近花甲、操着一口纯正京腔的夫妇在湖南省民委龙耀海副处长，花垣县委常委、统战部部长吴志良，县民族宗教局局长龙玉梅，苗族文化学者吴心源等人的陪同下，来到地处雅酉乡的"石三保起义纪念碑"前，伫立良久、心情激动不已地说："我终于回到老家了，找到了自己民族的根。"他们就是来自北京香山苗村的全国劳动模范、北京市第十一届人大代表、北京四季青乡门头村党总支书记萨继承及夫人。

据史料记载，1795 年湘黔边境爆发了被史家称为"清代中衰之战"的乾嘉苗民大起义,起义被清朝政府弹压失败后,清军"将石三保的妻子吴老妹、长子石满宜、次子石老有、幼女五妹及众义军,全行捆拿"。"石三保的幼子石老五也被捉献。""对待这大批被抓获的义军首领及其家属,清军除就地杀害外,没有杀害但又不宜留住当地的,相当一部分被押往北京隔离起来。这部分被当作战俘和人质羁押起来的苗民,繁衍至今便形成了北京香山的苗村。"因避讳,这部分苗民改了原来的姓,谐音记苗姓石为萨或沙姓,吴、龙姓记为朗姓(大爷芈郎)姓,现在香山还有 100 多名苗人。

萨继承书记说:"以前,我也曾经回到过湘西,每次看到家乡日新月异的变化,心里无比地高兴。我曾经多次在湘黔边境的贵州松桃、湖南的凤凰、吉首等地寻找自己的故乡,都未得到结果。今天,我第一次回到花垣雅酉,终于如愿以偿,圆了祖辈们二百多年的寻根梦。"他接着向大家介绍说:如今的门头村可以称为京城的绿色氧吧,西山脚下、公路两侧全是郁郁葱葱的景观林,绿色产业已成为四季青的支柱产业。农民的生活也是芝麻开花节节高。改造旧村工程使越来越多的农民喜迁新楼,农民的口袋是越来越鼓,日子越过越舒坦了。门头村先后被评为海淀区、北京市和国家级文明村。今后,村里正计划借京城碧水蓝天工程和四季青绿谷氧吧生态园区建设,尤其是利用本村多民族的特点和国家西山森林公园以及一山两园开发的机遇,加快苗寨旅游项目的论证,以苗寨为中心,建成一个集旅游、食宿、购物、娱乐、研究为一体的依山傍水的旅游中心——中国苗族文化主题公园。

萨继承夫妇说,在这次寻根之旅中,也看到了家乡经济发展相对迟缓、文化教育相对落后的状况,表示将尽自己的绵薄之力为家乡的发展献计献策、做出应有的贡献,并在有生之年,每年回到湘西省亲,看望父老乡亲们。

第二节　美国苗裔寻根吕洞山

金秋送爽,丹桂飘香。

2013年10月11日下午,美国苗胞不远千里来到吉首德夯苗寨寻找祖先们的足迹,沿路在水井留下买路钱,见到老人就送上美钞零花钱,说是敬老,以便于自己百年之后的灵魂,顺利回到祖先居住的故地,与先人们的灵魂在天堂相聚。他们在村里品尝家乡苞谷烧、与姐妹们聊天合影,故乡寻根行真开心。

12日清晨, 我们驱车从吉首出发前往苗族人心中的"阿公山阿婆山"——保靖县夯沙乡吕洞山。这早秋时节清新宜人的风景,让人一路上目不暇接:整齐的梯田,潺潺的溪流,硕果累累的果树,映入眼帘;夹杂着泥土芬芳的阵阵微风,透过车窗扑面而来,此情此景无不让人心旷神怡。

此次探访之旅可不是普通的观光游览。车上载着九位特殊的客人,他们作为美国苗族后裔,不远万里从美国威斯康星州赶来,专程到保靖吕洞山寻根问祖。受湘西旅游研究院院长龙忠先生所托,作为接待翻译的我,怀着既兴奋又紧张的心情,伴随九位美国苗族后裔前往苗家祖山进行朝拜。

众所周知,苗族作为中国人口总数排列第四位的少数民族,在中国分布较广,以贵州、湖南、云南、广西、四川等省居多。然而,远在海外也分布着大量的苗族后裔,却很少听说。在朝拜之旅之前,为了更好地完成接待翻译工作,我做了功课,通过查阅相关资料得知,苗族是中国的本土民族,在清朝时,就有部分苗族迁往东南亚,后来因泰国、老挝战乱,部分苗族又作为难民被美国接受。美国现有苗族约20万人,大部分是从东南亚国家迁往美国。

从中国苗族在世界范围迁徙的历史资料中看,在美国有一部分苗族可视为湘西吕洞山苗族的后裔。出发前一晚,我们在保靖黄金茶特色茶馆里亲切交流,我更了解到这九位追寻祖山而来的美国人正是从泰国迁徙到美国的苗族后裔，在他们祖辈世代口传的历史歌谣和生活习惯中耳濡目染，心中一直向往着、追寻着先祖们曾经居住的地方，视其为苗家人的精神家园，此行正是怀着无比虔诚的心情，远渡重洋，为寻根问祖而来。

高山仰止，景行行止。窗外，一座座巍巍的高山蜿蜒起伏，仿佛随着我们在乡间的行车路线随意延伸开去，组成了一个偌大的

●○ 找到了根脉　　　吴心源 / 摄

山的家族。车内，同乘的五位美国苗族朋友对即将到来的朝拜之行甚是兴奋，而我也在他们一句句直呼"sister, sister"的苗族人特有的热情下，放下了初次担任翻译的紧张与忧虑。

不知不觉，车停在了平整的硬化乡道上。今天恰逢夯沙赶墟场，市场上热闹非凡。九位美国苗族朋友随着赶场的乡民在小摊前流连着。他们背着长枪短炮，新奇地打量着每一个赶场的人、摆放在场上和木支架上的摊货。忽然美国苗族中的王莫尔阿姨拍拍我的肩指着摊前的凉薯说："sister, what's this?"一番解释后我暂且把它们译作了"Chinese potoatoes"来介绍给他们。接着，莫尔阿姨挑选了几个这些新

奇蔬菜买了下来,摊主是个穿着朴素苗服打扮的老者,莫尔阿姨友好而慷慨地不用他找零,老者也立即多挑选了好几个凉薯塞给美国苗族一行作为回馈。在赶墟场拥挤的人群里,这群特殊的客人一路上引来了不少注目,他们品尝着苗家风味小吃,又惊讶于苗药摊前的野兽标本,一路上相机的快门声、欢声笑语,不绝于耳。

赶过夯沙墟场,朝拜团前往吕洞村苗寨参观。沿着悠悠的大山,走过乡间小路,我们寻觅着苗族先民走过的足迹。忍不住捧一把晶莹甘洌的泉水,苗族后裔们与先祖共饮了这养育了吕洞山苗族人千百年的生命之源。三位美国苗族同胞合抱住历经风霜的百年古树,亲身丈量了吕洞山苗族们风雨变迁的历史。那凹凸不平的青石板,密密麻麻地布满曲折树干的"伤疤",都似乎述说着在这片神奇的土地上发生过的可歌可泣的故事。在吕洞苗寨杨金凤家的吊脚楼前,放眼观望,寨内吊脚楼层层叠叠,顺山势而建,又连绵成片,房前屋后有翠竹点缀。吕洞村村民热情地招待了这批来自远方的亲人,村民杨金凤不但为每一位亲人泡上了一杯上好的黄金茶,并将刚刚打下的新鲜板栗也奉送上来。吊脚楼前的枣树下,美国苗族石尔阿姨不禁俯身捡起滑落的板栗果儿品尝起来,村民杨金凤阿姨赶忙慷慨地从自家拿出大竹竿为苗族同胞们打起果儿来。凉亭里,品上一口香茗,王克学先生为示意他们如今祭拜先祖的方式,把祭祖用的钱纸折成元宝状,民族的认同感越过语言的障碍,与同行人员凝神对视着,瞬间都意会地点点头。王克学先生若有所思地紧紧捏着纸元宝,此时,它已分明化作了承载万千苗族后裔们落叶归根的夙愿小舟,无奈地背井离乡随风雨飘摇。

参观完古朴的苗寨之后,我们终于来到令美国苗族一行魂牵梦萦的吕洞圣山前的祭台。只见不远处高高耸立的吕洞山,山顶雄壮巍峨,山腰郁郁葱葱,阿公山和阿婆山相互依偎,太阳的光晕中,主峰的石壁上更有天然形成的有双洞如"吕"字横贯山体,若隐若现。这一幕壮观奇特的吕洞山胜景让九位慕名而来的美国苗族无不惊叹,连声感叹:"It's amazing!"终于到拜山祭祀的时候,初秋的中午时分已是烈日当头,但是九位美国苗族仍虔诚地摘下墨镜、收起遮阳伞,将手和脸擦拭干净,静心在祭台前庄重地依次祭拜。令我印象深刻的是,美国苗族王克学先生祭拜时在祭台前久跪未起,口里默默叨念着,仿佛在与对面的吕洞祖山,与自己在此生活过的苗族先祖对话,又按自己传统的祭祖方式,点燃一支香,双手恭敬地将香插在香炉内。一路上与我交流甚多的莫尔阿姨祭拜之后对我说,在这座引领着苗族之魂的祖山前,特别是听着夯沙乡党委王胜书记的介绍,原来自古以来苗族妇女在生活中一有不顺，便会来此与祖山倾诉排解烦恼，她仿佛感同身受，有一种落叶归根、回到家的感觉。

祭拜过后，大烽冲当地苗胞早早就准备好了丰盛的苗家特色佳肴，请我们一起品尝。正是因为同根同源，饮食口味也极为相似，美国苗族朝拜团团员们都吃得很香，竖起大拇指，连连称赞，甚至苗家特色的坛子菜尖头辣椒，他们也觉得相当可口。欢迎宴上，朝拜团的九位成员难掩激动与感激之情，不断举杯，与热情的同胞们相互表达着感谢和祝福之情。王克学叔叔更是兴

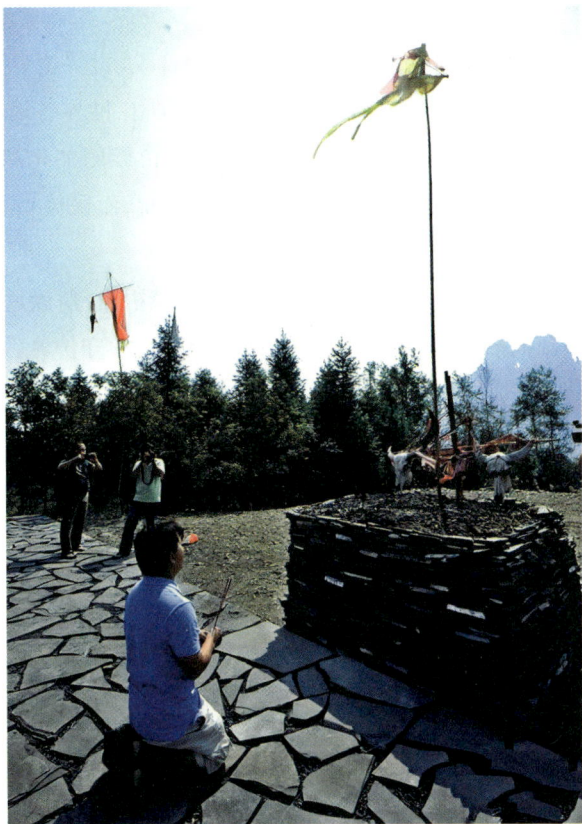

●○ 献上一束心香　　　吴心源 / 摄

致极高，几杯白酒下肚，带着微醺的双眼不无激动地道出了朝拜团团员们的心声："我们苗族无论身在何方，都是同一个祖先，我们永远是一家人！"午餐后，我们还领略了有"谷达漂"之称的指环瀑布，感受了苗族青年"挑葱会"的浪漫和喜悦。

傍晚，美国苗族吕洞山朝拜之行就在这样愉快、轻松的氛围中画上了圆满的句号。送九位朝拜团团员回酒店时，莫尔阿姨挽着我的手再三地表示着感谢，这次寻根之旅不虚此行，下次一定要领着自己的两个女儿来探寻、了解自己的祖先是如何顽强不屈的生活，以激励自己作为苗族后裔继承先祖的精神，在现在社会里努力生活、奋斗。作为苗族后裔的美国同胞，他们具备了中西方的灵性，兼具外国的开放特性又继承先祖们不屈不挠的精神，中西方文化的交织融合在他们身上展现得淋漓尽致。最后他们还热情地邀请我们有机会去美国玩，并且彼此留下了联

系方式。

澳大利亚著名民族学家格迪斯曾说,世界上有两个苦难深重而顽强不屈的民族,这就是中国溯河西迁的苗族和散居在世界各地的犹太族。有幸参与美国苗族吕洞山寻根之旅后,我近距离接触了苗族的文化和历史,它的独特魅力在现代社会仍然闪闪发光,引领着万千苗族后裔,而民族精神总是这样闪烁着生生不息的永恒的光辉。

吕洞山,更是一座充满灵性的苗家祖山,苗族后裔敬仰它,追寻它;历史的车轮滚滚向前,千山万水穿遍,祖山如明灯伫立,守护着后人,照亮着苗族的美好明天!

第三节　泰国苗胞过葫芦苗年

2016 年 12 月 21 日，冬至，是苗历鸡岁新年。23 日下午五点半左右，李歌随同从泰国飞抵长沙的泰国苗胞一行 34 人，转坐长沙至吉首的高速大巴车安全到达吉首汽车北站，入住临近火车站的七天酒店，他们此行是专程祭拜吕洞祖山，参加葫芦苗年活动，然后游览张家界，再从长沙坐飞机回泰国。

安顿好行李后，大家在楼下的餐馆吃晚饭，其中 24 人吃自助餐；余下 10 人，点菜吃饭，特色菜有剁椒鱼头、清水面、苗家腊肉、家常豆腐、糯米酸辣椒等，不算排场，但不失苗年丰味，每人要了一小瓶北京二锅头。席间，李歌介绍了泰国同胞一行的领队、副领队和几名演艺人员。寒暄几句，大家频频举杯，互相道贺新岁。因泰国苗语属于西部方言，不能直接与我东部方言对话，但服酒一词是相同的，所以彼此并没有陌生感，原本就是久别重逢的一家人。

饭后，其他人因旅途劳累先行休息，我们一席之人，酒兴未酣，沿着街道，漫步峒河公园。行至龙凤文苑 10 楼苗族古历文化传承工作室，大家上楼小坐片刻，我找出几本苗族书籍赠送他们，同时品尝"吕峒山茗品黄金茶"，向他们介绍悠久的苗族历史文化和苗历苗年习俗。同时，拿出一瓶家乡的苞谷烧，每人一杯，很开心地喝起干酒来。

用茶之后，我们离开工作室走回酒店，途中路过金领国际酒店门口，服务生装扮圣诞老人正在招揽客人，几个文艺范哥们按捺不住，想体验一下吉首的 KTV，一展歌喉，征询一番后，大家走进了歌厅。凑巧的是，点歌的女服务员在泰国待过一段时间，一句"萨瓦迪卡（你好）"，让这几个异域同胞有点他乡遇故知的感觉，或许是酒精燃烧的作用，也或许是美女的热情，他们点了许多对唱歌曲，又点了些啤酒和瓜果，边唱边喝，载歌载舞，折腾到午夜，才肯撒手，直呼"萨瓦迪，拉果恩（你好，

"过苗家年，吃百家饭"

体验苗年风味，过苗年品味苗文化

湘西
苗年

http://www.tjwang.net

时间：2010年元月9至10日
地点：湘西州花垣县排碧乡板栗村

承办单位：花垣县排碧乡政府、县文化局；板栗村委会、花垣边城户外俱乐部、花垣县摄影协会
协办单位：团结网

●○ 湘西首次
恢复过苗年
吴心源 / 提供

●○ 祖山啊！我今天回来了，来到了您的面前
吴心源 / 摄

●○ 过苗年祭祖交猪
吴心源 / 摄

●○ 泰国同胞与吕洞山苗胞合影　　　　吴心源 / 提供

再见)"，恋恋不舍地离开歌厅，渡过了一个难忘的峒河歌舞之夜。

第二天，我们坐车前往夯沙乡各景点尽兴游玩，最后祭拜吕洞山，感谢祖山护佑，国泰民安。

告别圣山，他们前往葫芦镇过苗年，我们因有别的事情，与他们就此分别。

不用想象，葫芦苗年很热闹，美好的场景和记忆一定会留在泰国苗胞的心中，他们带着苗年新岁的祝福回到了泰国的家，明天的生活将会更加美好。

后　记

　　《吕洞山苗族文化溯源》书稿的创作,从开始筹划到掩卷交稿,整整花了六个多月的时间,将近 18 万字,160 幅图片,这是大家共同努力的结晶,凝聚了多少代人无怨无悔的坚守和期盼,了却平生的凤愿。

　　本书由石海平、吴心源任主编,龙清彰、黄峻松任副主编,叶立东任责任编辑。各章的执笔者是:

第一章	石海平　吴心源
第二章	麻荣富　熊咨矍　吴心源　石维海
第三章	龙骏峰　吴心源
第四章	石宗仁　吴心源　叶立东　向海军
第五章	龙清彰
第六章	李国章　吴心源
第七章	龙骏峰　吴心源
第八章	龙　杰
第九章	吴心源　龙玉梅　宋星星

　　2020(庚子)年,注定是人类历史上最不平凡的一年。新春伊始,一场突如其来的疫情,将人类命运紧紧地关联在一起。我们闭门思考,静心梳理,正本清源,疾成书稿。

　　jongs 庚,西部苗语是芦笙,湖南城头山考古出土的芦笙已有 6 500 年的悠久历史。庚在十天干中位于七,子在十二地支中居于首。jongx 根,庚子音同根子,水有源树有根。

仡烱比高，娘亲舅大，我们牢记了种族种性的根，热血沸腾。Poub Doub Niax Roub 濮杜娘柔，土公岩婆，我们找回了人类始祖的根，责无旁贷。Poub chot 濮仡，盘古，阴历十月十六日诞辰，沉睡一万八千年；一觉醒来，天地生成，万物育好，生机盎然。

书稿即将付梓印刷，我们特别感谢湘西州电视台、湘西世界地质公园管理处、保靖县吕洞山镇人民政府的大力支持；特别感谢刘明武先生来湘西吕洞山参加西南四省苗族太阳历学术研讨会，他对苗彝太阳历情有独钟，研判阴阳，厘清源头文化脉络，将其思想火花汇集成言，集句为序，真知灼见；特别感谢湖湘文化名人刘路平先生为本书题写书名。我们在写作过程中，得到了许多朋友的关心和帮助，在此不再一一署名致谢。

学海无涯，吕洞秘境；祖山溯源，冰山一角；抛砖引玉，谨以为记。

书中难免不尽人意之处，欢迎方家批评指正。

编　者

2020 年 8 月 18 日